선생님이 강력 추천하는

개념 PLUS 단원평가

사회

4·2

3~4학년군

교육의 길잡이·학생의 동반자
(주)교학사

개념+단원평가와 내 교과서 비교하기

단원 찾는 방법

- 내 교과서 출판사명을 확인하고 공부할 범위의 페이지를 확인하세요.
- 다음 표에서 내 교과서의 공부할 페이지와 개념+단원평가 사회 페이지를 비교하면 됩니다.
  예를 들어 아이스크림 미디어 58~77쪽이면 개념+단원평가 46~61쪽을 공부하시면 됩니다.

Search
단원찾기

여러분의 꿈을 응원합니다!!!

민들레에게는
하얀 씨앗을 더 멀리 퍼뜨리고 싶은 꿈이 있고,

연어에게는
고향으로 돌아가 알알이 붉은 알을 낳고 싶은 꿈이 있습니다.

여러분도 가지각색의 아름다운 꿈을 가지고 있지요?
꿈을 향한 마음으로
좋은 결과를 위해 힘껏 달려 보아요.

여러분의 아름답고 소중한 꿈을 응원합니다.

구성과 특징

교과서 종합평가

사회 11종 검정 교과서를 완벽 분석한 종합평가를 단원별로 구성하였습니다.

1. 교과서 핵심 요점

교과서 내용을 이해하기 쉽도록 사진 자료와 함께 꾸몄습니다.

2. 개념을 확인해요

교과서 개념과 관련된 주요 내용을 간단한 문제를 통하여 확인할 수 있습니다.

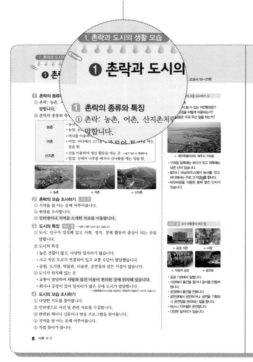

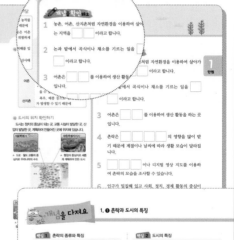

3. 개념을 다져요

꼭 알아야 할 기본 개념이나 원리를 간단한 개념 정리와 함께 문제로 꾸몄습니다.

4. 실력을 쌓아요,
탐구 서술형 평가

기본 개념 문제를 통해 실력을 다지고,
서술형 평가에 대비할 수 있도록 다양
한 문제로 구성하였습니다.

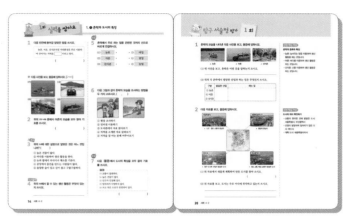

5. 단원 평가 연습 기출 실전

여러 가지 유형의 문제를 단원별로 구
성하고, 연습, 기출, 실전으로 난이도를 구
분하여 학습 목표를 이룰 수 있도록 하
였습니다.

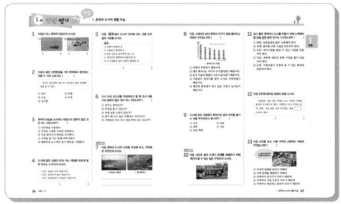

6. 100점 예상문제

핵심만 콕콕 짚어 단원별과 전체 범위
로 구분하여 구성하였습니다.

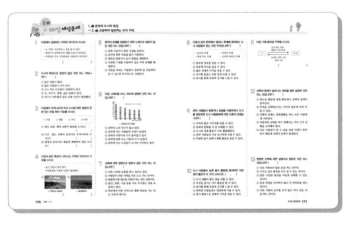

별책 부록

정답과 풀이

스스로 학습할 수 있도록 문제마다 자세한 풀이를 넣었으며 '더 알아볼까요'
코너를 두어 문제를 정확하고 쉽게 이해할 수 있도록 하였습니다.

이 책의 특징

- 교과서 내용을 모두 반영하였습니다.
- 단원 요점을 꼼꼼하게 정리하였습니다.
- 여러 유형의 평가 문제를 통하여 쉽게 학습 목표를 이룰 수 있습니다.
- 권말 부록(100점 예상문제)으로 학교 시험에 완벽하게 대비할 수 있습니다.

차례

4·2

3~4학년군

요점 정리
+ 단원 평가

사회 4-2

3~4 학년군

❶ 촌락과 도시의 특징 (1)

1 촌락의 종류와 특징

① 촌락: 농촌, 어촌, 산지촌처럼 자연환경을 이용하여 살아가는 지역을 말합니다.

② 촌락의 종류와 특징

농촌	• 농사짓는 땅을 이용하여 생산 활동을 하는 곳 →넓은 들판, 강이나 하천 • 농업: 논과 밭에서 곡식이나 채소를 기르는 일을 함.
어촌	• 바다를 이용하여 생산 활동을 하는 곳 →•바다, 갯벌, 모래사장 • 어업: 바다에서 고기를 잡거나 기르고, 김과 미역을 따는 일을 함.
산지촌	• 산을 이용하여 생산 활동을 하는 곳 →높고 깊은 산, 울창한 숲 • 임업: 산에서 나무를 베거나 산나물을 캐는 일을 함.

▲ 농촌

▲ 어촌

▲ 산지촌

2 촌락의 모습 조사하기 [자료 1]

① 지역을 잘 아는 분께 여쭈어봅니다.

② 현장을 조사합니다.

③ 인터넷이나 지역을 소개한 자료를 이용합니다.

3 도시의 특징 [자료 2] →많은 사람이 모여 살고 있습니다.

① 도시: 인구가 밀집해 있고 사회, 정치, 경제 활동의 중심이 되는 곳을 말합니다.

② 도시의 특징

• 높은 건물이 많고, 다양한 일자리가 많습니다.

• 크고 작은 도로가 연결되어 있고 교통 수단이 발달했습니다.

• 공원, 도서관, 박물관, 미술관, 공연장과 같은 시설이 많습니다.

③ 도시가 위치해 있는 곳

• 교통이 발달하여 사람과 물건 이동이 편리한 곳에 위치해 있습니다.

• 회사나 공장이 있어 일자리가 많은 곳에 도시가 발달합니다.
→세종특별자치시처럼 처음부터 계획하여 만들어진 도시도 있습니다.

4 도시의 모습 조사하기

① 다양한 지도를 찾아봅니다.

② 인터넷으로 사진 및 관련 자료를 수집합니다.

③ 관련된 책이나 신문이나 방송 프로그램을 찾아봅니다.

④ 지역을 잘 아는 분께 여쭈어봅니다.

⑤ 직접 찾아가 봅니다.

자료 1 촌락의 모습 조사하기 예

• 조사할 내용
 – 가장 많이 볼 수 있는 자연환경은?
 – 자연환경을 어떻게 이용하는가?
 – 사람들은 주로 무슨 일을 하는가?

▲ 제주특별자치도 제주시 구좌읍

• 구좌읍 앞쪽에는 바다가 있고 뒤쪽에는 낮은 산이 있습니다.

• 밭이나 비닐하우스에서 농사를 짓고, 바다에서는 주로 고기잡이를 합니다.

• 바닷바람을 이용한 풍력 발전 단지가 있습니다.

자료 2 도시 사람들이 하는 일

▲ 공공 기관

▲ 시장

▲ 자동차 공장

▲ 공연장

• 공공 기관에서 일합니다.

• 시장에서 물건을 팔거나 음식을 만들어 팝니다.

• 공장에서 물건을 만듭니다.

• 공연장에서 공연하거나, 공연을 기획하고 공연장을 관리하는 일을 합니다.

• 버스나 지하철을 운전합니다.

• 다양한 일자리가 있습니다.

🌸 촌락에서 날씨를 중요하게 여기는 까닭

농촌	가뭄, 홍수 등으로 기르는 농작물이 큰 피해를 입을 수 있기 때문에
어촌	• 태풍이나 높은 파도 등은 어촌 사람들과 배의 안전을 위험하게 하기 때문에 • 강풍으로 양식장이 큰 피해를 입을 수 있기 때문에
산지촌	폭우, 태풍 등으로 인해 산사태가 발생할 수 있기 때문에

🌸 도시의 위치 확인하기

도시는 정치의 중심이 되는 곳, 교통 시설이 발달한 곳, 산업이 발달한 곳, 계획하여 만들어진 곳에 위치해 있습니다.

서울특별시
▲ 도로·철도 교통의 중심지로 우리나라의 수도

세종특별자치시
▲ 행정의 중심지로 새롭게 계획하여 만든 도시

전라남도 여수시
▲ 항구 도시이며 큰 공장들이 있어 산업이 발달한 도시

부산광역시
▲ 철도 교통, 해상 교통이 발달한 도시

📎 용어 풀이

❶ 생산(生 날 생 産 낳을 산) 인간이 생활하는 데 필요한 각종 물건을 만들어 냄.

❷ 밀집(密 빽빽할 밀 集 모을 집) 빈틈없이 빽빽하게 모임.

❸ 풍력(風 바람 풍 力 힘 력) 에너지로 쓸 수 있는 바람이 내는 힘

✏️ 개념을 확인해요

1 농촌, 어촌, 산지촌처럼 자연환경을 이용하여 살아가는 지역을 ☐☐ 이라고 합니다.

2 논과 밭에서 곡식이나 채소를 기르는 일을 ☐ ☐ 이라고 합니다.

3 어촌은 ☐☐ 를 이용하여 생산 활동을 하는 곳입니다.

4 촌락은 ☐☐☐☐ 의 영향을 많이 받기 때문에 계절이나 날씨에 따라 생활 모습이 달라집니다.

5 ☐☐☐ 이나 지역을 소개한 자료를 이용하여 촌락의 모습을 조사할 수 있습니다.

6 인구가 밀집해 있고 사회, 정치, 경제 활동의 중심이 되는 곳을 ☐☐ 라고 합니다.

7 도시에는 높은 ☐☐ 이 많고, 이동하는 사람도 많습니다.

8 도시에는 크고 작은 ☐☐ 가 연결되어 있고 버스나 지하철과 같은 교통 수단이 발달했습니다.

9 도시에는 많은 사람들이 회사나 공장에 다니거나 물건을 파는 등 다양한 ☐☐☐ 가 있습니다.

10 도시는 주로 ☐☐ 이 발달하여 사람과 물건 이동이 편리한 곳에 위치해 있습니다.

❶ 촌락과 도시의 특징 (2)

⑤ 촌락과 도시의 공통점과 차이점 자료 3

공통점	• 사람들이 마을을 이루며 살고 있음. • 생활에 필요한 많은 시설이 촌락과 도시에 있음. • 촌락과 도시 모두 자연환경과 더불어 살아감.
차이점	• 촌락에는 높은 건물이 많지 않으나, 도시에는 높은 건물이 많음. • 촌락은 도시보다 사람들이 적게 살며, 도시에는 많은 사람들이 살고 있음. • 촌락은 자연환경을 이용하는 일들이 발달했고, 도시는 물건을 만들거나 편리한 생활을 도와주는 일들이 발달했음.

↳ 교통 시설을 이용하는 모습, 발달한 산업의 모습, 사람들이 사는 집의 모양, 땅을 이용하는 방법 등을 비교해 봅니다.

⑥ 촌락 문제를 해결하기 위한 다양한 노력

① 촌락의 인구 문제: 촌락 사람들이 일자리를 찾아 도시로 이동하면서 **촌락의 인구는 점점 줄어들게 되었습니다.** 자료 4

② 촌락 문제를 해결하기 위한 노력

• 다양한 기계를 이용하여 일손 부족 문제를 해결하고 농수산물의 생산량을 늘립니다.
• 품질 좋은 농수산물을 생산하여 소득을 높입니다.
• 귀촌을 하려는 사람들이 촌락에 잘 적응하며 살 수 있도록 적극적으로 지원합니다. → 촌락 생활에 관련된 다양한 정보를 제공합니다.
• 문화 시설이나 편의 시설을 늘립니다.

⑦ 도시 문제를 해결하기 위한 다양한 노력

① 도시 문제: 주택 문제, 교통 문제, 환경 문제, 범죄 문제, 쓰레기 문제, 일자리 부족 문제 등 → 소음 공해나 빛 공해도 심각합니다.

② 도시의 쓰레기 문제를 해결하기 위한 노력 자료 5

개인	쓰레기를 줄이려고 노력하고 발생된 쓰레기는 분리배출함.
이웃	다른 사람들도 쓰레기를 줄일 수 있도록 캠페인을 함.
정부	쓰레기를 분리배출할 수 있는 시설을 만들고, 이를 지키지 않을 경우 과태료를 내게 함.

↳ 많은 사람이 촌락과 도시의 문제에 관심을 기울이고, 문제를 해결하고자 함께 노력해야 합니다.

⑧ 살기 좋은 촌락과 도시 만들어 보기

① 내가 사는 고장의 모습을 떠올립니다.
② 살기 좋은 촌락이나 도시의 모습을 생각합니다.
③ 살기 좋은 촌락과 도시에 대해 서로 이야기해 봅니다.
④ 필요한 준비물을 가지고 살기 좋은 촌락이나 도시를 표현합니다. 예 역할극하기, 만화 그리기, 신문 만들기

자료 3 **해남군과 울산광역시의 모습 비교**

▲ 전라남도 해남군　　▲ 울산광역시

• 해남군은 작은 항구가 있고, 낮은 집들이 모여 있으며, 고기잡이배들이 많습니다.
• 울산광역시는 큰 항구가 있고, 높은 건물이 많으며, 큰 배들이 있습니다.

자료 4 **촌락의 인구 문제**

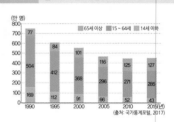

▲ 촌락의 인구 변화

촌락에 사는 노인의 인구는 조금씩 늘어나고 있지만, 어린이의 수는 크게 줄어들고 있습니다.

자료 5 **쓰레기 문제를 해결하기 위한 노력**

▲ 분리배출　　▲ 쓰레기 줄이기 캠페인

쓰레기 문제를 해결하기 위해 쓰레기를 함부로 버리지 않고, 쓰레기 줄이기 홍보 활동에 함께 참여합니다.

🌸 도시에서 촌락으로 이사 오는 사람들이 많아지는 까닭

(가구)
400,000

300,000 ┆ 291,040 ┆ 329,368 ┆ 346,759 ┆ 329,082

200,000

100,000

0 ┆ 2013 ┆ 2015 ┆ 2017 ┆ 2019 (년)
(출처: 농림축산식품부, 2020)

▲ 귀촌 가구 수 변화

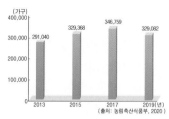

▲ 귀촌 상담

　정부나 지역 사회에서 귀촌을 적극적으로 지원하고, 깨끗한 자연환경에서 생활하며 새로운 일을 시작하고 싶은 사람들이 많아지면서 도시에서 촌락으로 이사하는 사람들이 늘어나고 있습니다.

🌸 교통 문제로 불편함을 겪고 있는 어린들이 문제를 해결한 사례

· 교통 문제: 초등학교 앞 도로에는 차들이 씽씽 달려 위험하지만, 과속 방지턱이 낮아 교통사고의 위험이 높아졌습니다.
· 교통 문제를 해결하기 위한 노력: 어린이들이 학교 주변을 살피면서 위험한 곳을 조사해 우리 마을 안전 지도를 만들었고, 구청장님이 현장을 돌아본 후에 시설을 개선해 주셨습니다.

📎 용어 풀이

❹ 인구(人 사람 인 口 입 구) 일정한 지역에 사는 사람의 수

❺ 귀촌(歸 돌아갈 귀 村 마을 촌) 도시에 살던 사람들이 촌락으로 삶의 터전을 옮기는 것

❻ 과태료(過 지날 과 怠 게으를 태 料 헤아릴 료) 법적으로 해야 할 일을 하지 않았거나 질서를 위반한 사람 등에게 매기는 벌금

✏️ 개념을 확인해요

1 단원

11 촌락과 도시 모두 ☐☐☐☐ 과 더불어 살아간다는 공통점이 있습니다.

12 ☐☐ 은 자연환경을 이용하는 일들이 발달했고, 도시는 물건을 만드는 일들이 발달했습니다.

13 촌락 사람들이 일자리를 찾아 도시로 이동하면서 촌락의 ☐☐ 는 점점 줄어들게 되었습니다.

14 촌락에서는 다양한 ☐☐ 를 이용하여 일손 부족 문제를 해결합니다.

15 ☐☐ 은 도시에 살던 사람들이 촌락으로 삶의 터전을 옮기는 것을 말합니다.

16 ☐☐ 에는 많은 사람들이 모여 살기 때문에 여러 가지 문제가 발생하고 있습니다.

17 쓰레기 문제를 해결하기 위해 정부는 쓰레기 분리배출할 수 있는 시설을 만들고, 이를 지키지 않을 경우 ☐☐☐ 를 내게 합니다.

18 교통 문제를 해결하기 위해 학교 주변을 살피면서 우리 마을 ☐☐ 지도를 만듭니다.

19 살기 좋은 촌락과 도시의 모습을 글로 쓰거나 그림으로 그리거나, ☐☐ 을 만듭니다.

20 살기 좋은 촌락과 도시를 만들려면 사람들의 ☐ 과 노력이 많이 필요합니다.

핵심 1 촌락의 종류와 특징

🌸 **촌락**
- 농촌, 어촌, 산지촌처럼 자연환경을 이용하여 살아가는 지역을 말합니다.
- 촌락은 자연환경의 영향을 많이 받기 때문에 계절이나 날씨에 따라 생활 모습이 달라집니다.

🌸 **촌락의 종류와 특징**

농촌	어촌	산지촌
농사짓는 땅을 이용하여 생산 활동을 하는 곳	바다를 이용하여 생산 활동을 하는 곳	산을 이용하여 생산 활동을 하는 곳

1 다음에서 '촌락' 하면 떠오르는 단어를 모두 찾아 쓰시오.

> • 논   • 바다   • 박물관   • 높은 건물

(   )

2 산지촌에 사는 사람들이 생산 활동을 하는 모습으로 알맞은 것은 어느 것입니까? (   )

①
②
③
④

핵심 2 도시의 특징

🌸 **도시**
- 인구가 밀집해 있고 사회, 정치, 경제 활동의 중심이 되는 곳을 말합니다.
- 도시에서 쉽게 볼 수 있는 것: 높은 건물, 많은 사람, 교통 시설, 문화 시설, 편의 시설, 공공 기관, 공장이나 회사 등

🌸 **도시 사람들이 하는 일**

▲ 공공 기관에서 일하기

▲ 시장에서 물건 팔기

▲ 공장에서 물건 만들기

▲ 공연장에서 공연하기

3 도시의 특징을 바르게 말한 친구는 누구인지 쓰시오.

> • 지윤: 촌락보다 인구가 적다.
> • 건우: 버스나 지하철과 같은 교통 시설이 발달했다.
> • 민서: 농사나 고기잡이를 하며 살아가는 사람들이 많다.

(   )

4 도시에서 많이 볼 수 있는 모습이 <u>아닌</u> 것은 어느 것입니까? (   )

① 공연장에서 공연하는 모습
② 공공 기관에서 일하는 모습
③ 바다에서 고기를 잡는 모습
④ 공장에서 물건을 만드는 모습
⑤ 시장에서 음식을 만들어 파는 모습

핵심 3 촌락과 도시의 공통점과 차이점 비교하기

촌락과 도시 비교하기

- 교통 시설을 이용하는 모습, 발달한 산업의 모습, 사람들이 사는 집의 모양, 땅을 이용하는 방법 등을 비교해 봅니다.
- 지도, 위성 사진, 지역 사진, 디지털 영상 지도 등을 이용하여 촌락과 도시를 비교해 봅니다.

촌락과 도시의 공통점과 차이점

공통점	• 생활에 필요한 많은 시설이 촌락과 도시에 있음. • 촌락과 도시 모두 자연환경과 더불어 살아감.
차이점	• 촌락은 도시보다 사람들이 적게 살며, 도시에는 많은 사람들이 살고 있음. • 촌락은 자연환경을 이용하는 일들이 발달했고, 도시는 물건을 만들거나 편리한 생활을 도와주는 일들이 발달했음.

핵심 4 촌락과 도시 문제를 해결하기 위한 노력

촌락 문제와 도시 문제

- 촌락 문제: 도시보다 살기 불편하고 소득이 줄어들면서 인구가 줄어들고 있습니다.
- 도시 문제: 주택 문제, 교통 문제, 환경 문제, 범죄 문제, 쓰레기 문제 등이 있습니다.

촌락과 도시 문제를 해결하기 위한 노력

촌락 문제를 해결하기 위한 노력	• 다양한 기계를 이용하여 일손 부족 문제를 해결함. • 품질 좋은 농수산물을 생산하여 소득을 높임. • 문화 시설이나 편의 시설을 늘림.
도시 문제를 해결하기 위한 노력	• 쓰레기를 함부로 버리지 않음. • 가까운 거리는 걷거나 대중교통을 이용함. • 새로운 기술을 개발하여 환경 문제를 해결함.

5 촌락과 도시를 비교하려고 할 때 이용할 수 있는 자료는 무엇입니까? (   )

① 나침반
② 지구본
③ 국어사전
④ 축척 막대자
⑤ 디지털 영상 지도

6 다음 사진에 나타난 촌락과 도시의 공통점으로 알맞은 것은 어느 것입니까? (   )

▲ 전라남도 해남군

▲ 울산광역시

① 높은 건물이 많다.
② 산속에 위치하고 있다.
③ 목장에서 소나 양을 기른다.
④ 자연환경과 더불어 살아간다.
⑤ 생활에 필요한 시설이 많지 않다.

7 다음 그래프를 보고, 알맞은 말을 각각 쓰시오.

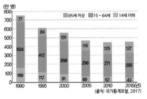
▲ 촌락의 인구 변화

> 촌락에 사는 노인의 인구는 조금씩 [㉠] 있지만, 어린이의 수는 크게 [㉡] 있다.

㉠: (   )   ㉡: (   )

8 도시 문제를 해결하는 방법으로 알맞지 않은 것은 어느 것입니까? (   )

① 규칙을 지키고 남을 배려한다.
② 쓰레기를 함부로 버리지 않는다.
③ 법을 만들어 어린이들을 보호한다.
④ 가까운 거리는 승용차를 타고 간다.
⑤ 새로운 기술을 개발하여 환경 문제를 해결한다.

1 다음 빈칸에 들어갈 알맞은 말을 쓰시오.

> 농촌, 어촌, 산지촌처럼 자연환경을 주로 이용하여 살아가는 지역을 [   ]이라고 한다.

(   )

✿ 다음 사진을 보고, 물음에 답하시오. [2~4]

(가)	(나)

(다)	(라)

2 위의 (가)~(라) 중에서 어촌의 모습을 모두 찾아 기호를 쓰시오.

(   )

주의

3 위의 (나)에 대한 설명으로 알맞은 것은 어느 것입니까? (   )

① 높은 건물이 많다.
② 바다를 이용하여 생산 활동을 한다.
③ 논과 밭에서 곡식이나 채소를 기른다.
④ 공장에서 물건을 만드는 사람들이 많다.
⑤ 울창한 숲이 있고 길이 좁고 구불구불하다.

서술형

4 위의 (다)에서 할 수 있는 생산 활동은 무엇이 있는지 쓰시오.

_____

주요

5 촌락에서 주로 하는 일을 관련된 것끼리 선으로 바르게 연결하시오.

(1) 농촌 •   • ㉠ 어업

(2) 어촌 •   • ㉡ 임업

(3) 산지촌 •   • ㉢ 농업

6 다음 그림과 같이 촌락의 모습을 조사하는 방법을 두 가지 고르시오. (,   )

① 현장 조사하기
② 인터넷 이용하기
③ 도서관에서 자료 찾아보기
④ 지역을 소개한 자료 살펴보기
⑤ 지역을 잘 아는 분께 여쭈어보기

주요

7 다음 보 기 에서 도시의 특징을 모두 골라 기호를 쓰시오.

> **보 기**
> ㉠ 교통이 불편하다.
> ㉡ 높은 건물이 많다.
> ㉢ 인구가 밀집해 있다.
> ㉣ 일자리가 다양하지 않다.
> ㉤ 크고 작은 도로가 연결되어 있다.

(   )

8 도시 사람들이 주로 하는 일이 아닌 것은 어느 것입니까? (   )

① 공연장에서 공연하는 일을 한다.
② 과수원에서 사과를 따는 일을 한다.
③ 다양한 서비스를 제공하는 일을 한다.
④ 공장에서 자동차를 만드는 일을 한다.
⑤ 버스나 지하철을 운전하는 일을 한다.

🌸 다음 자료를 보고, 물음에 답하시오. [9~10]

⊙ 서울특별시
ⓛ 세종특별자치시
ⓒ 여수시
ⓔ 부산광역시

9 다음에서 설명하는 도시를 위 지도에서 찾아 기호를 쓰시오.

도로 · 철도 교통의 중심지로 우리나라의 수도이다.

(   )

10 위 지도를 보고, 도시가 위치한 곳의 특징으로 알맞은 것을 두 가지 고르시오. (,   )

① 일자리가 많은 곳이다.
② 문화유산이 많은 곳이다.
③ 높고 낮은 산이 많은 곳이다.
④ 농업이나 어업 등이 발달한 곳이다.
⑤ 사람과 물건 이동이 편리한 곳이다.

11 도시의 특징을 조사하려고 할 때 조사 내용으로 알맞지 않은 것은 어느 것입니까? (   )

① 인구는 얼마인가?
② 무엇을 볼 수 있는가?
③ 어떤 교통 시설이 있는가?
④ 사람들은 주로 어떤 일을 하는가?
⑤ 도시의 건물 수는 모두 몇 개인가?

🏷️주의
12 다음 빈칸에 들어갈 알맞은 말은 무엇입니까?
(   )

촌락과 도시 모두 [   ]와(과) 더불어 살아간다는 공통점이 있다.

① 건물   ② 농사
③ 위치   ④ 서비스
⑤ 자연환경

13 다음 촌락과 도시의 사진을 비교해 보고, 그 차이점을 바르게 말한 친구는 누구인지 쓰시오.

▲ 전라남도 해남군   ▲ 울산광역시

• 현승: 도시는 촌락보다 사람들이 적게 산다.
• 연우: 촌락에는 도시보다 높은 건물이 많지 않다.
• 재호: 촌락은 도시보다 물건을 만들거나 편리한 생활을 도와주는 산업이 발달했다.

(   )

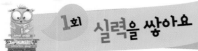
서술형

14 다음 대화를 읽고, 밑줄 친 부분에 들어갈 알맞은 내용을 쓰시오.

> • 혜진: 오늘날 촌락의 문제점에는 어떤 것들이 있지?
> • 종완: 촌락 사람들이 일자리를 찾아 도시로 이동하면서 촌락의 인구가 _____

_____

15 촌락의 소득을 올리기 위한 노력으로 알맞은 것은 어느 것입니까? (   )

① 산에 나무를 심는다.
② 교통 시설을 늘린다.
③ 소를 이용하여 농사를 짓는다.
④ 품질 좋은 농수산물을 생산한다.
⑤ 외국의 값싼 농수산물을 사 먹는다.

16 다음에서 설명하는 것은 무엇인지 쓰시오.

> 도시에 살던 사람들이 촌락으로 삶의 터전을 옮기는 것을 말한다.

(   )

17 도시 문제가 아닌 것은 어느 것입니까? (   )

① 교통 혼잡   ② 인구 부족
③ 범죄 문제   ④ 환경 오염
⑤ 소음 공해

❀ 다음 신문 기사를 읽고, 물음에 답하시오. [18~19]

> ○○신문   20△△년 △△월 △△일
>
> ○○시 쓰레기 매립장에 들어오는 쓰레기는 하루에 수백 톤에 달한다. 현재 들어오는 양으로 볼 때 내년 5월이면 쓰레기 매립장에 더 이상 쓰레기를 묻을 곳이 없게 된다.
> 그러나 쓰레기 매립장을 새로 만들기도 쉽지 않아 ○○시는 비상이 걸렸다. 지역 주민들이 쓰레기 매립장 건설을 반대해 적당한 장소를 찾지 못하고 있기 때문이다. 더욱이 ○○시의 인구가 해마다 증가하고 있어 이 문제는 더욱 심각해질 것으로 보인다.

18 윗글에서 찾을 수 있는 도시 문제는 무엇인지 쓰시오.

(   )

19 윗글에 나타난 도시 문제를 해결하기 위해 개인이 할 수 있는 일은 어느 것입니까? (   )

① 쓰레기를 분리배출한다.
② 쓰레기 줄이기 캠페인을 한다.
③ 쓰레기를 이웃집 앞에 몰래 버린다.
④ 쓰레기를 분리배출할 수 있는 시설을 만든다.
⑤ 쓰레기를 버리는 사람에게 과태료를 부과한다.

20 다음 그림과 같이 살기 좋은 촌락과 도시의 모습을 표현하는 방법은 무엇입니까? (   )

① 일기 쓰기   ② 역할극하기
③ 신문 만들기   ④ 만화 그리기
⑤ 그림지도 그리기

1 촌락에 대한 설명으로 알맞지 <u>않은</u> 것은 어느 것입니까? (   )

① 자연환경의 영향을 많이 받는다.
② 농촌에는 넓은 들판이 펼쳐져 있다.
③ 농촌, 도시, 산지촌으로 구분할 수 있다.
④ 계절이나 날씨에 따라 생활 모습이 달라진다.
⑤ 들이나 산, 바닷가와 같은 곳에서 농사를 짓거나 고기잡이를 하면서 살아가는 곳이다.

2 오른쪽 사진과 같은 자연환경을 가진 촌락은 어디인지 쓰시오.

(   )

3 농촌에서 볼 수 있는 시설물을 두 가지 고르시오.
(,   )

① 등대   ② 항구   ③ 정미소
④ 방파제   ⑤ 비닐하우스

4 다음 보기 에서 어촌 사람들이 하는 일을 모두 고른 것은 어느 것입니까? (   )

보기
㉠ 김과 미역을 딴다.
㉡ 산에서 나무를 벤다.
㉢ 목장에서 소를 기른다.
㉣ 바다에서 고기를 잡는다.
㉤ 논과 밭에서 곡식이나 채소를 기른다.

① ㉠, ㉡   ② ㉠, ㉣
③ ㉡, ㉢   ④ ㉡, ㉣
⑤ ㉢, ㉣

5 다음 밑줄 친 '나'가 살고 있는 촌락을 찾아 ○표 하시오.

나는 울창한 숲이 둘러싸인 곳에 살고 있어요. 아버지는 나무를 기르고 목재를 생산하시는 일을 하시고, 어머니는 산나물을 캐는 일을 하고 있어요.

(1)    (2)

(   )   (   )

6 다음 사진에 나타난 촌락을 조사한 내용으로 알맞지 <u>않은</u> 것은 어느 것입니까? (   )

▲ 제주특별자치도 제주시 구좌읍

① 마을 앞쪽에는 바다가 있다.
② 마을 뒤편에는 낮은 산이 있다.
③ 바닷바람을 이용해 풍력 발전을 한다.
④ 바다와 관련된 생산 활동을 하지 않는다.
⑤ 곳곳에 흩어져 있는 밭에서 농사를 짓는다.

7 다음 빈칸에 들어갈 알맞은 말은 무엇인지 쓰시오.

인구가 밀집해 있고 사회, 정치, 경제 활동의 중심이 되는 곳을 ☐☐(이)라고 한다.

(   )

서술형

8 다음 사진을 통해 알 수 있는 도시의 특징은 무엇인지 쓰시오.

_____

_____

9 도시에서 많이 볼 수 있는 일자리를 두 가지 고르시오. (,)

① 벌꿀을 기르는 일
② 산에서 약초를 캐는 일
③ 자동차 부품을 만드는 일
④ 시장에서 물건을 파는 일
⑤ 곡식과 채소를 재배하는 일

10 행정의 중심지로 새롭게 계획하여 만든 오른쪽 도시는 어디입니까? ( )

① 여수시   ② 인천광역시
③ 서울특별시   ④ 부산광역시
⑤ 세종특별자치시

11 도시의 특징을 조사하는 과정 중에서 다음 대화 내용과 관련 있는 과정을 찾아 기호를 쓰시오.

㉠ 어떻게 조사할까요?
㉡ 무엇을 조사할까요?
㉢ 어디를 조사할까요?

( )

❀ 촌락과 도시의 모습을 나타낸 다음 사진을 보고, 물음에 답하시오. [12~13]

▲ 전라남도 해남군

▲ 울산광역시

12 다음에서 설명하는 지역을 위 사진에서 찾아 기호를 쓰시오.

• 낮은 집들이 모여 있다.
• 작은 항구가 있고, 고기잡이배들이 많다.

( )

13 위 두 지역의 공통점으로 알맞은 것은 어느 것입니까? ( )

① 높은 건물이 많다.
② 바닷가에 위치하고 있다.
③ 산이 많고 울창한 숲이 있다.
④ 도로에 자동차가 많이 다닌다.
⑤ 농사짓는 데 도움을 주는 시설들이 많다.

서술형

14 다음 그래프와 같이 촌락의 인구가 줄어들면 생기는 문제점은 무엇인지 쓰시오.

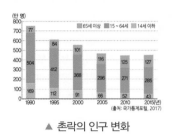

▲ 촌락의 인구 변화

_____

_____

15 촌락 문제를 해결하려는 노력으로 알맞지 <u>않은</u> 것은 어느 것입니까? (   )

① 문화 시설이나 편의 시설을 늘린다.
② 농약과 화학 비료를 많이 사용한다.
③ 품질 좋은 농수산물을 생산하여 소득을 높인다.
④ 다양한 기계를 이용하여 일손 부족 문제를 해결한다.
⑤ 귀촌을 하려는 사람들에게 촌락 생활에 관련된 다양한 정보를 제공한다.

16 귀촌에 대하여 바르게 설명한 친구에 ○표 하시오.

(1) 혜인: 도시에 살던 사람들이 촌락으로 관광을 하러 오는 것을 말한다. (   )
(2) 지호: 귀촌을 하는 사람들이 많아지면서 도시에서 촌락으로 이사하는 사람들이 늘어나고 있다. (   )

17 다음 빈칸에 공통으로 들어갈 알맞은 말은 무엇입니까? (   )

우리나라는 전체 [   ] 중 도시에 사는 [   ]이(가) 매우 많아 여러 가지 문제가 발생한다.

① 폐교   ② 인구   ③ 자연환경
④ 문화 유산   ⑤ 공공 기관

18 다음에서 쓰레기 문제를 해결하고자 이웃이 함께 하는 노력을 찾아 ○표 하시오.

(1) ▲ 분리배출   (2) ▲ 쓰레기 줄이기 캠페인

(   )   (   )

중요

19 도시 문제를 해결하기 위해서 우리가 할 수 있는 일이 <u>아닌</u> 것은 어느 것입니까? (   )

① 교통질서를 잘 지킨다.
② 가까운 거리는 걸어간다.
③ 일회용품의 사용을 줄인다.
④ 법을 만들어 어린이들을 보호한다.
⑤ 집에서 나오는 쓰레기를 분류하여 배출한다.

20 다음 사진과 같은 곳에 사는 사람들이 살기 좋은 고장을 만들기 위해 해야 할 일을 바르게 말한 친구는 누구인지 쓰시오.

• 성재: 일자리 박람회를 개최해야 한다.
• 서림: 새로운 문화 시설을 많이 만들어야 한다.
• 소영: 대기 오염을 줄일 수 있는 시설을 만들어야 한다.

(   )

1 촌락의 모습을 나타낸 다음 사진을 보고, 물음에 답하시오.

▲ 농촌

▲ 어촌

▲ 산지촌

(1) 위 사진을 보고, 촌락은 어떤 곳을 말하는지 쓰시오.

_____

(2) 위의 각 촌락에서 발달한 산업과 하는 일은 무엇인지 쓰시오.

구분	발달한 산업	하는 일
㉠ 농촌		
㉡ 어촌		
㉢ 산지촌		

2 다음 자료를 보고, 물음에 답하시오.

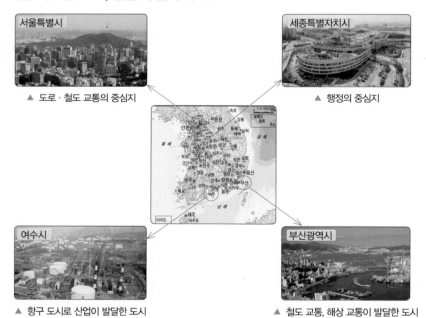

서울특별시
▲ 도로 · 철도 교통의 중심지

세종특별자치시
▲ 행정의 중심지

여수시
▲ 항구 도시로 산업이 발달한 도시

부산광역시
▲ 철도 교통, 해상 교통이 발달한 도시

(1) 위 자료에서 새롭게 계획하여 만든 도시를 찾아 쓰시오.

(   )

(2) 위 자료를 보고, 도시는 주로 어디에 위치하고 있는지 쓰시오.

_____

3 촌락과 도시를 비교하여 정리한 다음 표의 빈 곳에 들어갈 공통점과 차이점을 각각 쓰시오.

구분	촌락	도시
조사 지역	전라남도 해남군	울산광역시
조사 지역 모습	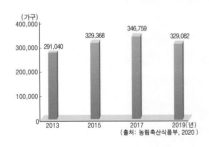	
공통점	• 사람들이 마을을 이루며 살고 있다. • _____	
차이점	• 촌락에는 높은 건물이 많지 않으나, 도시에는 높은 건물이 많다. • _____	

(1) 공통점: _____

_____

(2) 차이점: _____

_____

관련 핵심 개념

촌락과 도시 비교하기

• 전라남도 해남군: 낮은 집들이 모여 있고, 작은 항구가 있으며, 고기잡이배들이 많습니다.

• 울산광역시: 높은 건물이 많고, 큰 항구와 큰 배들이 있습니다.

1
단원

4 귀촌 가구 수 변화를 나타낸 다음 그래프를 보고, 물음에 답하시오.

(가구)
400,000

291,040 329,368 346,759 329,082

300,000

200,000

100,000

0
2013   2015   2017   2019(년)
(출처: 농림축산식품부, 2020)

(1) 위 그래프를 보고, ㉠, ㉡에 들어갈 알맞은 말을 각각 쓰시오.

> 최근에는 귀촌을 하는 사람들이 많아지면서 ㉠ (도시에서 촌락으로, 촌락에서 도시로) 이사하는 사람들이 ㉡ (늘어나고, 줄어들고) 있다.

㉠: (   ), ㉡: (   )

(2) 귀촌을 지원하기 위해 지역 사회에서 하는 일은 무엇인지 쓰시오.

_____

_____

관련 핵심 개념

귀촌 현상

귀촌은 도시에 살던 사람들이 촌락으로 삶의 터전 옮기는 것을 말합니다.

탐구 서술형 평가 2회

1 촌락의 모습을 조사하는 다음 방법을 보고, 물음에 답하시오.

ㄱ
▲ 지역을 잘 아는 분께 여쭤보기

ㄴ
▲ 현장 조사하기

ㄷ
▲ 인터넷 이용하기

(1) 다음에서 설명하는 조사 방법을 위 자료에서 찾아 기호를 쓰시오.

> 조사할 대상이 있는 현장에 직접 가서 조사하는 것이다.

(   )

(2) 위의 ㄷ과 같은 방법으로 촌락을 조사하면 좋은 점은 무엇인지 쓰시오.

_____

_____

관련 핵심 개념

촌락을 조사하는 방법

• 현장 조사하기
• 인터넷 이용하기
• 지역을 소개한 자료 살펴보기
• 지역을 잘 아는 분께 여쭤보기

2 다음 도시의 사진을 보고, 물음에 답하시오.

(1) 위 사진을 보고, 도시에서 쉽게 볼 수 있는 것을 세 가지 쓰시오.

_____

(2) 위 사진을 보고, 알 수 있는 도시의 특징을 쓰시오.

_____

관련 핵심 개념

도시의 의미

도시는 인구가 밀집해 있고 사회, 정치, 경제 활동의 중심이 되는 곳입니다.

3 촌락의 문제점을 나타낸 다음 그림을 보고, 물음에 답하시오.

(1) 위 그림을 통해 알 수 있는 촌락의 문제점은 무엇인지 쓰시오.

_____

_____

(2) 위 그림과 같은 촌락 문제를 해결하려면 어떤 노력이 필요한지 쓰시오.

_____

_____

4 다음 문제를 해결하기 위해 개인, 이웃, 정부가 할 수 있는 노력을 쓰시오.

○○신문	20△△년 △△월 △△일

○○시 쓰레기 대란 '위기' … 쓰레기 매립장 넘쳐

○○시 쓰레기 매립장에 들어오는 쓰레기는 하루에 수백 톤에 달한다. 현재 들어오는 양으로 볼 때 내년 5월이면 쓰레기 매립장에 더 이상 쓰레기를 묻을 곳이 없게 된다.

그러나 쓰레기 매립장을 새로 만들기도 쉽지 않아 ○○시는 비상이 걸렸다. 지역 주민들이 쓰레기 매립장 건설을 반대해 적당한 장소를 찾지 못하고 있기 때문이다. 더욱이 ○○시의 인구가 해마다 증가하고 있어 이 문제는 더욱 심각해질 것으로 보인다.

㉠ 개인	
㉡ 이웃	
㉢ 정부	

관련 핵심 개념

촌락의 인구 변화

· 도시가 발달하면서 촌락 사람들이 일자리를 찾아 도시로 이동하면서 촌락의 인구는 점점 줄어들게 되었습니다.

· 촌락에서는 일할 수 있는 사람들이 줄어들면서 어려움을 겪고 있습니다.

관련 핵심 개념

도시 문제

· 주택 문제, 교통 문제, 범죄 문제, 환경 문제, 쓰레기 문제 등이 있습니다.

· 일자리가 점점 부족해지고 있습니다.

· 소음 공해나 빛 공해가 심각합니다.

❷ 함께 발전하는 촌락과 도시

1 교류의 뜻과 필요성

① 교류: 사람들이 오고 가거나 물건, 문화, 기술 등을 서로 주고받는 것을 말합니다. → 우리가 살아가려면 다양한 물건과 서비스가 필요합니다.

② 교류의 필요성: 지역마다 생산물, 기술, 문화 등이 다르기 때문에 교류가 이루어집니다. 자료 1

2 촌락과 도시의 사람들이 어떻게 도움을 주고받는지 알아보기

① 촌락 사람들이 도시 사람들과 교류하기 위해 노력하는 모습

체험 마을 운영	촌락 사람들은 도시 사람들이 촌락 생활을 체험하고, 여가를 즐길 수 있는 체험 마을을 운영함. → 농촌 체험 마을, 어촌 체험 마을 등
지역 축제 개최 자료 2	• 촌락에서는 자연환경과 특산물을 활용해 지역 축제를 열어 소득을 올림. • 도시 사람들은 지역 축제에 참여해 여가를 즐겁고 보람 있게 보낼 수 있음.

② 도시의 시설을 이용하기 위한 이동: 촌락 사람들은 의료 시설을 이용하거나 공연 관람, 장보기 등을 하려고 도시로 이동하기도 합니다. → 촌락 사람들은 병원이나 문화 시설을 이용하면서 주변의 상점들도 이용하기 때문에 도시의 경제 활동을 활발하게 해 줍니다

③ 도시 사람들이 촌락 사람들과 교류하기 위해 노력하는 모습

농수산물 직거래 장터	• 도시 사람들은 싱싱한 농수산물을 싸게 구매할 수 있음. • 촌락 사람들은 더 비싼 값에 농수산물을 팔 수 있음.
여가 생활	촌락에서 낚시, 등산, 야영을 하며 여가를 보내는 사람이 많음.
자매결연이나 봉사 활동	기업과 학교에서는 촌락의 마을과 자매결연을 하여 일손 돕기 봉사 활동을 함.

▲ 농수산물 직거래 장터

▲ 여가 생활

▲ 자매결연이나 봉사 활동

3 촌락과 도시가 교류하는 모습

① 민준이네 가족과 민들레 마을 주민들의 사례

민준이네 가족	민들레 마을 주민들과 교류하면서 신선한 제철 농산물을 얻음.
민들레 마을 주민	민준이네 가족과 교류하면서 일손을 도움 받거나 농산물을 판매하여 수익을 얻음.

② 촌락과 도시에 사는 사람들은 서로 부족한 것들을 채워 주면서 상호 의존하고 있습니다.

자료 1 **교류의 다양한 모습**

지역마다 생산되는 물건과 기술 수준이 다르고, 각자의 문화를 알리기 위해서 교류를 합니다.

▲ 시장

▲ 목장

▲ 공연장

▲ 가전 매장

자료 2 **지역 축제를 통한 교류**

▲ 농다리 축제 (충청북도 진천군)

▲ 산천어 축제 (강원도 화천군)

▲ 신비의 바닷길 축제 (충청남도 보령시)

▲ 한방 약초 축제 (경상남도 산청군)

• 축제 기간에 많은 사람이 모여서 경제 활동을 더욱 활발하게 만들 수 있습니다.

• 다양한 놀이 문화나 체험 활동을 즐길 수 있습니다.

• 자기 고장의 자랑거리를 널리 알릴 수 있습니다.

• 도시에서 접하기 어려운 새로운 경험을 할 수 있습니다.

교류와 교환의 차이점

교류는 사람들이 오고 가거나 물건, 문화, 기술 등을 서로 주고받는 것이고, 교환은 물건을 주고받는 것을 뜻합니다.

촌락과 도시를 연결하는 도시 농업

- 건물 옥상이나 자투리 공간에서 화분 등을 이용해 상추나 파와 같은 채소를 기르는 활동을 도시 농업이라고 합니다.
- 농약을 뿌리지 않은 무공해 채소를 직접 길러 먹을 수 있고, 녹색식물을 키워 도시의 공기를 맑게 하는 효과도 있습니다.

촌락과 도시가 서로 의존하는 사례

- 의료 봉사 버스: 촌락에는 노인들이 이용할 수 있는 의료 시설이 부족해 멀리 떨어진 도시까지 가야 하기 때문에 건강보험공단이나 여러 병원과 회사에서 의료 봉사 버스를 운행하고 있습니다.

▲ 의료 봉사 버스

- 학교로 찾아가는 농사 체험 활동: 농촌 마을 사람들이 도시에 있는 학교로 직접 찾아가 학생들에게 농사 체험 활동을 지원하고 있습니다.

용어 풀이

❶ 특산물 (特 특별할 특 産 낳을 산 物 물건 물) 한 지역에서만 생산되는 물품
❷ 직거래 (直 곧을 직 去 갈 거 來 올 래) 사는 사람과 파는 사람이 중간 상인을 거치지 않고 직접 거래하는 것.
❸ 자매결연 (姉 윗누이 자 妹 누이 매 結 맺을 결 緣 인연 연) 지역과 지역이 서로 돕거나 친선 관계를 맺는 것

개념을 확인해요

1 단원

1. 사람들이 오고 가거나 물건, 문화, 기술 등을 서로 주고받는 것을 ☐☐ 라고 합니다.

2. ☐☐ 마다 생산되는 물건이 다르고 기술, 문화 등이 다르기 때문에 교류가 이루어집니다.

3. ☐☐ 사람들은 도시 사람들과 교류하기 위해 체험 마을을 운영하고 있습니다.

4. 촌락에서는 자연환경과 특산물을 활용해 ☐☐ ☐☐ 를 열어 소득을 올립니다.

5. 촌락 사람들은 첨단 ☐☐ 시설을 갖춘 대형 종합 병원을 이용하기 위해 도시로 이동합니다.

6. 도시에 사는 사람들은 농수산물 ☐☐☐ 장터에서 농수산물을 싸게 구매할 수 있습니다.

7. 촌락에서 낚시, 등산, 야영을 하며 ☐☐ 를 보내는 도시 사람이 많습니다.

8. 기업과 학교에서는 촌락의 마을과 ☐☐ ☐ 을 하여 일손 돕기 봉사 활동을 하기도 합니다.

9. 건물 옥상이나 자투리 공간에서 화분 등을 이용해 상추나 파와 같은 채소를 기르는 활동을 ☐☐ ☐☐ 이라고 합니다.

10. 촌락과 도시에 사는 사람들은 서로 부족한 것들을 채워 주면서 ☐☐☐☐ 하고 있습니다.

핵심 1 교류의 필요성

🌸 교류

- 사람들이 오고 가거나 물건, 문화, 기술 등을 서로 주고받는 것을 말합니다.
- 교환은 물건을 주고받는 것을 뜻하며, 교환은 교류에 속합니다.

🌸 교류의 필요성

- 지역마다 생산되는 물건이 다르기 때문입니다.
- 지역마다 기술 수준이 다르기 때문입니다.
- 각자의 문화를 알리기 위해서입니다.

🌸 다양한 교류의 예

▲ 시장   ▲ 공연장

1 다음 빈칸에 들어갈 알맞은 말을 쓰시오.

> 사람들이 오고 가거나 물건, 문화, 기술 등을 서로 주고받는 것을 ☐(이)라고 한다.

(   )

2 다음에서 설명하는 교류의 모습으로 알맞은 것에 ○표 하시오.

> 서로 다른 문화를 접하거나 각자의 문화를 알리려고 사람들이 오고 간다.

(1)    (2)

▲ 시장   ▲ 공연장

(   )   (   )

핵심 2 촌락과 도시 사람들의 교류하기 위한 노력

🌸 촌락과 도시가 교류하는 방법

- 체험 마을 운영: 도시 사람들이 촌락 생활을 체험하고, 여가를 즐길 수 있는 체험 마을이 늘어나고 있습니다.
- 다양한 지역 축제를 개최

촌락	자연환경과 특산물을 활용해 지역 축제를 열어 소득을 올림.
도시	지역 축제에 참여해 여가를 즐겁고 보람 있게 보낼 수 있음.

🌸 도시의 시설을 이용하기 위한 이동

- 촌락 사람들은 의료 시설을 이용하거나 공연 관람, 장보기 등을 하려고 도시로 이동합니다.
- 촌락의 사람들은 도시에 세워진 문화 시설이나 대형 종합 병원을 이용하면서 주변의 상점들도 이용하기 때문에 도시의 경제 활동을 더욱 활발하게 해 줍니다.

3 다음 사진과 같은 체험을 할 수 있는 곳은 어디입니까? (   )

▲ 소금 만들기 체험

① 도시
② 학교
③ 농촌
④ 어촌
⑤ 산지촌

4 촌락 사람들이 도시로 이동하는 경우가 아닌 것은 어느 것입니까? (   )

① 의료 시설을 이용하기 위해서
② 규모가 큰 공연을 보기 위해서
③ 농촌 봉사 활동에 참여하기 위해서
④ 백화점이나 대형 상점을 가기 위해서
⑤ 도청이나 시청 등을 방문하기 위해서

핵심 3 도시와 촌락 사람들의 다양한 교류

촌락과 도시의 다양한 교류

농수산물 직거래 장터	여가 생활을 통한 교류

농수산물 직거래 장터에서 싱싱한 농수산물을 싸게 구매할 수 있음.	촌락에서 낚시, 등산, 야영을 하며 여가를 보내는 사람이 많음.
지역 축제를 통한 교류	자매결연이나 봉사를 통한 교류

촌락의 축제에 참여해 지역의 전통문화를 체험하는 등의 다양한 경험을 할 수 있음.	기업이나 학교에서는 촌락의 마을과 자매결연을 하여 일손 돕기 봉사 활동을 함.

5 농수산물 직거래 장터를 열었을 때 도시 사람들에게 좋은 점은 무엇입니까? (   )

① 지역의 전통문화를 체험할 수 있다.
② 싱싱한 농수산물을 싸게 구매할 수 있다.
③ 도시의 경제 활동을 더욱 활발하게 해 준다.
④ 어려운 일이 생겼을 때 도움을 받을 수 있다.
⑤ 촌락 사람들에게 도시의 자랑거리를 알릴 수 있다.

6 다음 빈칸에 들어갈 알맞은 말은 어느 것입니까?
(   )

> 도시에 사는 사람들은 촌락에서 낚시, 등산, 야영을 하며 [   ]을(를) 보내는 사람이 많다.

① 여가   ② 교육
③ 생산물   ④ 경제 활동
⑤ 봉사 활동

핵심 4 촌락과 도시가 교류하는 관계

촌락과 도시가 교류하는 모습

• 도시 사람들은 농수산물이나 원료를 촌락으로부터 얻습니다.
• 촌락 사람들은 도시의 문화 시설과 편의 시설을 이용합니다.
• 촌락과 도시가 교류하는 관계: 촌락과 도시에 사는 사람들은 서로 부족한 것들을 채워 주면서 상호 의존하고 있습니다.

▲ 촌락과 도시가 서로 교류하는 모습

7 다음 ㉠에 들어갈 알맞은 말을 두 가지 고르시오.
(,   )

촌락		도시
	(㉠) → ←	

① 공산품   ② 농수산물
③ 편의 시설   ④ 문화 시설
⑤ 깨끗한 자연환경

8 촌락과 도시가 교류하는 관계를 잘못 말한 친구는 누구인지 쓰시오.

> • 혜나: 서로 보탬이 되지 않는다.
> • 준형: 서로 부족한 것들 채워 주고 있다.
> • 지애: 사람과 물건을 교류하면서 서로 의존하고 있다.

(   )

1 다음 글과 관련 있는 모습을 찾아 기호를 쓰시오.

> 지난 방학에 지홍이네 가족은 농촌에 살고 계신 이모 댁에 다녀왔다. 그곳에서 지홍이는 도시에서는 경험하기 어려운 다양한 체험 활동을 했다.

㉠
▲ 고구마 캐기

㉡
▲ 백화점에서 물건 사기

(   )

중요

2 사람들이 오고 가거나 물건, 문화, 기술 등을 서로 주고받는 것을 무엇이라고 합니까? (   )

① 교환
② 교류
③ 정보화
④ 생산 활동
⑤ 자연환경

3 교류하는 모습으로 알맞지 <u>않은</u> 것은 어느 것입니까? (   )

① 집에서 위인전을 읽는다.
② 목장에 가서 다양한 체험을 한다.
③ 공부를 하기 위해 다른 지역으로 간다.
④ 어촌에서 잡아 온 생선을 시장에서 산다.
⑤ 다른 나라에서 온 합창단 공연을 보러 음악회에 간다.

4 다음 빈칸에 들어갈 알맞은 말은 무엇입니까?
(   )

> 우리가 살아가려면 다양한 물건과 서비스가 필요하다. 다른 지역에서 [   ]된 것들은 우리 지역에서도 팔린다.

① 전시
② 소비
③ 기준
④ 소개
⑤ 생산

주의

5 다른 지역과 교류하는 까닭을 바르게 설명한 것을 두 가지 고르시오. (,   )

① 각자의 문화를 알리기 위해서이다.
② 지역마다 기술 수준이 다르기 때문이다.
③ 지역마다 자연환경이 비슷하기 때문이다.
④ 서로에게 아무런 도움이 되지 않기 때문이다.
⑤ 지역마다 생산되는 물건이 비슷하기 때문이다.

6 오른쪽 사진과 같은 갯벌 체험을 할 수 있는 곳은 어디입니까? (   )

① 고궁
② 어촌
③ 도시
④ 농촌
⑤ 도서관

서술형

7 도시 사람들이 촌락의 자연 휴양림을 찾는 까닭은 무엇인지 쓰시오.

_____

_____

다음 사진을 보고, 물음에 답하시오. [8~9]

(가)

▲ 신비의 바닷길 축제
(충청남도 보령시)

(나)

▲ 한방 약초 축제
(경상남도 산청군)

8 위 사진을 보고, 다음 내용에 맞는 축제를 쓰시오.

> 촌락에서는 자연환경과 특산물을 활용해 지역 축제를 열어 소득을 올리기도 한다.

(1) 자연환경을 이용한 축제　　(　　　　　　)
(2) 특산물을 이용한 축제　　　(　　　　　　)

9 위와 같이 지역 축제를 열면 촌락 사람들에게 좋은 점은 무엇입니까? (　　　)

① 촌락의 경제에 도움을 준다.
② 도시 사람들의 생활을 체험할 수 있다.
③ 여가를 즐겁고 보람 있게 보낼 수 있다.
④ 촌락의 아름다운 자연환경을 즐길 수 있다.
⑤ 촌락과 도시의 생산물을 서로 교환할 수 있다.

10 촌락 사람들이 도시의 다양한 시설을 이용하는 모습이 <u>아닌</u> 것은 어느 것입니까? (　　　)

①
②
③
④

11 촌락 사람들이 도시에 세워진 여러 시설을 이용하려고 도시를 방문하면 도시 사람들에게는 어떤 좋은 점이 있는지 쓰시오.

_____

_____

중요

12 농수산물 직거래 장터를 통해 얻을 수 있는 좋은 점으로 알맞은 것은 어느 것입니까? (　　　)

① 규모가 큰 공연을 볼 수 있다.
② 촌락의 자연환경을 체험할 수 있다.
③ 다른 지역의 문화를 체험할 수 있다.
④ 싱싱한 농수산물을 싸게 구매할 수 있다.
⑤ 우리 지역에서 생산 활동을 하지 않아도 된다.

13 오른쪽 사진과 관련 있는 도시와 촌락 사람들의 교류는 무엇입니까?
(　　　)

① 체험 마을을 통한 교류
② 여가 생활을 통한 교류
③ 지역 축제를 통한 교류
④ 농수산물 직거래 장터 개최
⑤ 자매결연이나 봉사를 통한 교류

14 지역마다 축제를 여는 까닭을 <u>잘못</u> 말한 친구는 누구인지 쓰시오.

> • 정빈: 봉사를 통해 보람과 긍지를 느낄 수 있다.
> • 승주: 자기 고장의 자랑거리를 널리 알릴 수 있다.
> • 지민: 축제를 통하여 공동체 의식을 높일 수 있다.

(　　　　　　　　)

15 도시 사람들이 농촌에 가서 할 수 있는 봉사 활동을 두 가지 고르시오. (　　,　　)

① 일손 돕기　　　　② 의료 봉사
③ 전통문화 체험　　④ 가족 행사 참여
⑤ 스포츠 친선 경기

16 다음과 같이 건물 옥상에서 상추나 파와 같은 채소를 기르는 활동을 무엇이라고 하는지 쓰시오.

(　　　　　　　　　)

서술형

17 다음 글을 읽고 민준이네 가족과 민들레 마을 주민들이 서로 교류하면서 얻을 수 있는 좋은 점은 무엇인지 쓰시오.

> 민준이네 가족에게
>
> 안녕하세요? 지난 여름 태풍으로 어려울 때 마을 일을 도와주셔서 큰 도움이 되었습니다. 우리 마을의 할머니들이 정성을 들여 볕에 말린 나물과 빨갛게 물든 홍시, 가을 땅의 기운을 받은 토란과 고구마, 땅콩을 보냅니다. 마당에서 마음껏 뛰어놀던 닭들이 낳은 달걀도 함께요. 앞으로도 저희는 우리 마을을 사랑하며 꾸준히 친환경 농산물을 생산하려고 노력하겠습니다.
>
> 민들레 마을 주민들 드림

_____

_____

_____

18 앞 **17**번의 민준이네 가족과 같이 도시 사람들이 촌락과 교류하면서 촌락에 의존하는 것은 무엇입니까? (　　　　)

① 일손을 도움 받을 수 있다.
② 지역의 특색을 살린 축제를 연다.
③ 문화 시설과 편의 시설을 이용한다.
④ 농수산물이나 원료를 촌락으로부터 얻는다.
⑤ 농촌 체험 마을이나 어촌 체험 마을을 운영한다.

✿ 다음은 촌락과 도시가 서로 교류하는 모습을 나타낸 것입니다. 물음에 답하시오. [19~20]

촌락　　（　㉠　）　　도시

공산품,
편의 시설,
문화 시설

19 위의 ㉠에 들어갈 알맞은 내용이 <u>아닌</u> 것은 어느 것입니까? (　　　　)

① 쌀　　　　　② 공책
③ 미역　　　　④ 쇠고기
⑤ 깨끗한 자연환경

주의

20 위 교류 모습에 대한 설명으로 알맞은 것은 어느 것입니까? (　　　　)

① 촌락은 도시에 도움을 주지 않는다.
② 도시와 촌락은 함께 협력하여 지역 축제를 준비한다.
③ 촌락의 공장에서 공산품을 만들어 도시에 판매한다.
④ 지역마다 생산되는 농수산물이나 공산품이 비슷하다.
⑤ 촌락과 도시는 사람과 물건을 교류하면서 서로 의존하고 있다.

✿ **다음 글을 읽고, 물음에 답하시오. [1~2]**

> 지난 주말에 이모네 가족은 민준이네 집에 놀러 왔다. 이모는 직접 재배한 옥수수를 가져오셨다. 민준이네 가족은 이모네 가족과 함께 놀이동산에 가고 궁궐에도 다녀왔다. 이모네 가족은 백화점에서 필요한 물건들을 샀다.

1 윗글에 대한 설명으로 맞으면 ○표, 틀리면 X표 하시오.

(1) 민준이네 가족은 농촌에 살고 있다. (   )

(2) 오늘날에는 다른 지역의 물건을 구하기 어렵다. (   )

(3) 이모네 가족과 민준이네 가족 사이에 사람과 물건 등이 오가고 있다. (   )

🏷️ 주의

2 윗글을 통해 알 수 있는 사실로 알맞은 것은 어느 것입니까? (   )

① 지역 간에 자연환경이 비슷하다.

② 촌락과 도시는 서로 도움을 주지 않는다.

③ 도시에서는 옥수수를 생산하여 농촌에 판다.

④ 사람들이 생활하는 데 필요한 여러 가지 물건은 한 지역에서 모두 생산된다.

⑤ 사람들은 서로 다른 지역을 오고 가면서 물건, 문화, 기술 등을 서로 주고받는다.

📝 서술형

3 어떤 사람이 외딴 섬에서 다른 지역을 오고 가지 않고 홀로 사는 것을 교류라고 볼 수 없는 까닭은 무엇인지 쓰시오.

_____

_____

4 다른 지역과 교류하는 모습을 잘못 말한 것은 어느 것입니까? (   )

① 학교에서 다른 지역으로 체험 학습을 갔다.

② 다른 지역에서 전학 온 친구와 말다툼을 했다.

③ 지난 주말에 자연 휴양림에 가서 여가를 보냈다.

④ 다른 지역에서 온 발레 공연을 보려고 공연장에 갔다.

⑤ 집에서 밥을 먹기 위해 다른 지역에서 생산된 쌀을 사왔다.

5 다음 내용과 관련 있는 교류의 모습을 볼 수 있는 장소는 어느 것입니까? (   )

> 서로 다른 문화를 접하거나 각자의 문화를 알리려고 사람들이 오고 간다.

① 시장　　　　　② 목장

③ 백화점　　　　④ 공연장

⑤ 가전제품 대리점

⭐ 중요

6 다음 빈칸에 들어갈 알맞은 말을 두 가지 고르시오. (,   )

> 지역마다 [   ] 등이 다르기 때문에 교류가 이루어진다.

① 역사　　　　　② 기술

③ 생산물　　　　④ 피부색

⑤ 건물 수

7 어촌에서 할 수 있는 체험 활동으로 알맞은 것은 어느 것입니까? (   )

① 고구마 캐기 체험   ② 치즈 만들기 체험
③ 소금 만들기 체험   ④ 도자기 만들기 체험
⑤ 인절미 만들기 체험

8 도시 사람들이 촌락에서 운영하는 체험 마을에 가는 이유는 무엇입니까? (   )

① 일자리를 찾기 위해서
② 여가를 즐기기 위해서
③ 촌락 문제를 해결하기 위해서
④ 도시에서 생산되는 물건을 팔기 위해서
⑤ 어려운 일이 생겼을 때 도움을 받기 위해서

9 다음 빈칸에 들어갈 알맞은 것은 어느 것입니까?
(   )

> 촌락에서는 [   ]을 발달시켜 지역의 전통과 문화를 알리고자 노력한다.

① 임업   ② 건설업
③ 금융업   ④ 관광 산업
⑤ 자동차 산업

10 촌락의 자연환경을 이용한 오른쪽 축제는 무엇입니까? (   )

① 불꽃 축제
② 농다리 축제
③ 한방 약초 축제
④ 고인돌 문화 축제
⑤ 신비의 바닷길 축제

11 지역 축제에 대한 설명으로 알맞지 <u>않은</u> 것은 어느 것입니까? (   )

① 도시에서는 접하기 어려운 경험을 할 수 있다.
② 촌락 사람들은 경제적인 이익을 얻기가 어렵다.
③ 지역 축제를 통해 촌락의 전통문화를 알릴 수 있다.
④ 촌락에서는 자연환경과 특산물을 활용해 지역 축제를 연다.
⑤ 도시 사람들은 지역 축제에 참여해 여가를 즐겁고 보람 있게 보낼 수 있다.

❀ 도시의 시설을 나타낸 다음 사진을 보고, 물음에 답하시오. [12~13]

(가) ▲ 법원   (나) ▲ 박물관

(다) ▲ 백화점   (라) ▲ 병원

12 의료 시설이 부족한 촌락 사람들이 이용할 수 있는 시설을 위에서 찾아 기호를 쓰시오.

(   )

13 촌락 사람들이 위와 같은 시설을 이용하면 도시 사람들에게 좋은 점으로 알맞은 것은 어느 것입니까? (   )

① 시간과 비용이 많이 들어간다.
② 자연의 아름다움을 느낄 수 있다.
③ 도시 사람들이 농산물을 싸게 살 수 있다.
④ 도시의 경제 활동을 더욱 활발하게 해 준다.
⑤ 촌락과 도시 사람들 사이에 여러 가지 갈등이 생기게 된다.

주요

14 촌락과 도시의 교류 모습을 나타낸 다음 사진을 보고, 잘못 말한 친구는 누구인지 쓰시오.

▲ 농수산물 직거래 장터

- 서현: 도시 사람들은 싱싱한 농수산물을 싸게 살 수 있다.
- 혜인: 촌락과 도시 간에 경제적인 도움을 주고받을 수 있다.
- 준하: 촌락 사람들은 중간 상인을 거쳐서 농수산물을 판매하기 때문에 싼 값에 팔아야 한다.

( )

서술형

15 도시 사람들이 촌락에서 열리는 축제에 참여하면 어떤 점이 좋은지 쓰시오.

_____

_____

16 다음 내용과 관련 있는 도시와 촌락의 교류는 무엇입니까? ( )

> 기업이나 학교에서는 촌락의 마을과 자매결연을 하여 일손을 돕는다.

① 봉사를 통한 교류
② 지역 축제를 통한 교류
③ 여가 생활을 통한 교류
④ 체육 대회를 통한 교류
⑤ 농수산물 직거래 장터를 통한 교류

17 도시 농업에 참여하면 좋은 점으로 알맞지 않은 것은 어느 것입니까? ( )

① 농촌 사람들의 마음을 이해하는 계기가 된다.
② 농약을 뿌려 벌레가 없는 채소를 먹을 수 있다.
③ 식물을 기르면서 생명의 소중함을 체험할 수 있다.
④ 건물 옥상이나 자투리 공간에 채소를 기를 수 있다.
⑤ 녹색식물을 키워 도시의 공기를 맑게 하는 효과가 있다.

❀ 다음 글을 읽고, 물음에 답하시오. [18~19]

> 민들레 마을 주민들에게
> 안녕하세요? 보내 주신 농산물 덕분에 맛있는 음식을 먹을 수 있었어요. 고구마 맛탕을 만들어 가족들과 맛있게 먹었어요. 보내주신 땅콩을 먹으니 머리가 좋아진 것 같아요. 다음번 수확 때에는 저도 가서 일손을 돕고 싶어요. 민들레 마을의 친구들과 할머니들이 보고 싶네요.
> 민준 올림

18 윗글에 대한 내용으로 맞으면 ○표 하시오.

(1) 촌락과 도시 사람들은 서로 보탬이 되지 않는다. ( )
(2) 민들레 마을은 일손을 도움 받고 농산물을 판매하여 수익을 얻는다. ( )

19 윗글의 민준이네 가족과 민들레 마을 주민들은 서로 어떤 관계에 있는지 쓰시오.

_____

20 도시에서 촌락으로 이동하는 것을 두 가지 고르시오. (,)

① 원료
② 공산품
③ 농수산물
④ 편의 시설
⑤ 깨끗한 자연환경

1 다음 사진을 보고, 물음에 답하시오.

㉠
▲ 목장 체험

㉡
▲ 무인도 생활

㉢
▲ 합창 대회

(1) 위의 사진에서 교류에 해당하지 않는 것을 찾아 기호를 쓰시오.

(   )

(2) 위 사진을 참고하여 교류를 하는 까닭은 무엇인지 쓰시오.

_____

_____

관련 핵심 개념

교류의 다양한 예

· 다른 지역에서 생산된 것들은 우리 지역에서 팔립니다.

· 사람들은 공부나 일을 하기 위해 다른 지역으로 이동합니다.

· 서로 다른 문화를 접하거나 각자의 문화를 알리려고 사람들이 오고 갑니다.

2 다음 일기를 읽고, 물음에 답하시오.

> 20○○년 ○○월 ○○일 ○요일
>
> **삼봉 자연 휴양림에서 야영하기**
>
> 우리 가족은 강원도 홍천군에 있는 삼봉 자연 휴양림으로 1박 2일 야영을 다녀왔다. 울창한 숲속, 시원한 계곡물이 흐르는 곳에 통나무로 지어진 집들과 야영장이 있었다.
>
> 삼봉 자연 휴양림 안에는 천연기념물로 지정된 삼봉 약수터가 있었다. 세 구멍에서 약수가 나오는데 삼봉 약수를 마시면 당뇨병이나 신경통 등에 효과가 있다고 소문이 나서 옛날부터 많은 사람이 찾았다고 한다.
>
> 가는 길도 멀고, 돌아오는 길에도 차가 꽉 막혀서 힘들었지만, 아름드리 전나무, 박달나무 등이 울창한 숲속에서 맑은 공기를 마시면서 운동도 하고, 신기한 약수도 마셨더니 왠지 더 건강해진 느낌이다. 이렇게 깨끗한 자연을 도시에서도 매일 누릴 수 있다면 얼마나 좋을까 하는 생각이 들었다.

(1) 위 일기를 읽고, 빈칸에 들어갈 알맞은 말에 ○표 하시오.

> 도시 사람들은 (봉사 , 여가) 활동을 통해 촌락과 교류한다.

(2) 위 일기와 같이 도시 사람들이 자연 휴양림을 찾는 이유는 무엇인지 쓰시오.

_____

관련 핵심 개념

촌락과 도시가 교류하는 방법

· 캠핑장을 만들어 도시 사람들이 이용할 수 있도록 합니다.

· 농촌 체험 마을, 어촌 체험 마을 등을 운영합니다.

· 지역의 특색을 살린 축제를 열어 도시 사람들이 즐길 수 있게 합니다.

3 도시에 사는 사람들이 촌락에 사는 사람들과 다양한 교류를 하는 모습을 보고, 물음에 답하시오.

▲ 봉사를 통한 교류

▲ 지역 축제

▲ 농수산물 직거래 장터

(1) 다음 어린이가 말하는 내용과 관련된 교류 활동을 위에서 찾아 기호를 쓰시오.

그 지역의 전통문화를 체험하거나 특산품을 구매할 수 있어.

(   )

(2) 위 ㉢의 농수산물 직거래 장터를 이용하면 도시 사람들과 촌락 사람들에게 좋은 점은 무엇인지 각각 쓰시오.

㉠도시 사람들에게 좋은 점	
㉡촌락 사람들에게 좋은 점	

관련 핵심 개념

도시 사람들이 촌락 사람들과 교류하는 다양한 모습

• 농수산물 직거래 장터
• 여가 생활을 통한 교류
• 지역 축제를 통한 교류
• 자매결연이나 봉사를 통한 교류

4 다음 자료를 보고, 촌락과 도시는 무엇을 교류하고 있는지 쓰시오.

▲ 촌락

농수산물, 원료
→
←
공산품, 편의 시설, 문화 시설

▲ 도시

_____

_____

관련 핵심 개념

촌락과 도시가 교류하는 관계

• 촌락과 도시는 서로 필요에 의해 사람과 다양한 물건이 오고 갑니다.
• 지역마다 생산되는 농수산물이나 공산품이 다르기 때문에 촌락과 도시는 서로 교류하고, 서로 부족한 시설이나 문화 생활을 즐기려고 교류하기도 합니다.

1 다음은 어느 촌락의 모습인지 쓰시오.

(1)

( )

(2)

( )

2 다음과 같은 자연환경을 가진 촌락에서 생산되는 것을 두 가지 고르시오. (,)

> 산으로 둘러싸여 있으며 나무들이 많고 울창한 숲을 볼 수 있다.

① 곡식
② 목재
③ 소금
④ 미역
⑤ 산나물

3 촌락의 모습을 조사하는 방법으로 알맞지 않은 것은 어느 것입니까? ( )

① 인터넷을 이용한다.
② 지역을 소개한 자료를 살펴본다.
③ 직접 찾아가서 현장을 조사한다.
④ 지역을 잘 아는 분께 여쭈어본다.
⑤ 텔레비전 뉴스에서 일기 예보를 시청한다.

4 도시에 많은 사람이 모여 사는 까닭을 바르게 말한 친구는 누구인지 쓰시오.

> • 진우: 집값이 싸기 때문이다.
> • 승주: 일자리가 많기 때문이다.
> • 지호: 자연환경이 아름답기 때문이다.

( )

5 다음 보기 에서 도시가 위치해 있는 곳을 모두 골라 기호를 쓰시오.

> 보기
> ㉠ 교통이 발달한 곳
> ㉡ 조용하고 한적한 곳
> ㉢ 높은 산으로 둘러싸여 있는 곳
> ㉣ 처음부터 계획하여 만들어진 곳
> ㉤ 큰 공장들이 있어 산업이 발달한 곳

( )

6 도시 조사 보고서를 작성하려고 할 때 조사 내용으로 알맞지 않은 것은 어느 것입니까? ( )

① 인구는 얼마인가?
② 무엇을 볼 수 있는가?
③ 어떤 교통 시설이 있는가?
④ 휴가 때 가고 싶은 여행지는 어디인가?
⑤ 사람들은 주로 무슨 일을 하며 살고 있는가?

서술형
7 다음 촌락과 도시의 사진을 비교해 보고, 차이점은 무엇인지 쓰시오.

▲ 전라남도 해남군　　　　▲ 울산광역시

_____

_____

8 다음 그래프와 같이 촌락의 인구가 점점 줄어드는 까닭은 무엇입니까? ( )

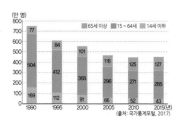

(만 명)
▲ 촌락의 인구 변화

① 주택이 부족하기 때문이다.
② 새로 태어나는 아기의 수가 많아졌기 때문이다.
③ 농사 기술의 발달로 소득이 늘어났기 때문이다.
④ 사람들이 일자리를 찾아 도시로 이동하였기 때문이다.
⑤ 깨끗한 환경에서 살고 싶은 사람이 늘어났기 때문이다.

9 도시에 살던 사람들이 촌락으로 삶의 터전을 옮기는 것을 무엇이라고 합니까? ( )

① 이민 　　　　② 귀촌
③ 전학 　　　　④ 이농
⑤ 농촌 체험

서술형

10 다음 사진과 같이 쓰레기 문제를 해결하기 위해 개인이 할 수 있는 일은 무엇인지 쓰시오.

_____

11 살기 좋은 촌락이나 도시를 만들기 위해 노력해야 할 일을 잘못 말한 친구는 누구입니까? ( )

① 희찬: 일회용품을 많이 사용해야 한다.
② 성재: 편리한 교통 시설을 갖추어야 한다.
③ 승민: 대기오염을 줄일 수 있는 시설을 만들어야 한다.
④ 서윤: 촌락에 새로운 문화 시설을 많이 만들어야 한다.
⑤ 도영: 어린이들이 마음껏 놀 수 있는 환경을 만들어야 한다.

12 다음 빈칸에 들어갈 알맞은 말을 쓰시오.

> 사람들은 서로 다른 지역을 오고 가면서 다양한 물건을 주고받기도 한다. 사람들이 오고 가거나 물건, 문화, 기술 등을 서로 주고받는 것을 ☐ (이)라고 한다.

(　　　　　　　　　　)

13 다음 사진을 보고, 다른 지역과 교류하는 까닭은 무엇입니까? ( )

△△에서 막 잡아 온 싱싱한 생선입니다.

① 각자의 문화를 알리기 위해서
② 지역 문제를 해결하기 위해서
③ 지역마다 인구수가 다르기 때문에
④ 지역마다 기술 수준이 다르기 때문에
⑤ 지역마다 생산되는 물건이 다르기 때문에

14 다음과 같은 체험을 할 수 있는 곳은 어디입니까?
( )

> • 고구마 캐기 체험   • 치즈 만들기 체험

① 어촌　　　　　　② 농촌
③ 도시　　　　　　④ 시청
⑤ 산 정상

서술형

15 다음 사진과 같은 지역 축제에 참여했을 때 도시 사람들에게 좋은 점은 무엇인지 쓰시오.

▲ 신천어 축제
(강원도 화천군)

▲ 농다리 축제
(충청북도 진천군)

_____

16 촌락 사람들이 도시로 이동하는 경우를 두 가지 고르시오. (,)

① 공연을 관람할 때
② 의료 시설을 이용할 때
③ 신선한 농수산물을 살 때
④ 농촌 체험 마을에 참여할 때
⑤ 깨끗한 자연환경에서 여유로운 생활을 체험하고 싶을 때

17 다음 빈칸에 들어갈 알맞은 말에 ○표 하시오.

> 도시 사람들은 (백화점 , 농수산물 직거래 장터) 에서 싱싱한 농수산물을 싸게 구매할 수 있다.

18 다음 내용과 관련 있는 촌락과 도시의 교류는 무엇입니까? ( )

> • 일손 돕기   • 공연 활동   • 의료 봉사

① 현장 체험 학습
② 지역 축제를 통한 교류
③ 여가 생활을 통한 교류
④ 자매결연이나 봉사를 통한 교류
⑤ 농수산물 직거래 장터를 통한 교류

🌸 다음 글을 읽고, 물음에 답하시오. [19~20]

> 민준이네 가족에게
> 　안녕하세요? 지난 여름 태풍으로 어려울 때 마을 일을 도와주셔서 큰 도움이 되었습니다. 우리 마을의 할머니들이 정성을 들여 볕에 말린 나물과 빨갛게 물든 홍시, 가을 땅의 기운을 받은 토란과 고구마, 땅콩을 보냅니다. 마당에서 마음껏 뛰어놀던 닭들이 낳은 달걀도 함께요. 앞으로도 저희는 우리 마을을 사랑하며 꾸준히 친환경 농산물을 생산하려고 노력하겠습니다.
>
> 　　　　　　　　　　　　　　민들레 마을 주민들 드림

19 윗글에서 민준이네 가족이 민들레 마을에서 제공받은 것은 무엇입니까? ( )

① 원료　　　　　　② 농산물
③ 수산물　　　　　④ 공산품
⑤ 편의 시설

20 윗글을 읽고 다음 빈칸에 들어갈 알맞은 말은 무엇입니까? ( )

> 　민들레 마을 주민과 민준이네 가족처럼 촌락과 도시에 사는 사람들은 서로 부족한 것들을 채워 주면서 [　　　]하고 있다.

① 갈등　　　② 경쟁　　　③ 소개
④ 독립　　　⑤ 상호 의존

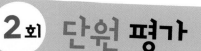

1 촌락을 농촌, 어촌, 산지촌으로 구분하는 기준으로 알맞은 것은 어느 것입니까? (   )

① 역사
② 인구
③ 계절
④ 건물 수
⑤ 자연환경

❋ 현승이가 촌락을 조사한 후에 정리한 다음 보고서를 보고, 물음에 답하시오. [2~3]

조사 지역	제주특별자치도 제주시 구좌읍
조사 일시	20△△년 △월 △△일
조사 방법	㉠
조사 지역 모습	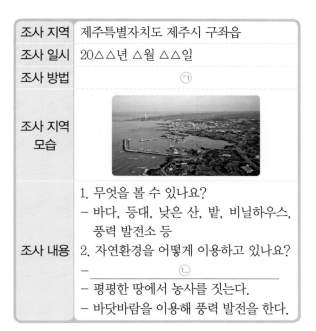
조사 내용	1. 무엇을 볼 수 있나요? – 바다, 등대, 낮은 산, 밭, 비닐하우스, 풍력 발전소 등 2. 자연환경을 어떻게 이용하고 있나요? – ㉡ – 평평한 땅에서 농사를 짓는다. – 바닷바람을 이용해 풍력 발전을 한다.

2 위의 ㉠에 들어갈 조사 방법으로 알맞은 것을 두 가지 고르시오. (,   )

① 인터넷 이용하기
② 세계 지도 이용하기
③ 도서관에서 위인전 읽기
④ 외국에 있는 친구에게 물어보기
⑤ 지역을 잘 아는 분께 여쭈어보기

📝서술형
3 위의 ㉡에 들어갈 조사 내용은 무엇인지 쓰시오.

_____

4 도시에서 볼 수 있는 모습이 아닌 것은 어느 것입니까? (   )

①
②
③
④

5 다음 빈칸에 들어갈 알맞은 말을 쓰시오.

도시는 주로 ☐☐☐이(가) 발달하여 사람과 물건 이동이 편리한 곳에 위치해 있다.

(   )

6 다음과 같이 도시의 특징을 조사할 때 필요한 지도는 무엇입니까? (   )

① 약도
② 그림지도
③ 관광 안내도
④ 지하철 노선도
⑤ 인터넷 지도

7 다음과 같은 특징이 있는 지역은 ㉠, ㉡ 중 어디인지 쓰시오.

> • 높은 건물이 많다.
> • 큰 항구와 큰 배들이 있다.

㉠
▲ 전라남도 해남군

㉡
▲ 울산광역시

(   )

8 촌락에서 생기는 문제로 알맞은 것은 어느 것입니까? (   )

① 소음 공해가 심각하다.
② 교통사고가 자주 발생한다.
③ 인구가 점점 줄어들고 있다.
④ 학생 수가 많아 학교가 부족하다.
⑤ 도로에 차가 많아 주차할 공간이 부족하다.

서술형

9 지역 사회에서 귀촌을 하려는 사람들을 지원하기 위해 하는 일은 무엇인지 쓰시오.

_____

_____

❀ 다음 글을 읽고, 물음에 답하시오. [10~11]

> △△ 초등학교 어린이들은 불법 주차된 차들을 이리저리 피해 학교에 간다. 골목에 설치된 볼록 거울(반사경)은 어린이 눈높이에 맞지 않아 보기도 어렵다. 차들이 학교 앞 작은 도로를 씽씽 달려 위험하지만, 과속 방지턱은 낮기만 하다.

10 위 사례를 통해 알 수 있는 도시 문제는 무엇입니까? (   )

① 환경 오염   ② 교통 문제
③ 소음 공해   ④ 주택 부족
⑤ 쓰레기 문제

11 앞의 문제를 해결하기 위해 어린이들이 할 수 있는 일은 무엇입니까? (   )

① 도로를 넓히는 공사를 한다.
② 일손 돕기 봉사 활동을 한다.
③ 우리 마을 안전 지도를 만든다.
④ 쓰레기를 함부로 버리지 않는다.
⑤ 제도를 만들어 사람들이 버스를 많이 이용할 수 있도록 한다.

12 교류에 대한 설명으로 알맞은 것에 ○표 하시오.

(1) 집에서 밥을 먹기 위해 다른 지역에서 생산된 쌀을 사오는 것은 교류라고 할 수 있다.

(   )

(2) 학교에서 다른 지역으로 체험 학습을 가는 것은 교류라고 볼 수 없다. (   )

13 다음 빈칸에 들어갈 말로 알맞지 <u>않은</u> 것은 어느 것입니까? (   )

> 지역마다 [   ]이(가) 다르기 때문에 교류가 이루어진다.

① 기술   ② 소득   ③ 문화
④ 생산물   ⑤ 자연환경

14 다음 보기 에서 촌락 사람들이 도시 사람들과 교류하기 위해 노력하는 모습을 두 가지 고르시오.

> **보기**
> ㉠ 지역 축제를 연다.
> ㉡ 농촌 봉사 활동을 한다.
> ㉢ 농촌 체험 마을을 운영한다.
> ㉣ 값싼 외국의 농수산물을 수입한다.
> ㉤ 다양한 기계를 이용하여 농사를 짓는다.

(,   )

15 도시 사람들이 다음과 같은 곳을 찾는 까닭은 무엇입니까? (   )

▲ 자연 휴양림

① 일자리를 구하기 위해서
② 숲에서 목재를 얻기 위해서
③ 의료 시설을 이용하기 위해서
④ 촌락 사람들에게 도시의 자랑거리를 알리기 위해서
⑤ 깨끗한 자연환경에서 여유로운 생활을 체험하기 위해서

16 다음 빈칸에 들어갈 알맞은 말을 쓰시오.

촌락에서는 관광 산업을 발달시켜 지역의 전통과 문화를 알리고자, 자연환경과 특산물을 활용해 ☐☐☐을(를) 열어 소득을 올린다.

(   )

🖊서술형
17 다음 대화의 밑줄 친 부분에 들어갈 알맞은 내용을 쓰시오.

• 지홍: 의료 시설이 부족한 촌락의 사람들은 어떻게 도움을 받을 수 있을까?
• 경임: 도시로 이동하여 _____

_____

18 도시 사람이 촌락에서 열리는 축제에 참여했을 때의 좋은 점으로 알맞지 <u>않은</u> 것은 어느 것입니까?
(   )

① 촌락의 전통문화를 체험할 수 있다.
② 그 지역의 특산품을 구매할 수 있다.
③ 여가를 즐겁고 보람 있게 보낼 수 있다.
④ 도시 사람들이 경제적인 이익을 얻을 수 있다.
⑤ 도시에서 접하기 어려운 새로운 경험을 할 수 있다.

19 건물 옥상이나 자투리 공간에서 화분 등을 이용해 채소를 기르는 활동을 무엇이라고 합니까?
(   )

① 임업   ② 어업
③ 관광업   ④ 운수업
⑤ 도시 농업

20 다음을 보고, ㉠, ㉡에 들어갈 알맞은 지역을 쓰시오.

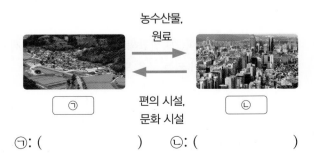

농수산물, 원료

편의 시설, 문화 시설

㉠: (   )   ㉡: (   )

1 농촌의 자연환경과 생활 모습으로 알맞지 <u>않은</u> 것은 어느 것입니까? (　　　)

① 넓은 들판과 하천을 볼 수 있다.
② 나무를 기르고 목재를 생산한다.
③ 논과 밭에서 곡식이나 채소를 기른다.
④ 농사짓는 땅을 이용하여 생산 활동을 한다.
⑤ 계절이나 날씨에 따라 생활 모습이 달라진다.

2 다음 ㉠~㉢에 들어갈 알맞은 말을 쓰시오.

> 논과 밭에서 곡식이나 채소를 기르는 일을 ㉠ , 바다에서 고기를 잡거나 기르고, 김과 미역을 따는 일을 ㉡ , 산에서 나무를 베거나 산나물을 캐는 일을 ㉢ (이)라고 한다.

㉠: (　　　) ㉡: (　　　) ㉢: (　　　)

서술형
3 오른쪽과 같이 촌락의 모습을 조사하는 방법은 무엇인지 쓰시오.

_____

_____

4 다음 빈칸에 들어갈 알맞은 말은 무엇입니까? (　　　)

> 　　　이(가) 밀집해 있고 사회, 정치, 경제 활동의 중심이 되는 곳을 도시라고 한다.

① 숲　　　　　　　② 인구
③ 특산물　　　　　④ 자연환경
⑤ 문화 유산

5 도시 사람들이 주로 하는 일이 <u>아닌</u> 것은 어느 것입니까? (　　　)

① 　　②
③ 　　④

6 광주광역시의 모습을 나타낸 지도를 보고, 도시의 특징을 바르게 말한 친구는 누구인지 쓰시오.

> • 영민: 평평한 땅에서 농사짓는 사람들이 많다.
> • 혜리: 등대, 풍력 발전소와 같은 시설을 볼 수 있다.
> • 동훈: 지하철역이 많은 것을 보니 이동하는 사람들이 많다.

(　　　　　　　　　)

응용
7 촌락과 도시의 공통점과 차이점을 알아보려고 합니다. 살펴보아야 할 점을 두 가지 고르시오.

(　　 ,　　)

① 발달한 산업의 모습
② 환경을 보호하는 모습
③ 여가 생활을 즐기는 모습
④ 필요한 물건을 사는 모습
⑤ 교통 시설을 이용하는 모습

8 다음과 같은 촌락의 문제를 해결하는 방법은 무엇인지 쓰시오.

> 촌락에서는 일을 할 수 있는 사람들이 줄어들면서 어려움을 겪고 있다.

_____

_____

9 다음 사진과 관련 있는 도시 문제는 무엇입니까?
( )

① 빛 공해 　　　　② 범죄 문제
③ 주택 문제 　　　　④ 쓰레기 문제
⑤ 일자리 부족 문제

10 쓰레기 문제를 해결하는 노력과 관련 있는 것끼리 선으로 바르게 연결하시오.

(1) 이웃	•	• ㉠ 쓰레기를 분리배출한다.
(2) 개인	•	• ㉡ 쓰레기 줄이기 캠페인을 한다.
(3) 정부	•	• ㉢ 쓰레기를 함부로 버리는 사람에게 과태료를 내게 한다.

11 살기 좋은 촌락과 도시의 모습을 신문으로 만들어 표현하는 모습에 ○표 하시오.

(1)

( )

(2)

( )

12 다음 빈칸에 공통으로 들어갈 말을 쓰시오.

> • 사람들이 오고 가거나 물건, 문화, 기술 등을 서로 주고받는 것을 [ ](이)라고 한다.
> • 지역마다 생산물, 기술, 문화 등이 다르기 때문에 [ ]이(가) 이루어진다.

( )

13 지역 간의 교류 중 촌락의 자연환경을 체험하는 모습으로 알맞은 것은 어느 것입니까? ( )

①

②

③

④

14 오른쪽 사진과 같은 소금 만들기 체험을 할 수 있는 촌락은 어디인지 쓰시오.

( )

15 촌락에서 지역 축제를 열면 촌락의 사람들에게는 어떤 좋은 점이 있는지 쓰시오.

_____

_____

16 촌락 사람들이 도시의 시설을 이용하는 경우로 알 맞지 않은 것은 어느 것입니까? ( )

① 백화점에서 옷을 사기 위해서
② 규모가 큰 공연을 보기 위해서
③ 자연 휴양림에서 여가를 보내기 위해서
④ 도청이나 시청에서 필요한 업무를 보기 위해서
⑤ 첨단 의료 시설을 갖춘 대형 종합 병원을 이 용하기 위해서

17 다음과 같이 도시 사람들이 농촌 봉사 활동에 참 여하여 얻을 수 있는 좋은 점은 어느 것입니까?

( )

① 다양한 일자리를 구할 수 있다.
② 농수산물을 공짜로 얻을 수 있다.
③ 생활에 필요한 전자제품을 살 수 있다.
④ 봉사를 통해 보람과 긍지를 느낄 수 있다.
⑤ 도시의 경제 활동을 더욱 활발하게 해 준다.

18 다음에서 설명하는 것은 무엇인지 쓰시오.

• 건물 옥상이나 자투리 공간에서 화분 등을 이용 해 상추나 파와 같은 채소를 기르는 활동이다.
• 무공해 채소를 길러 먹을 수 있고, 녹색 식물을 키워 도시의 공기를 맑게 하는 효과가 있다.

( )

🌸 다음 촌락과 도시가 서로 교류하는 모습을 보고, 물음 에 답하시오. [19~20]

▲ 촌락　　　　　　　　　▲ 도시

19 위의 ㉠, ㉡에 들어갈 말이 바르게 짝지어진 것은 어느 것입니까? ( )

	㉠	㉡
①	원료	농수산물
②	농수산물	문화 시설
③	의료 시설	체험 마을
④	교통 시설	편의 시설
⑤	문화 시설	농수산물 직거래 장터

20 위 자료를 통해 알 수 있는 점을 바르게 말한 친 구는 누구인지 쓰시오.

• 주원: 촌락과 도시 사람들은 서로에게 필요하지 는 않다.
• 혜인: 촌락과 도시 사람들은 서로 부족한 것들을 채워 주고 있다.
• 성재: 도시는 촌락에 도움을 주지만, 촌락은 도 시에 도움을 주지 않는다.

( )

껌은 어떻게 발명되었을까요?

　지금으로부터 약 130년 전의 일입니다. 미국의 뉴욕에 사는 사진사 토머스 애덤스는 멕시코에서 온 군인, 산타 아나의 사진을 찍게 되었습니다. 토마스는 산타 아나의 표정이 너무 딱딱해서 살짝 웃으라는 뜻으로 "치즈" 하고 말하였습니다. 그러자 산타 아나는 입을 우물우물하면서 이렇게 말하였습니다. "이것은 치즈가 아니고 치클입니다." 치클은 고무나무의 끈적끈적한 수액(樹液 : 나무껍질 따위에서 나오는 액)으로 만든 것인데, 멕시코에서는 이것을 간식 대신에 씹는다고 합니다. 토마스는 산타 아나의 말을 듣고 자기도 치클을 씹어 보았습니다. 그런데 이 치클이 아무리 씹어도 없어지지 않는 것이었습니다. 토마스는 '바로 이거야!' 하고 생각하였습니다. 그리고 '아무리 씹어도 줄어들지 않는 과자'라고 선전하며 치클을 팔기 시작했습니다. 이것이 바로 껌의 시작입니다. 그러나 그때에는 아직 아무런 맛이 없었습니다. 그러던 어느 날, 약사인 콜건은 껌을 씹던 중, 껌을 좀 더 맛있게 할 수 있는 방법이 없을지 생각에 생각을 거듭한 끝에 어린이용 약인 시럽을 껌의 향료로 사용하였습니다. 이렇게 해서 맛이 있는 껌이 비로소 탄생된 것입니다.

❶ 경제 활동과 현명한 선택(1)

❶ 선택의 문제가 일어나는 까닭

① 경제 활동: 사람들이 생활하는 데 필요한 여러 가지 것들을 만들고 사용하는 것과 관련된 모든 활동을 말합니다.

② 선택의 문제: 경제 활동을 하는 모든 사람에게 발생하며, 무엇을 선택하는지는 사람에 따라 다를 수 있습니다. <u>자료 1</u>

③ 사람들이 겪는 선택의 문제

음식점에서	신발 가게에서	버스 정류장에서

돈가스를 먹을지 김밥을 먹을지 고민함.	어떤 색깔의 운동화를 살지 고민함.	버스를 기다릴지 택시를 탈지 고민함.

④ 선택의 문제가 일어나는 까닭: 경제 활동에서 선택의 문제가 일어나는 까닭은 희소성❶ 때문입니다. → 사람이 쓸 수 있는 돈이나 자원은 한정되어 있으므로 원하는 것을 모두 가질 수는 없습니다.

❷ 현명한 선택이 필요한 까닭 <u>자료 2</u>

① 현명한 선택의 필요성: 현명한 선택을 하면 돈과 자원을 절약해 큰 만족감을 얻을 수 있습니다.❷ → 여러 가지를 고려해 돈과 자원을 낭비하지 않고 큰 만족감을 얻는 것입니다.

② 선택할 때 고려해야 할 점: 나의 선택이 꼭 필요한 것인지, 이 선택으로 내가 얻을 수 있는 편리함이나 즐거움은 어떤 것들이 있는지 고려해야 합니다.

❸ 현명한 선택을 하는 방법(예) 재준이가 겪는 선택의 문제)

① 관련된 정보를 수집하고 분석하기 → 재준이가 휴대 전화와 가방 중 어떤 것을 골라야 현명한 선택을 하는 것일지 생각해 봅니다.

상품 정보

• 가격: 70,000원
• 모양: 보통
• 특징: 게임, 인터넷 속도가 느리고, 휴대 전화 가격이 낮음.

• 가격: 300,000원
• 모양: 예쁨
• 특징: 게임, 인터넷 속도가 빠르고, 지문 인식을 할 수 있음.

• 가격: 50,000원
• 모양: 예쁨
• 특징: 어깨끈이 두꺼워 가방을 메도 아프지 않고, 주머니가 많음.

② 의견 제시하기❸: 분석한 내용을 바탕으로 가능한 의견을 이야기합니다. <u>자료 3</u>

③ 물건을 살 때 최종적으로 고려해야 할 점: 필요성, 가격, 품질 등을 고려해서 현명한 선택을 해야 합니다.

<u>자료 1</u> 선택의 문제가 일어나는 이유

• 돈이 부족하기 때문입니다.
• 시간이 부족하기 때문입니다.
• 내가 하고 싶은 것과 다른 사람이 하고 싶은 것이 겹치기 때문입니다.

<u>자료 2</u> 사람들이 겪는 선택의 문제

○○ 숙소는 가깝지만, 가격이 너무 비싸요.

△△ 숙소는 가격은 적당하지만, 시설이 낡았어요.

가격, 거리, 시설 등 고려해야 할 것이 많네요.

• 여행 계획을 짤 때 현명한 선택을 하고자 노력합니다.
• 여행을 떠나기 전에 숙소의 가격, 거리, 시설 등을 자세히 알아보고 비교해 봅니다.

<u>자료 3</u> 의견 제시하기

의견 1: 원래 사고 싶었던 최신 휴대 전화를 사 달라고 한다.
의견 2: 중저가 휴대 전화를 사 달라고 한다.
의견 3: 지금 나에게 꼭 필요하고 저렴한 가방을 사 달라고 한다.
의견 4: 중저가 휴대 전화와 가방을 합쳐도 최신 휴대 전화보다 저렴하니 두 개를 같이 사 달라고 한다.

• 다양한 의견을 비슷한 것끼리 묶어서 4개로 간추린 후에 모둠별로 의사 결정지를 작성합니다.
• 각 모둠에서 결정한 최종 의견을 발표해 봅니다.

❀ 의사 결정지 작성하기

- 주제: 어떤 생일 선물을 받는 것이 좋을까?
- 의견 마련하기

의견 1	최신 휴대 전화를 사 달라고 한다.
의견 2	중저가 휴대 전화를 사 달라고 한다.
의견 3	가방을 사 달라고 한다.
의견 4	아무것도 받지 않는다.

- 의견을 평가할 기준 마련하기

가장 먼저 고려해야 할 기준	나에게 꼭 필요한 물건인가 생각해야 한다.
두 번째로 고려해야 할 기준	가격을 생각해야 한다.
마지막으로 고려해야 할 기준	물건을 가졌을 때 만족할 수 있어야 한다.

- 의견 평가하기: 각 의견을 기준에 따라 0~5점으로 평가합니다.

구분	의견 1	의견 2	의견 3	의견 4
첫 번째 기준	1	4	5	1
두 번째 기준	1	2	4	3
세 번째 기준	2	2	1	2

- 1위부터 3위까지 각 의견의 장점과 단점을 친구들과 이야기해 봅니다.

용어 풀이

❶ **희소성**(稀 드물 희 少 적을 소 性 성품 성) 사람들이 원하는 것은 많으나, 그것을 충분히 제공할 수 없는 상태를 말함.

❷ **자원**(資 재물 자 源 근원 원) 사람의 생활과 생산에 필요한 물질·재료·노동력·기술 등

❸ **의견**(意 뜻 의 見 볼 견) 어떤 대상에 대하여 가지는 생각.

✏ 개념을 확인해요

1 ☐☐ 활동은 사람들이 생활하는 데 필요한 여러 가지 것들을 만들고 사용하는 것과 관련된 모든 활동을 말합니다.

2 ☐☐ 의 문제는 경제 활동을 하는 모든 사람에게 발생하며, 무엇을 선택하는지는 사람에 따라 다를 수 있습니다.

3 사람이 쓸 수 있는 돈이나 자원은 ☐☐ 되어 있으므로 모두 가질 수는 없습니다.

4 경제 활동에서 선택의 문제가 일어나는 까닭은 ☐ ☐☐ 때문입니다.

5 여행을 떠나기 전에 미리 숙소의 ☐☐ , 거리, 시설 등을 자세히 알아보고 비교해 봅니다.

6 현명한 선택을 하면 큰 만족감을 얻을 수 있으며 돈과 ☐☐ 을 절약할 수 있습니다.

7 생일 선물로 알맞은 것을 고르기 위해 관련된 ☐ 를 수집하고 분석합니다.

8 최신 휴대 전화를 구입하면 ☐☐☐ 속도가 빠르고, 중저가 휴대 전화를 가지면 가격이 저렴합니다.

9 분석한 내용을 바탕으로 가능한 모든 ☐☐ 을 이야기합니다.

10 현명한 선택을 하기 위해서는 ☐☐☐ , 가격, 환경, 품질 등을 꼼꼼하게 따져 봐야 합니다.

2 단원

❶ 경제 활동과 현명한 선택 (2)

④ 생산과 소비의 모습

① 생산 활동과 소비 활동 [자료 4] →생산과 소비는 모두 경제 활동입니다.

생산	• 뜻: 생활에 필요한 물건을 만들거나 사람들이 필요한 것을 제공하는 것임. • 생산 활동의 예: 빵집 주인이 빵을 만드는 활동, 미용사가 머리를 손질해 주는 활동 등
소비	• 뜻: 생산한 것을 쓰는 것임. →서비스를 이용하는 것입니다. • 소비 활동의 예: 빵집에서 빵을 사 먹거나 미용실에서 머리 손질을 받는 것, 야구 경기를 관람하는 것 등

② 다양한 생산 활동

- 생활에 필요한 것을 자연에서 얻는 활동: 벼농사 짓기, 물고기 잡기, 버섯 따기 등
- 생활에 필요한 것을 만드는 활동: 자동차 만들기, 건물 짓기, 과자 만들기 등
- 생활을 편리하고 즐겁게 해 주는 활동: 공연하기, 환자 진료하기, 물건 팔기 등

③ 신발이 우리에게 오는 과정 [자료 5]

① 신발을 만들 때 필요한 원료인 고무액, 가죽 등을 구함.	➡	② 신발 공장에서는 고무, 가죽, 천 등 재료를 사용해서 신발을 만듦.

| ➡ | ③ 운송 수단을 이용해 공장에서 만든 신발을 운반함. | ➡ | ④ 신발 가게나 홈 쇼핑 등을 통해 신발을 판매함. |

⑤ 현명한 소비 생활을 하기 위한 방법

① 현명한 소비 생활을 하기 위한 방법 →돈의 씀씀이에 대한 계획을 세워 돈을 낭비하지 않도록 합니다.

- 돈의 사용 계획을 세울 수 있는 가계부를 씁니다.
- 물건을 고를 때에는 선택 기준에 맞는 물건을 고릅니다.
- 목돈을 마련하기 위해 소득의 일부를 저축합니다.
- 가격이 다른 경우가 많아 살 물건의 가격과 정보를 확인합니다. →현명한 소비 생활을 하기 위해서는 정보를 활용하는 것이 중요합니다.

② 물건의 정보를 얻는 방법 [자료 6]

인터넷 검색하기	여러 제품의 가격을 한눈에 비교할 수 있고 다른 소비자의 의견도 알 수 있음.
광고 보기	신문, 라디오, 텔레비전 광고 등에서 상품의 특징과 품질 등 여러 가지 정보를 얻을 수 있음.
상점 방문하기	판매원에게 궁금한 것을 물어볼 수 있으며 물건을 직접 비교할 수 있음.
주변 사람의 경험 듣기	상품을 사용한 주변 사람들에게 물어보면 가격, 품질, 상품의 장단점을 자세히 알 수 있음.

자료 4 시장에서 볼 수 있는 모습

▲ 생선 사기　　▲ 빵 만들기

▲ 배달하기　　▲ 머리 손질하기

- 시장에서는 물건을 사고파는 사람, 물건을 배달하는 사람, 미용실에서 머리를 손질하는 사람들을 볼 수 있습니다.
- 시장에서 볼 수 있는 모습은 물건을 파는 활동과 사는 활동, 자연에서 얻은 물건과 사람이 만든 물건으로 나눌 수 있습니다.

자료 5 신발의 생산 과정

① 은 생활에 필요한 것을 자연에서 얻는 활동, ② 는 생활에 필요한 것을 만드는 활동, ③ 과 ④ 는 생활을 편리하고 즐겁게 해 주는 활동입니다.

자료 6 정보를 활용할 때 주의할 점

- 과장되거나 틀린 정보인지 살펴봐야 합니다.
- 믿을 만한 정보인지 출처를 살펴봐야 합니다.
- 나에게 필요한 정보가 무엇인지 생각해 봅니다.

생산과 소비의 공통점
• 생산과 소비는 모두 경제 활동입니다.
• 얼마만큼 생산하고 소비할지 선택해야 합니다.

생산 활동
• 생활에 필요한 것을 자연에서 얻는 활동

▲ 벼농사 짓기

▲ 물고기 잡기

• 생활에 필요한 것을 만드는 활동

▲ 자동차 만들기

▲ 건물 짓기

• 생활을 편리하고 즐겁게 해 주는 활동

▲ 공연하기

▲ 환자 진료하기

생산과 소비의 관계
• 생산하지 않으면 소비를 할 수 없습니다.
• 소비를 하지 않으면 생산할 필요가 없습니다.
• 물건을 사고팔 때처럼 생산 활동과 소비 활동이 함께 이루어질 때도 있습니다.

현명한 소비 생활이 필요한 까닭
• 쓸 수 있는 돈이 한정되어 있기 때문입니다.
• 소비 생활을 현명하게 하지 않으면 필요한 물건을 못 사거나 하고 싶은 일을 못 하게 됩니다.

용어 풀이

④ 원료(原 근원 원 料 헤아릴 료) 어떤 물건을 만드는 데 들어가는 재료
⑤ 가계부(家 집 가 計 셀 계 簿 문서 부) 날마다 집안 살림을 하면서 벌어들이는 돈과 쓰는 돈을 적는 책.
⑥ 광고(廣 넓을 광 告 고할 고) 사람들에게 널리 알림.

개념을 확인해요

11 생활에 필요한 물건을 만들거나 사람들이 필요한 것을 제공하는 것을 [ ][ ] 이라고 합니다.

12 생산한 것을 쓰는 것을 [ ][ ] 라고 합니다.

13 생활에 필요한 것을 [ ][ ] 에서 얻는 활동에는 벼농사 짓기, 물고기 잡기 등이 있습니다.

14 생활을 [ ][ ] 하고 즐겁게 해 주는 활동에는 공연하기, 환자 진료하기 등이 있습니다.

15 신발이 우리 손에 오기까지에는 '원료 구하기 → 신발 만들기 → [ ][ ] 하기 → 판매하기'의 과정을 거칩니다.

16 가정의 소득은 [ ][ ] 되어 있으므로 소비 생활을 현명하게 해야 합니다.

17 현명한 소비 생활을 하려면 돈을 어디에 썼는지 알아보고 돈의 사용 계획을 세울 수 있는 [ ][ ] [ ] 를 씁니다.

18 물건을 고를 때에는 알맞은 선택 [ ][ ] 을 세우고 선택 기준에 맞는 물건을 고릅니다.

19 현명한 소비 생활을 하기 위해서는 [ ][ ] 를 활용하는 것이 중요합니다.

20 신문, 라디오, 텔레비전 [ ][ ] 등에서 상품의 특성과 품질 등 여러 정보를 얻을 수 있습니다.

개념을 다져요

2. ❶ 경제 활동과 현명한 선택

핵심 1 선택의 문제가 일어나는 까닭

❀ 선택의 문제

• 선택의 문제: 경제 활동을 하는 모든 사람에게 발생하며, 무엇을 선택하는지는 사람에 따라 다를 수 있습니다.

• 사람들이 겪는 선택의 문제
- 돈가스를 먹을지 김밥을 먹을지 고민합니다.
- 어떤 색깔의 운동화를 살지 고민합니다.
- 버스를 기다릴지 택시를 탈지 고민합니다.

❀ 선택의 문제가 일어나는 까닭

• 사람이 쓸 수 있는 돈이나 자원은 한정되어 있으므로 원하는 것을 모두 가질 수는 없습니다.

• 희소성
- 희소성: 사람들이 원하는 것은 많으나, 그것을 충분히 제공할 수 없는 상태를 말합니다.
- 경제 활동에서 선택의 문제가 일어나는 이유는 바로 희소성 때문입니다.

핵심 2 현명한 선택을 하는 방법

• 정보를 수집하고 분석하기

• 가격: 70,000원
• 모양: 보통
• 특징: 게임, 인터넷 속도가 느리고, 휴대 전화 가격이 낮음.

• 가격: 300,000원
• 모양: 예쁨
• 특징: 게임, 인터넷 속도가 빠르고, 지문 인식을 할 수 있음.

• 50,000원
• 모양: 예쁨
• 특징: 어깨끈이 두꺼워 가방을 메도 아프지 않고, 주머니가 많음.

• 의견 마련하기: 분석한 내용을 바탕으로 하여 가능한 모든 의견을 이야기합니다.
• 의사 결정지 작성하기: 다양한 의견을 비슷한 것끼리 묶어서 의사 결정지를 작성합니다.
• 발표하기: 각 모둠에서 결정한 최종 의견을 발표합니다.

1 선택의 문제에 대한 설명으로 알맞은 내용에 ○표 하시오.

(1) 경제 활동을 하는 모든 사람에게 발생한다.
( )

(2) 무엇을 선택하는 기준은 사람마다 비슷하다.
( )

2 다음 빈칸에 들어갈 알맞은 말을 쓰시오.

> 사람이 쓸 수 있는 돈이나 자원은 한정되어 있으므로 원하는 것을 모두 가질 수는 없다. 이로 인해 선택의 문제에 부딪히게 되는데, 경제 활동에서 선택의 문제가 일어나는 이유는 ☐ 때문이다.

( )

3 다음 ㉠, ㉡에 들어갈 알맞은 말을 쓰시오.

> 생일 선물로 알맞은 것을 고르기 위해 관련된 정보를 ㉠ 하고 ㉡ 해 본다.

㉠: ( ) ㉡: ( )

4 빠른 속도로 인터넷 게임을 하고 싶은 친구가 선택해야 하는 휴대 전화를 찾아 기호를 쓰시오.

㉠ 저렴한 휴대 전화	㉡ 최신 휴대 전화
• 가격: 70,000원 • 특징: 게임, 인터넷 속도가 느리고, 휴대 전화 가격이 낮음.	• 가격: 300,000원 • 특징: 게임, 인터넷 속도가 빠르고, 지문 인식을 할 수 있음.

( )

핵심 3 생산 활동

🌸 생산과 생산 활동
- 생산: 생활에 필요한 물건을 만들거나 사람들이 필요한 것을 제공하는 것
- 생산 활동의 모습: 빵집 주인이 빵을 만드는 활동, 미용사가 머리를 손질해 주는 활동 등

🌸 생산 활동의 종류

생활에 필요한 것을 자연에서 얻는 활동	▲ 벼농사 짓기	▲ 물고기 잡기
생활에 필요한 것을 만드는 활동	▲ 자동차 만들기	▲ 건물 짓기
생활을 편리하고 즐겁게 해 주는 활동	▲ 공연하기	▲ 물건 팔기

5 생활에 필요한 물건을 만들거나 사람들이 필요한 것을 제공하는 것을 무엇이라고 합니까?

(   )

① 소비 ② 저축 ③ 생산
④ 재료 ⑤ 희소성

6 다음 중 생활에 필요한 것을 만드는 활동은 어느 것입니까? (   )

①  ②

③  ④

핵심 4 현명한 소비 생활을 하기 위한 방법

🌸 현명한 소비 생활
- 가계부를 씁니다.
- 선택 기준을 세워 물건을 삽니다.
- 소득의 일부를 저축합니다.
- 물건의 가격과 정보를 확인합니다.

🌸 물건의 정보를 얻는 방법

▲ 인터넷 검색   ▲ 광고 보기

▲ 상점 방문하기   ▲ 경험 듣기

7 현명한 소비 생활을 하는 친구는 누구인지 쓰시오.

- 승민: 용돈을 아끼지 않고 사고 싶은 것을 구입한다.
- 지숙: 가격에 상관없이 디자인이 예쁜 물건만 구입한다.
- 혜인: 예상하지 못한 일을 대비하기 위해 소득의 일부를 저축한다.

(   )

8 물건의 정보를 얻는 방법으로 알맞지 <u>않은</u> 것은 어느 것입니까? (   )

① 인터넷을 검색한다.
② 직접 매장을 방문한다.
③ 라디오나 텔레비전 광고를 본다.
④ 물건을 만든 공장을 직접 방문한다.
⑤ 상품을 사용한 주변 사람들에게 물어본다.

1 다음에서 설명하는 내용은 무엇입니까? (   )

> 사람들이 생활하는 데 필요한 여러 가지 것들을 만들고 사용하는 것과 관련된 모든 활동을 말한다.

① 체험 활동 ② 여가 활동
③ 저축 활동 ④ 봉사 활동
⑤ 경제 활동

2 우리가 하고 싶은 것을 다 할 수 없는 까닭으로 알맞지 <u>않은</u> 것은 어느 것입니까? (   )

① 돈이 부족하기 때문이다.
② 시간이 부족하기 때문이다.
③ 사람들이 하고 싶은 일이 없기 때문이다.
④ 쓸 수 있는 자원이 한정되어 있기 때문이다.
⑤ 내가 하고 싶은 것과 다른 사람이 하고 싶은 것이 겹치기 때문이다.

3 다음 그림의 친구들이 겪는 선택의 문제는 무엇입니까? (   )

① 돈가스를 얼마나 만들까?
② 몇 시에 음식점 문을 닫을까?
③ 빵집에 가서 팥빵을 사 먹을까?
④ 돈가스를 먹을까? 김밥을 먹을까?
⑤ 돈가스와 김밥의 재료가 얼마나 남았을까?

4 선택의 문제에 대해 바르게 말한 친구는 누구인지 쓰시오.

(1) 무엇을 선택하는지는 사람에 따라 다를 수 있어.
예원

(2) 돈을 버는 어른들만 선택의 문제가 발생해.
윤재

(   )

서술형

5 사람들이 경제 활동을 하면서 선택의 문제에 부딪히게 되는 까닭은 무엇인지 쓰시오.

_____

_____

주의

6 다음 가족이 다시 여행 계획을 짤 때 고려해야 할 것이 <u>아닌</u> 것은 어느 것입니까? (   )

① 거리 ② 가격
③ 주변 식당 ④ 숙소의 청결
⑤ 관광객의 주소

7 현명한 선택이 필요한 까닭은 무엇입니까?

( )

① 자원이 풍부하기 때문이다.
② 사람들의 욕심이 없기 때문이다.
③ 사람들이 가지고 있는 돈이 많기 때문이다.
④ 사람들이 원하는 것을 모두 살 수 있기 때문이다.
⑤ 돈과 자원을 절약해 큰 만족감을 얻을 수 있기 때문이다.

✿ **다음 자료를 보고, 물음에 답하시오. [8~9]**

(가)

• 가격: 7만 원
• 모양: 보통
• 특징: 게임, 인터넷 속도가 느리고, 휴대 전화 가격이 낮음.

(나)

• 가격: 30만 원
• 모양: 예쁨
• 특징: 게임, 인터넷 속도가 빠르고, 지문 인식을 할 수 있음.

8 가격을 선택 기준으로 정할 때 구입해야 할 휴대 전화를 위에서 찾아 기호를 쓰시오.

( )

9 위의 (나) 휴대 전화를 구입했을 때 좋은 점을 두 가지 고르시오. (,)

① 모양이 예쁘다.
② 무겁고 튼튼하다.
③ 휴대 전화 가격이 싸다.
④ 친구와 메신저를 할 수 있다.
⑤ 빠른 속도로 인터넷과 게임을 할 수 있다.

10 물건을 살 때 현명한 선택을 하는 기준으로 알맞지 않은 것은 어느 것입니까? ( )

① 품질이 뛰어난가?
② 가격이 적당한가?
③ 꼭 필요한 것인가?
④ 친구들에게 자랑할 수 있는가?
⑤ 환경에 피해를 주는 것은 아닌가?

11 다음 ㉠, ㉡에 들어갈 알맞은 말을 쓰시오.

> 생활에 필요한 물건을 만들거나 사람들이 필요한 것을 제공하는 것을 ㉠ (이)라고 하고, ㉠ 한 것을 쓰는 것을 ㉡ (이)라고 한다.

㉠: ( ) ㉡: ( )

12 생산 활동이 아닌 것은 어느 것입니까? ( )

① 빵집에서 빵을 사먹는다.
② 미용사가 머리를 손질해 준다.
③ 과일 가게 주인이 과일을 판다.
④ 분식점 주인이 떡볶이를 만든다.
⑤ 택배 기사가 물건을 배달해 준다.

13 다음 사진과 같이 생산 활동의 종류가 같은 것은 어느 것입니까? ( )

▲ 자동차 만들기 ▲ 건물짓기

① 버섯 따기
② 과자 만들기
③ 벼농사 짓기
④ 화장품 팔기
⑤ 우유 배달하기

14 다음 보기 에서 생활을 편리하고 즐겁게 해 주는 활동을 모두 찾아 기호를 쓰시오.

> 보 기
> ㉠ 공연하기 ㉡ 물건 팔기 ㉢ 옷 만들기
> ㉣ 산나물 캐기 ㉤ 환자 진료하기

(   )

❀ 신발이 우리에게 오기까지 일어나는 다음 생산 활동을 보고, 물음에 답하시오. [15~16]

15 위와 같이 신발이 우리에게 오기까지 일어나는 생산 활동이 아닌 것은 어느 것입니까? (   )

① 고무액 구하기 ② 신발 운반하기
③ 신발 구입하기 ④ 신발 디자인하기
⑤ 공장에서 신발 만들기

16 위의 생산 활동을 통해 알 수 있는 사실을 바르게 말한 친구는 누구인지 쓰시오.

> • 주원: 생산 활동이 이루어지지 않아도 신발을 살 수 있다.
> • 강은: 신발이 우리에게 오기까지 한 가지 생산 활동만 이루어진다.
> • 우진: 신발이 우리 손에 오기까지 여러 가지 생산 활동이 이루어진다.

(   )

17 돈을 어디에 썼는지 알아보고 돈의 사용 계획을 세울 수 있는 장부를 무엇이라고 합니까?

(   )

① 설명서 ② 광고지
③ 영수증 ④ 가계부
⑤ 포장지

중요

18 현명한 소비 생활을 하는 방법으로 알맞지 않은 것은 어느 것입니까? (   )

① 가지고 싶은 것은 모두 산다.
② 돈을 어디에 썼는지 적어 둔다.
③ 선택 기준을 세워 물건을 산다.
④ 물건의 가격과 정보를 확인한다.
⑤ 목돈을 마련하기 위해 소득의 일부를 저축한다.

서술형

19 물건을 살 때 정보를 찾아 활용하면 좋은 점은 무엇인지 쓰시오.

_____

20 다음에서 설명하는 물건의 정보를 얻는 방법은 무엇입니까? (   )

> 여러 제품의 가격을 한눈에 비교할 수 있고, 다른 소비자의 의견을 알 수 있다.

① 광고지 보기
② 상점 방문하기
③ 인터넷 검색하기
④ 텔레비전 광고 보기
⑤ 주변 사람의 경험 듣기

1 경제 활동에 대하여 <u>잘못</u> 말한 친구는 누구인지 쓰시오.

> • 혜림: 어떤 일을 대가 없이 자발적으로 참여하여 도우는 활동이다.
> • 준우: 사람들이 살아가는 데 필요하거나 원하는 것을 얻으려고 경제 활동을 한다.
> • 채은: 사람들이 생활하는 데 필요한 여러 가지 것들을 만들고 사용하는 것과 관련된 모든 활동이다.

(　　　　　　　)

❀ 다음 그림을 보고, 물음에 답하시오. [2~3]

▲ 신발 가게에서　　　　▲ 버스 정류장에서

2 위 그림을 보고, 빈칸에 공통으로 들어갈 알맞은 말을 쓰시오.

> ☐ 의 문제는 경제 활동을 하는 모든 사람에게 발생하며, 무엇을 ☐ 하는지는 사람에 따라 다를 수 있다.

(　　　　　　　)

중요

3 위 **2**번 답과 같은 문제가 일어나는 까닭은 무엇입니까? (　　　)

① 부모님이 주신 용돈이 많기 때문이다.
② 경제 활동을 하는 사람들이 적기 때문이다.
③ 사람들이 쓸 수 있는 자원이 많기 때문이다.
④ 자신이 원하는 것을 모두 가질 수 있기 때문이다.
⑤ 사람이 쓸 수 있는 돈이나 자원이 한정되어 있기 때문이다.

4 다음 내용에 알맞은 말에 ○표 하시오.

> 경제 활동에서 선택의 문제가 일어나는 이유는 바로 (희소성 , 다양성) 때문이다.

주의

5 일상생활에서 현명한 선택을 한 경우는 어느 것입니까? (　　　)

① 원래 입던 옷과 비슷한 옷을 또 사 버렸다.
② 나한테 꼭 필요한 학용품인지 생각해 봤다.
③ 가방이 예뻐서 샀는데 책이 들어가지 않았다.
④ 과자가 맛있어 보여서 샀는데 정말 맛이 없었다.
⑤ 떡볶이를 먹고 싶은 만큼 많이 샀지만 배불러서 다 먹지 못했다.

서술형

6 다음 그림의 재준이네 가족이 다시 여행 계획을 짠다면 어떻게 해야 하는지 쓰시오.

_____

_____

_____

7 다음 빈칸에 들어갈 알맞은 말을 두 가지 고르시오. (,)

> 현명한 선택을 하면 [ ]과 [ ]을(를) 절약해 큰 만족감을 얻을 수 있다.

① 돈　　　　② 법　　　　③ 자원
④ 욕심　　　⑤ 희소성

❋ 생일 선물로 알맞은 것을 고르기 위해 관련된 정보를 수집한 다음 자료를 보고, 물음에 답하시오. [8~9]

(가)
(나)
(다)

- 가격: 7만 원
- 모양: 보통
- 특징: 게임, 인터넷 속도가 느리고, 휴대 전화 가격이 낮음.

- 가격: 30만 원
- 모양: 예쁨
- 특징: 게임, 인터넷 속도가 빠르고, 지문 인식을 할 수 있음.

- 가격: 5만 원
- 모양: 예쁨
- 특징: 가방을 메도 아프지 않고, 주머니가 많음.

8 위 자료를 통해 알 수 있는 사실은 어느 것입니까? ( )

① (가) 휴대 전화는 모양이 예쁘다.
② (나) 휴대 전화는 가격이 매우 저렴하다.
④ (가) 휴대 전화는 지문 인식을 할 수 있다.
③ (나) 휴대 전화는 인터넷 속도가 매우 느리다.
⑤ (다) 가방은 주머니가 많아서 수납이 편리하다.

9 위 자료의 분석한 내용을 바탕으로 바르게 제시한 의견을 모두 찾아 ○표 하시오.

(1) 지금 나한테 꼭 필요하고 저렴한 가방을 사 달라고 한다. ( )
(2) 중저가 휴대 전화를 사 달라고 한다. ( )
(3) 원래 사고 싶었던 최신 휴대 전화와 가방을 모두 사 달라고 한다. ( )

서술형

10 물건을 살 때 최종적으로 고려해야 할 것은 무엇인지 쓰시오.

_____

_____

⚠ 주의

11 다음 생산과 소비의 관계를 잘못 말한 친구는 누구인지 쓰시오.

> - 성재: 생산과 소비는 모두 경제 활동이다.
> - 지호: 생산하지 않으면 소비를 할 수 없다.
> - 민정: 생산 활동과 소비 활동이 함께 이루어지지는 않는다.

( )

12 다음에서 생산 활동을 하는 모습은 '생산', 소비 활동을 하는 모습은 '소비'라고 쓰시오.

㉠ 　　㉡

( )　　　( )

⭐ 중요

13 생활에 필요한 것을 자연에서 얻는 활동에 속하지 않는 것은 어느 것입니까? ( )

① 벼농사를 짓는다.
② 산에서 버섯을 딴다.
③ 갯벌에서 조개를 캔다.
④ 학교에서 학생을 가르친다.
⑤ 바다에서 물고기를 잡는다.

⚠️주의

14 다음 밑줄 친 활동과 관련 있는 일을 하는 사람을 두 명 고르시오. (,)

> 생산 활동은 생활에 필요한 것을 자연에서 얻는 활동, 생활에 필요한 것을 만드는 활동, 생활을 편리하고 즐겁게 해 주는 활동으로 나눌 수 있다.

① 환자를 진료하는 지애 어머니
② 백화점에서 물건을 파는 혜나 이모
③ 장난감 공장에서 일하는 준형이 아버지
④ 건설 현장에서 건물을 짓는 예원이 삼촌
⑤ 밭에서 배추를 수확하는 주원이 할아버지

❇ 다음 신발이 우리에게 오기까지 일어나는 생산 활동을 보고, 물음에 답하시오. [15~16]

(가)
(나)
(다)
(라)

15 위 사진을 보고, 신발이 우리에게 오는 과정을 순서대로 기호를 쓰시오.

( )

16 위의 (다)와 비슷한 생산 활동은 어느 것입니까?

( )

① 공연하기 　　② 포도 따기
③ 고구마 캐기 　　④ 과자 만들기
⑤ 버스 운전하기

✏️서술형

17 소비 생활을 현명하게 하지 않았을 때 생길 수 있는 문제점은 무엇이 있는지 쓰시오.

_____

_____

2 단원

18 다음 빈칸에 들어갈 알맞은 말은 무엇입니까?

( )

> 예상하지 못한 일을 대비하거나 목돈을 마련하려고 소득의 일부를 [ ]한다.

① 소비 　　② 교류 　　③ 봉사
④ 선택 　　⑤ 저축

19 물건을 사기 전에 알아보아야 할 정보가 <u>아닌</u> 것은 어느 것입니까? ( )

① 가격 　　　　② 품질
③ 디자인 　　　④ 일기예보
⑤ 물건을 만든 회사

🌸중요

20 다음과 같이 물건의 정보를 찾으면 좋은 점으로 알맞은 것은 어느 것입니까? ( )

▲ 매장 방문하기

① 시간과 노력이 적게 들어간다.
② 광고만 보고 물건을 사게 된다.
③ 다른 소비자의 의견을 알 수 있다.
④ 판매원에게 궁금한 것을 물어볼 수 있다.
⑤ 여러 제품의 가격을 한눈에 비교할 수 있다.

1 다음 그림을 보고, 물음에 답하시오.

▲ 음식점에서

▲ 신발 가게에서

▲ 버스 정류장에서

(1) 위 그림의 장소에서 일어나는 선택의 문제는 무엇인지 각각 쓰시오.

㉠ 음식점에서	
㉡ 신발 가게에서	
㉢ 버스 정류장에서	

(2) 경제 활동에서 위와 같은 선택의 문제가 일어나는 이유는 무엇인지 쓰시오.

_____

_____

관련 핵심 개념

경제 활동과 선택의 문제

• 경제 활동: 사람들이 생활하는 데 필요한 여러 가지 것들을 만들고 사용하는 것과 관련된 모든 활동을 말합니다.

• 선택의 문제: 경제 활동을 하는 모든 사람에게 발생하며, 무엇을 선택하는지는 사람에 따라 다를 수 있습니다.

2 다음 그림을 보고, 물음에 답하시오.

원래 입던 옷과 비슷한 옷을 또 사 버렸네.

맛있어 보여서 샀는데 정말 맛이 없네.

(1) 위 그림을 보고, 무엇의 필요성을 설명한 것인지 쓰시오.

> 잘못한 선택을 하면 돈과 자원을 낭비하므로 선택을 할 때에는 여러 가지 상황을 고려하여 신중하게 생각해야 한다.

(   )

(2) 위 그림과 같이 잘못된 선택을 하지 않기 위해 선택할 때 고려해야 할 점은 무엇인지 쓰시오.

_____

_____

관련 핵심 개념

현명한 선택의 의미

현명한 선택은 여러 가지를 고려해 돈과 자원을 낭비하지 않고 큰 만족감을 얻는 것입니다.

3 신발이 우리에게 오기까지 일어나는 다음 과정을 보고, 물음에 답하시오.

▲ 신발을 만들 때 필요한 원료 구하기

▲ _____

▲ 공장에서 만든 신발 운반하기

▲ 신발 가게, 홈 쇼핑 등에서 신발 판매하기

(1) 위의 ②의 밑줄 친 부분에 들어갈 내용은 무엇인지 쓰시오.

_____

(2) 위와 같은 생산 활동을 통해 알 수 있는 사실은 무엇인지 쓰시오.

_____

> **관련 핵심 개념**
>
> **신발이 우리 손에 오기까지 일어나는 생산 활동**
>
> • 신발을 디자인합니다.
> • 공장에서 신발을 만듭니다.
> • 신발을 포장합니다.
> • 신발을 가게로 운반합니다.

2단원

4 현민이는 용돈을 현명하게 사용하기 위해 다음과 같이 용돈 사용 다짐을 했습니다. 밑줄 친 곳에 들어갈 알맞은 내용을 쓰시오.

〈용돈 사용 다짐〉

1. 용돈의 일부는 저축을 하겠다.
2. 군것질을 줄이겠다.
3. _____
4. _____
5. _____

_____

_____

_____

> **관련 핵심 개념**
>
> **현명한 소비 생활**
>
> • 돈의 씀씀이에 대한 계획을 세워 돈을 낭비하지 않도록 하는 것입니다.
> • 물건을 살 때 꼭 필요한 것인지 따져 보는 것입니다.

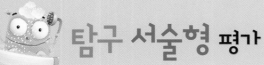

1 서영이네 가족이 여행 갔던 경험을 나타낸 다음 그림을 보고, 물음에 답하시오.

관련 핵심 개념

현명한 선택이 필요한 까닭

　잘못된 선택은 돈이나 자원을 낭비하지만, 현명한 선택은 돈과 자원을 절약하며 자신에게 만족감을 주기 때문입니다.

(1) 위에서 서영이네 가족이 즐거운 여행을 하지 못한 까닭은 무엇인지 쓰시오.

_____

(2) 서영이네 가족이 다시 여행을 가기 위해 고려해야 할 점은 무엇인지 쓰시오.

_____

2 다음은 혜원이가 생일 선물로 알맞은 것을 고르기 위해 관련된 정보를 수집하고 분석한 자료입니다. 이를 바탕으로 가능한 의견을 두 가지 이상 쓰시오.

관련 핵심 개념

현명한 선택을 하는 방법

· 관련된 정보를 수집하고 분석합니다.
· 분석한 내용을 바탕으로 하여 가능한 모든 의견을 이야기합니다.
· 다양한 의견을 비슷한 것끼리 묶어서 4개로 간추린 후 모둠별로 의사 결정지를 작성해 봅니다.

상품 정보		
㉠	㉡	㉢
· 가격: 7만 원 · 모양: 보통 · 특징: 게임, 인터넷 속도가 느리고, 휴대 전화 가격이 낮음.	· 가격: 30만 원 · 모양: 예쁨 · 특징: 게임, 인터넷 속도가 빠르고, 지문 인식을 할 수 있음.	· 가격: 5만 원 · 모양: 예쁨 · 특징: 가방을 메도 아프지 않고, 주머니 가 많음.

_____

3 우리 주변에서 일어나는 다음 생산 활동을 보고, 물음에 답하시오.

▲ 벼농사 짓기　　　　▲ 공연하기　　　　▲ 자동차 만들기

▲ 물고기 잡기　　　　▲ 물건 팔기　　　　▲ 건물 짓기

(1) 위의 ㉠~㉫을 생산 활동의 종류별로 구분하여 기호를 쓰시오.

① 생활에 필요한 것을 자연에서 얻는 활동	
② 생활에 필요한 것을 만드는 활동	
③ 생활을 편리하고 즐겁게 해 주는 활동	

(2) 위와 같은 생산 활동이 중요한 까닭은 무엇인지 쓰시오.

_____

4 다음과 같은 방법으로 물건의 정보를 얻을 때의 좋은 점은 무엇인지 각각 쓰시오.

방법	정보를 얻는 모습	정보를 얻을 때 좋은 점
㉠ 인터넷 검색		
㉡ 광고 보기		
㉢ 상점 방문하기		
㉣ 주변 사람의 경험 듣기		

관련 핵심 개념

생산 활동

• 뜻: 생활에 필요한 물건을 만들거나 사람들이 필요한 것을 제공하는 것

• 모습: 빵집 주인이 빵을 만드는 활동, 미용사가 머리를 손질해 주는 활동 등

2 단원

관련 핵심 개념

정보 활용의 중요성

　물건을 사기 전에 어디에서 사는 것이 좋은지, 물건의 가격과 품질은 어떠한지 등 필요한 정보를 찾아 활용하면 값싸고 품질이 좋은 물건을 살 수 있습니다.

❷ 교류하며 발전하는 우리 지역 (1)

1 우리 주변에 있는 상품이 어디에서 왔는지 조사해 보기

① 우리 주변의 많은 상품이 어디에서 왔는지 조사하는 방법 `자료 1`

- 품질 인증 표시를 확인합니다.
- 대형 할인점의 광고지를 확인합니다.
- 누리집에서 상품 소개를 검색하거나, 통계 자료를 분석합니다.
- 상품 정보를 확인하고, QR 코드를 스캔합니다.

② 주변의 상품이 어디에서 왔는지 알 수 있는 발표 자료 만들기 `자료 2`

주제	우리 주변의 상품들이 어디에서 왔는지 조사해 보기
조사 방법	방문 조사하기
조사 일시와 장소	20○○년 ○○월 ○○일 △△ 대형 할인점
조사 결과	• 우리나라의 여러 지역에서 온 상품 • 다른 나라에서 온 상품

└→지역 및 나라의 경제 발전에 도움이 됩니다.

2 상품의 교류가 이루어지는 까닭

① 다양한 상품이 우리 지역으로 들어오는 까닭

- 우리 지역과 자연환경이 다르기 때문입니다.
- 제품을 생산하는 기술과 노동력이 달라 우리 지역에서 만들 수 없는 제품을 다른 지역에서는 만들기 때문입니다.

② 상품의 교류가 이루어지는 까닭: 자기 지역의 풍부한 상품은 다른 지역에 팔고, 자기 지역에서 생산할 수 없거나 부족한 물건은 다른 지역에서 사 오기 때문입니다.

3 경제적 교류가 생기는 까닭 `자료 3`

① 경제적 교류: 개인이나 지역이 경제적 이익을 얻기 위해 물건, 기술, 정보 등을 서로 주고받는 것을 말합니다. →다양한 경제적 교류를 통해 지역들은 서로 간에 좋은 영향을 미칠 수 있습니다.

② 개인, 지역, 국가 간의 경제적 교류는 사는 곳의 자연환경과 생산 기술, 자원 등이 다르기 때문에 발생합니다.

③ 경제적 교류를 하면 좋은 점 →상품, 인적 자원, 기술 등을 교류하고 있습니다.

- 다른 지역의 경제 소식 등 여러 가지 유용한 정보를 주고받습니다.
- 특산물을 소개하거나 지역을 홍보해 경제적 이익을 얻을 수 있습니다.
- 기술 협력으로 더 나은 상품을 개발할 수 있습니다.
- 다른 지역의 우수한 물건을 소개하고 지역 간의 화합을 가져옵니다.

`자료 1` 상품이 어디에서 왔는지 확인하기

▲ 대형 할인점의 광고지 확인하기   ▲ QR 코드 스캔하기

- 제품 뒷면에 부착된 제조 지역 표기를 보고 알 수 있습니다.
- 생산 지역이 표기된 간판을 보고 알 수 있습니다.

`자료 2` 주변의 상품이 어디에서 왔는지 표로 정리하기

우리나라의 여러 지역에서 온 상품	
상품	생산지(원산지)
굴비	전라남도 영광군
고등어	제주특별자치도
고추장	전라북도 순창군
신발	부산광역시

다른 나라에서 온 상품	
상품	생산지(원산지)
바나나	필리핀
소고기	오스트레일리아(호주)
노트북	타이완
밀가루	미국

`자료 3` 지역 간에 경제적 교류를 하는 까닭

- 지역의 특산물을 소개해 경제적 이익을 얻을 수 있기 때문입니다.
- 다른 지역과 협력해 더 나은 상품을 개발할 수 있기 때문입니다.
- 지역 주민의 생활이 편리하게 하고 지역 간의 화합을 가져오기 때문입니다.
- 상품을 소개하고 교류하면서 화합해 각 지역의 경제적 이익을 키울 수 있기 때문입니다.

🌸 상품의 원산지를 확인하는 방법

- 원산지: 생산물이 생산·채취되는 국가 또는 지역을 말합니다. 국제 거래에서의 원산지는 일반적으로 그 물품이 생산된 국가를 가리키며 국내에서는 지역을 의미합니다.
- 원산지를 표시하는 방법
  - 원산지: 국명 또는 국명산
  - made in 국명 또는 product of 국명
    (예) 원산지: 중국 또는 중국산, made in China 또는 product of China)

▲ 원산지 표시

🌸 지역 상품을 판매하는 사람들이 자신의 지역을 내세우며 상품을 파는 까닭

- 지역 상품의 높은 신뢰를 바탕으로 상품을 효과적으로 홍보하고 많이 판매하기 위해서입니다.
- 지역의 다양한 상품을 널리 알리기 위해서입니다.

📎 용어 풀이

❶ 품질 인증 표시 제품 품질을 일정한 기준으로 검사하여 그 우수성을 인정해 주는 제도

❷ QR 코드 가로 세로 격자무늬에 다양한 정보를 담고 있는 코드

❸ 표기(表 겉 표 記 기록할 기) 적어서 나타냄. 또는 그런 기록

✏️ 개념을 확인해요

1 대형 할인점에는 다양한 상품이 어디에서 왔는지 여러 가지 방법으로 ☐☐ 되어 있습니다.

2 ☐☐ 지역이 표기된 간판을 보고 상품이 어디에서 왔는지 확인할 수 있습니다.

3 주변의 상품이 어디에서 왔는지 조사할 때에는 ☐ ☐☐☐ 표시 등을 확인합니다.

4 상품이 어디에서 왔는지 조사할 때에는 ☐☐ ☐ 에서 상품 소개 자료를 검색합니다.

5 상품에 부착된 ☐☐ 코드를 스캔하여 주변의 상품이 어디에서 왔는지 알아봅니다.

6 개인이나 지역이 경제적 이익을 얻기 위해 물건, 기술, 정보 등을 서로 주고받는 것을 ☐☐☐ ☐☐ 라고 합니다.

7 경제적 교류는 사는 곳의 ☐☐☐☐ 과 생산 기술, 자원 등이 다르기 때문에 발생합니다.

8 경제적 교류를 하면 다른 지역의 경제 소식 등 여러 가지 유용한 ☐☐ 를 주고받을 수 있습니다.

9 지역의 ☐☐☐ 을 소개하거나 지역을 홍보해 경제적 이익을 얻을 수 있습니다.

10 ☐☐ 협력으로 더 나은 상품을 개발할 수 있습니다.

❷ 교류하며 발전하는 우리 지역 (2)

4 우리 지역의 다양한 경제적 교류

① 다양한 경제적 교류: 경제적 교류를 하는 대상은 개인, 기업, 지역, 국가 등 다양합니다. 자료 4

② 옛날과 오늘날의 경제적 교류를 하는 장소

• 옛날: 주로 시장에서 경제적 교류를 활발하게 했습니다.

• 오늘날: 교통과 통신의 발달로 다양한 장소에서 여러 가지 방법으로 경제적 교류를 합니다.

5 우리 지역의 다양한 경제 교류의 방법 자료 5

대중 매체를 이용한 경제적 교류	• 인터넷, 스마트폰, 홈 쇼핑을 통해 교류함. • 지역의 정보를 쉽게 알릴 수 있고, 물건을 쉽고 편리하게 사고팔 수 있음.
대형 시장을 이용한 경제적 교류	• 전통 시장, 대형 할인점, 도소매 시장에서 교류함. • 신선하고 질이 좋은 상품을 직접 확인해 살 수 있음. └ 교통의 발달로 다른 지역의 대형 시장에 가서 직접 물건을 살 수 있습니다.
지역 간 대표 자원의 경제적 교류	• 지역의 기술이나 상품을 소개할 수 있음. • 각 지역들은 서로 협력해 경제적 이익을 얻음.
다양한 문화 활동과 함께하는 경제적 교류	• 경제적 교류는 문화, 기술, 운동 경기 등과 함께 더욱 활발히 이루어지기도 함. • 국내 여러 지역뿐 아니라 세계 여러 나라와 교류함.
촌락과 도시의 생산물에 따른 경제적 교류	• 각 지역의 풍부한 생산물을 중심으로 경제적 교류가 이루어짐. • 지역마다 자연환경과 기술 수준이 달라서 생산되는 물건이 다름.

6 다양한 지역의 대표 상품 알아보기 자료 6

① 각 지역을 대표하는 상품: 대표 상품을 중심으로 다양한 지역과 경제 활동이 활발하게 이루어지고 있습니다.

경기도	반도체(수원), 도자기(이천), 유기(안성)
강원도	한우(횡성), 쌀(철원), 황태(인제)
충청도	사과(충주), 인삼(금산), 마늘(서산), 꽃게(태안), 모시(서천)
경상도	참외(성주), 과메기(포항), 오징어(울릉도), 대게(영덕)
전라도	한지(전주), 목기(남원), 녹차(보성), 배(나주), 김(완도)
제주도	옥돔, 감귤, 한라봉, 세계 자연 문화 유산

② 우리 지역의 대표 상품을 소개하는 방법

• 지역의 대표 상품을 소개하는 전단지를 만듭니다. → 지역의 대표 상품에 담은 상표를 개발합니다.

• 지역의 대표 상품을 판매하는 누리집을 만듭니다.

• 지역의 대표 상품의 장점을 잘 보여 주는 광고를 제작합니다.

자료 4 경제적 교류를 하는 대상

▲ 개인과 지역

▲ 기업과 지역

▲ 지역과 지역

▲ 국가와 국가

다양한 경제적 교류로 서로 경제적 이익을 얻고, 좋은 관계를 유지하며 가깝게 지낼 수 있습니다.

자료 5 경제적 교류 물품이 지역마다 다른 까닭

• 각 지역의 땅의 생김새, 기후 등 자연환경이 다르기 때문입니다.

• 자연에서 직접 얻을 수 있는 생산 재료가 다르기 때문입니다.

• 지역별로 교통의 발달 정도나 상품을 생산하는 기술이 다르기 때문입니다.

자료 6 박람회장을 여는 까닭

▲ 특산물 박람회

• 박람회장은 우리 지역을 대표하는 상품을 다른 지역에 소개하고 파는 곳입니다.

• 박람회는 우리 지역의 대표 상품을 다른 지역에 홍보하거나 다른 지역의 상품을 우리 지역에 들여오기 위해서 열립니다.

🌸 각 지역의 경제 교류 물품

도시	자동차, 옷, 장난감, 컴퓨터 등
농촌	쌀, 곡식, 채소, 과일, 감자 등
산지촌	버섯, 산나물, 약재, 목재 등
어촌	생선, 미역, 김, 굴, 조개, 소금 등

🌸 각 지역의 대표 상품

▲ 이천 (도자기)

▲ 횡성(한우)

▲ 서산(마늘)

▲ 영덕(대게)

▲ 나주(배)

▲ 제주(감귤)

📎 용어 풀이

④ 기업(企 꾀할 기 業 업 업) 영리를 얻기 위하여 재화를 생산하고 판매하는 조직

⑤ 대중 매체(大 큰 대 衆 무리 중 媒 중매 매 體 몸 체) 신문, 잡지, 영화, 텔레비전 등 많은 사람에게 대량으로 사실이나 정보를 전달하는 매체

✏️ 개념을 확인해요

2단원

11 경제적 교류를 하는 대상은 개인, ☐☐, 지역, 국가 등 다양합니다.

12 옛날에는 주로 ☐☐ 에서 경제적 교류를 활발하게 했습니다.

13 ☐☐☐☐ 를 통해 장소나 시간에 관계없이 상품의 정보를 얻을 수 있습니다.

14 교통과 ☐☐ 수단의 발달로 각 지역에서 다양한 물건이 오가고 있습니다.

15 각 지역들은 서로 협력해 ☐☐☐ 이익을 얻습니다.

16 국내 여러 ☐☐ 뿐 아니라 중국이나 일본, 미국 등 세계 여러 나라와 교류합니다.

17 각 지역의 풍부한 ☐☐☐ 을 중심으로 경제적 교류가 이루어집니다.

18 지역마다 ☐☐☐☐ 과 기술 수준이 달라서 생산되는 물건이 다릅니다.

19 ☐☐☐ 는 우리 지역의 대표 상품을 다른 지역에 홍보하거나 다른 지역의 상품을 우리 지역에 들여오기 위해서 열립니다.

20 지역의 대표 상품의 장점을 잘 보여 주는 ☐☐ 를 제작하여 우리 지역의 대표 상품을 소개할 수 있습니다.

핵심 1 상품이 어디에서 왔는지 조사하기

❀ **상품이 어디에서 왔는지 조사하는 방법**
- 품질 인증 표시 확인하기
- 대형 할인점의 광고지 확인하기
- 누리집에서 상품 소개 검색하기
- 통계 자료 분석하기
- 상품 정보 확인하기
- QR 코드 스캔하기

❀ **상품이 어디에서 왔는지 표로 정리하기**

우리나라의 여러 지역에서 온 상품		다른 나라에서 온 상품	
상품	생산지	상품	생산지
굴비	전남 영광군	바나나	필리핀
고등어	제주특별자치도	소고기	오스트레일리아
고추장	전북 순창군	노트북	타이완
신발	부산광역시	밀가루	미국

1 우리 주변의 상품이 어디에서 왔는지 조사하는 방법으로 알맞지 **않은** 것은 어느 것입니까?
(   )

① QR 코드를 스캔한다.
② 통계 자료를 분석한다.
③ 품질 인증 표시를 확인한다.
④ 누리집에서 상품 소개를 검색한다.
⑤ 음식점을 홍보하는 전단지를 확인한다.

2 다음 표를 보고, ㉠에 들어갈 상품으로 알맞은 것은 어느 것입니까? (   )

우리나라의 여러 지역에서 온 상품		다른 나라에서 온 상품	
상품	생산지	상품	생산지
굴비	전남 영광군	㉠	필리핀
고등어	제주특별자치도	소고기	오스트레일리아
고추장	전북 순창군	노트북	타이완

① 쌀   ② 도자기   ③ 바나나
④ 자동차   ⑤ 휴대 전화

핵심 2 경제적 교류

❀ **경제적 교류의 뜻**
- 개인이나 지역이 경제적 이익을 얻기 위해 물건, 기술, 정보 등을 서로 주고받는 것을 말합니다.
- 다양한 경제적 교류로 각 지역들은 서로 좋은 영향을 미칠 수 있습니다.

❀ **경제적 교류가 필요한 까닭**

▲ 유용한 정보 교환

▲ 지역의 특산물 소개

▲ 더 나은 상품 개발

▲ 지역 간의 화합

3 다음에서 설명하는 것은 무엇인지 쓰시오.

> 개인이나 지역이 경제적 이익을 얻기 위해 물건, 기술, 정보 등을 서로 주고받는 것을 말한다.

(   )

4 지역 간에 경제적 교류가 필요한 까닭은 무엇입니까? (   )

① 지역 간에 경쟁하기 위해서
② 우리 지역만 경제적으로 이익을 얻기 위해서
③ 필요한 물건은 스스로 만들어 사용하기 위해서
④ 기술 협력으로 더 나은 상품을 개발하기 위해서
⑤ 다른 지역의 우수한 물건을 그대로 모방하기 위해서

핵심 3 우리 지역의 다양한 경제적 교류

🌸 다양한 경제적 교류
- 경제적 교류를 하는 대상은 개인, 기업, 지역, 국가 등 다양합니다.
- 경제적 교류로 서로 경제적 이익을 얻고, 좋은 관계를 유지하며 가깝게 지낼 수 있습니다.

🌸 각 지역에서 경제적 교류를 하는 방법
- 대중 매체를 이용한 경제적 교류
- 대형 시장을 이용한 경제적 교류
- 지역 간 대표 자원의 경제적으로 교류
- 다양한 문화 활동과 함께하는 경제적 교류
- 촌락과 도시의 생산물에 따른 경제적 교류

5 다음 그림과 같이 경제적 교류를 하는 대상은 무엇입니까? (   )

① 개인과 개인　　　② 개인과 기업
③ 기업과 지역　　　④ 지역과 지역
⑤ 국가와 국가

6 다음과 관련 있는 경제적 교류 방법은 무엇입니까? (   )

① 대형 시장을 이용한 경제적 교류
② 대중 매체를 이용한 경제적 교류
③ 지역 간 대표 자원의 경제적 교류
④ 촌락과 도시의 생산물에 따른 경제적 교류
⑤ 다양한 문화 활동과 함께하는 경제적 교류

핵심 4 다양한 지역의 대표 상품 알아보기

🌸 각 지역을 대표하는 상품

경기도	도자기(이천), 유기(안성), 반도체(수원)
강원도	한우(횡성), 쌀(철원), 황태(인제)
충청도	사과(충주), 인삼(금산), 마늘(서산), 꽃게(태안), 모시(서천)
경상도	참외(성주), 나전칠기(통영), 오징어(울릉도), 대게(영덕)
전라도	한지(전주), 녹차(보성), 배(나주), 김(완도), 죽세공품(담양), 굴비(영광)
제주도	옥돔, 감귤, 한라봉

🌸 지역의 대표 상품을 소개하는 방법
- 지역의 대표 상품을 소개하는 전단지를 만들기
- 지역의 대표 상품을 판매하는 누리집을 만들기
- 지역의 대표 상품의 장점을 잘 보여 주는 광고를 제작하기
- 지역의 대표 상품의 특징을 표현한 광고지를 그리기
- 지역의 대표 상품에 담은 상표를 개발하기

7 각 지역의 대표 상품이 바르게 짝지어진 것은 어느 것입니까? (   )

① 쌀 – 철원　　　② 굴비 – 보성
③ 마늘 – 울릉도　④ 오징어 – 안성
⑤ 과메기 – 통영

8 우리 지역의 대표 상품을 소개하는 방법을 잘못 말한 친구는 누구인지 쓰시오.

> - 준우: 지역의 일기예보를 시청한다.
> - 미선: 지역의 대표 상품을 판매하는 누리집을 만든다.
> - 지홍: 지역의 대표 상품을 소개하는 전단지를 만든다.

(   )

1 여러 상품이 어디에서 왔는지 알아보기 위해 방문해야 하는 곳은 어디입니까? (   )

① 학교
② 놀이터
③ 박물관
④ 도서관
⑤ 대형 할인점

2 다음 사진을 보고, 알 수 있는 사실을 바르게 말한 친구는 누구인지 쓰시오.

▲ 수산물 시장   ▲ 의류 매장

- 준하: 상품의 원산지가 표기되어 있지 않다.
- 지은: 외국 상품이 우리나라 상품에 비해 가격이 훨씬 비싸다.
- 규성: 다양한 지역에서 생산된 상품이 운반되어 소비자들에 판매되고 있다.

(   )

3 다음과 같이 우리 주변의 상품이 어디에서 왔는지 조사하는 방법은 무엇입니까? (   )

2017년 ○○도 △△시의 완구 · 운동용품
수입 현황 국가별 순위

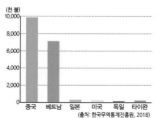

(출처: 한국무역통계진흥원, 2018)

① 상품 정보 확인하기
② 통계 자료 분석하기
③ 품질 인증 표시 확인하기
④ 대형 할인점의 광고지 확인하기
⑤ 누리집에서 상품 소개 검색하기

주의

4 다음 빈칸에 들어갈 말에 ○표 하시오.

상품에 부착된 (QR 코드 , KC 마크)를 스캔하여 우리 주변의 상품이 어디에서 왔는지 알 수 있다.

서술형

5 다음 표를 보고, ㉠과 ㉡에 들어갈 상품을 구분하는 기준은 무엇인지 쓰시오.

㉠		㉡	
상품	생산지	상품	생산지
굴비	전남 영광군	바나나	필리핀
고등어	제주특별자치도	소고기	오스트레일리아
고추장	전북 순창군	노트북	타이완
신발	부산광역시	밀가루	미국

㉠: (   )
㉡: (   )

6 다양한 상품이 우리 지역으로 들어오는 까닭은 무엇입니까? (   )

① 지역 간의 거리가 너무 멀기 때문이다.
② 우리 지역과 자연환경이 다르기 때문이다.
③ 제품을 생산하는 기술이 모두 같기 때문이다.
④ 지역마다 사람들의 취미 생활이 다르기 때문이다.
⑤ 우리 지역에서 필요한 것을 모두 생산하기 때문이다.

7 다음에서 설명하는 것은 무엇인지 쓰시오.

개인이나 지역이 경제적 이익을 얻기 위해 물건, 기술, 정보 등을 서로 주고받는 것을 말한다.

(   )

❀ 다음 그림을 보고, 물음에 답하시오. [8~9]

우리 포도를 팔고 지역을 홍보할 수 있어 좋아요.

재준이네 지역

영희네 지역

질 좋은 포도로 다양한 상품을 만들어 많은 이익을 얻었어요.

8 위 그림에서 재준이네 지역의 대표적인 교류 상품은 무엇인지 쓰시오.

( )

9 위 그림을 보고, 영희네 지역이 얻은 이점으로 알맞은 것에 ○표 하시오.

(1) 질 좋은 생산물로 다양한 상품을 만들 수 있게 되었다. ( )

(2) 지역의 생산물을 판매하고 지역을 홍보하는 데 도움을 얻었다. ( )

10 지역 간에 경제적 교류가 필요한 까닭으로 알맞지 않은 것은 어느 것입니까? ( )

① 여러 가지 유용한 정보를 주고받을 수 있다.
② 우리 지역에서 생산 활동을 하지 않아도 된다.
③ 기술 협력으로 더 나은 상품을 개발할 수 있다.
④ 다른 지역의 우수한 물건을 소개하고 지역 간의 화합을 가져온다.
⑤ 지역의 특산물을 소개하거나 지역을 홍보해 경제적 이익을 얻을 수 있다.

🔎 주의

11 오른쪽 그림의 빈 칸에 들어갈 알맞은 말은 무엇입니까? ( )

인근 지역과 ☐을(를) 교류하면서 크기가 굵고 맛이 좋은 대추를 생산해 많은 이익을 얻을 수 있었어요.

① 답사
② 문화
③ 교통 시설
④ 농업 기술
⑤ 어업 기술

12 기업과 지역 간에 경제적 교류를 하는 모습은 어느 것입니까? ( )

①
②

③ ○○과 △△지역 업무 협약 체결

④ 기술·상품 정보 교환

13 옛날에 경제적 교류를 활발하게 했던 곳은 어디입니까? ( )

① 시장
② 백화점
③ 홈 쇼핑
④ 슈퍼마켓
⑤ 대형 할인점

중요

14 다음 보 기 에서 대중 매체를 통해 경제적으로 교류했을 때의 좋은 점을 두 가지 고르시오.

보 기

㉠ 시간이 지나서야 물건을 받을 수 있다.
㉡ 물건을 쉽고 편리하게 사고팔 수 있다.
㉢ 광고 상품과 실제 상품이 다른 경우가 있다.
㉣ 신선하고 질이 좋은 상품을 직접 확인할 수 있다.
㉤ 장소나 시간에 관계없이 상품의 정보를 얻을 수 있다.

(,)

15 다음과 같이 대형 시장을 통한 교류가 활발해진 이유는 무엇입니까? (   )

> • 전통 시장   • 대형 할인점   • 도소매 시장

① 교통이 발달했기 때문이다.
② 인구가 점점 줄어들었기 때문이다.
③ 물건을 직접 배달해 주기 때문이다.
④ 늦은 밤에도 물건을 살 수 있기 때문이다.
⑤ 상품을 직접 살 수 있는 시간이 부족해졌기 때문이다.

주의

16 다음 내용과 관련 있는 경제적 교류는 무엇입니까? (   )

> **서울특별시 '방콕의 날' 행사 열어**
> 서울특별시와 태국의 수도 방콕은 자매결연 후 경제와 문화 분야에서 다양한 교류를 하고 있다. 서울은 우리의 우수한 교통 체계를 알려 줘 방콕의 복잡한 교통 문제를 해결하는 데 도움을 주었다. 또 서울과 방콕은 각국에서 서로의 전통문화 예술 작품을 공연하거나 청소년들이 상대 나라를 방문하면서 더욱 가까워지고 있다.

① 대형 시장을 이용한 경제적 교류
② 대중 매체를 이용한 경제적 교류
③ 지역 간 대표 자원의 경제적 교류
④ 촌락과 도시의 생산물에 따른 경제적 교류
⑤ 다양한 문화 활동과 함께하는 경제적 교류

17 사는 지역에 따라 이루어지는 경제 교류 물품이 바르게 짝지어진 것은 어느 것입니까? (   )

① 도시 – 목재, 약초
② 어촌 – 버섯, 산나물
③ 농촌 – 과일, 곡식, 채소
④ 어촌 – 자동차, 기계 부품
⑤ 산지촌 – 생선, 조개, 소금

18 다음에서 설명하는 장소는 어디입니까? (   )

> 우리 지역을 대표하는 상품을 다른 지역에 소개하고 파는 곳이다.

① 서점   ② 박물관
③ 문구점   ④ 주민 센터
⑤ 박람회장

❋ 지역을 대표하는 상품을 보여 주는 다음 지도를 보고, 물음에 답하시오. [19~20]

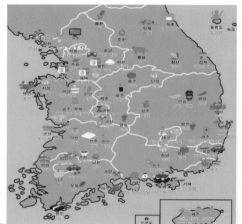

주의

19 각 지역의 대표 상품이 잘못 짝지어진 것은 어느 것입니까? (   )

① 쌀 – 철원   ② 김 – 의성
③ 한우 – 횡성   ④ 인삼 – 금산
⑤ 도자기 – 이천

서술형

20 위 지도를 보고, 알 수 있는 사실은 무엇인지 쓰시오.

_____

_____

❀ 다음 대형 할인점에 있는 다양한 상품을 보고, 물음에 답하시오. [1~2]

(가)
• 품명: 생물 고등어(대)
• 원산지: 국내산

(나)
• 식품유형: 과자
• 원산지: 영국
• 내용량: 2.1kg

(다)
• 제품명: 오렌지
• 원산지: 미국
• 보관방법: 서늘한 곳에 보관

(라)
• 판매자명: ○○의류
• 제조년월: 20△△.△△
• 제조국명: 베트남

1 위에서 다른 나라에서 온 상품을 모두 골라 기호를 쓰시오.

( )

 주의

2 위 내용에 대한 설명으로 알맞지 않은 것은 어느 것입니까? ( )

① 모든 상품에 KC 마크가 붙어 있다.
② 상품이 어디에서 왔는지 표시되어 있다.
③ 다양한 지역에서 생산된 상품이 소비자들에게 판매된다.
④ 생산 지역이 표기된 간판을 보고 상품의 정보를 알 수 있다.
⑤ 제품 뒷면에 부착된 제조 지역 표기를 보고 상품이 어디에서 왔는지 알 수 있다.

2
단원

중요

3 우리 주변의 상품이 어디에서 왔는지 알아보는 방법으로 알맞은 것을 두 가지 고르시오.

(,)

① QR 코드를 스캔한다.
② 가족 행사에 참여한다.
③ 통계 자료를 분석한다.
④ 민속 박물관을 답사한다.
⑤ 분식점의 광고지를 확인한다.

4 품질 인증 표시를 확인하여 상품이 어디에서 왔는지 확인하는 방법을 찾아 기호를 쓰시오.

( )

5 다음 자료의 ㉠, ㉡에 들어갈 알맞은 말을 쓰시오.

주제	우리 주변의 상품들이 어디에서 왔는지 조사해 보기
㉠	방문 조사하기
조사 일시와 장소	20○○년 ○○월 ○○일 △△ 대형 할인점
㉡	• 우리나라의 여러 지역에서 온 상품 신발, 고등어, 고추장 등 • 다른 나라에서 온 상품 소고기, 바나나, 노트북 등

㉠: ( ) ㉡: ( )

서술형

6 지역과 나라가 서로 물자를 교류하며 상호 의존하는 까닭은 무엇인지 쓰시오.

_____

7 다음 그림과 같이 재준이네 지역과 영희네 지역이 교류하는 까닭은 무엇입니까? (   )

① 경제적 이익을 얻기 위해서
② 주말 농장을 운영하기 위해서
③ 다른 나라의 문화를 체험하기 위해서
④ 자기 지역만 많은 이익을 얻기 위해서
⑤ 다른 지역의 위치를 쉽게 파악하기 위해서

주의

8 개인이나 지역이 경제적 이익을 얻기 위해 서로 주고받는 경제적 교류에 속하는 것을 보기 에서 모두 골라 기호를 쓰시오.

보기
ㄱ 물건   ㄴ 기후   ㄷ 기술
ㄹ 정보   ㅁ 지역의 역사

(   )

서술형

9 다음 사진과 같이 상품 전시회를 열어 경제적 교류를 하면 좋은 점은 무엇인지 쓰시오.

_____

_____

중요

10 지역 간에 경제적 교류를 하는 까닭을 잘못 말한 친구는 누구인지 쓰시오.

• 예원: 더 나은 상품을 개발할 수 있다.
• 재호: 지역 사람들끼리 서로 경쟁하여 갈등이 커질 수 있다.
• 연우: 직거래 장터에서 특산물을 팔아 경제적 이익을 얻을 수 있다.

(   )

11 경제적 교류를 하는 대상으로 알맞지 않은 것은 어느 것입니까? (   )

① 국가와 국가   ② 개인과 기업
③ 기업과 지역   ④ 지역과 지역
⑤ 학생과 교사

12 옛날에 경제적 교류를 하는 모습으로 알맞은 것에 ○표 하시오.

(1) 시장에서 경제적 교류를 활발하게 했다.

(   )

(2) 백화점, 대형 할인점 등 다양한 장소에서 여러 가지 방법으로 경제적 교류를 했다.

(   )

13 다음에서 밑줄 친 '이것'은 무엇인지 쓰시오.

• 이것을 통해 장소나 시간에 관계없이 상품의 정보를 알 수 있다.
• 이것은 신문, 잡지, 영화, 텔레비전 등 많은 사람에게 대량으로 사실이나 정보를 전달하는 매체이다.

(   )

14 오른쪽 사진과 관련 있는 경제적 교류는 무엇입니까? (   )

① 지역 간 대표 자원의 경제적 교류
② 대형 시장을 이용한 경제적 교류
③ 대중 매체를 이용한 경제적 교류
④ 촌락과 도시의 생산물에 따른 경제적 교류
⑤ 다양한 문화 활동과 함께하는 경제적 교류

✽ 다음 촌락과 도시의 생산물에 따른 경제적 교류를 보고, 물음에 답하시오. [15~17]

산지촌

15 위의 ㉠, ㉡에 들어갈 지역을 쓰시오.

㉠: (   ) ㉡: (   )

16 위 자료에 대한 설명으로 알맞지 <u>않은</u> 것은 어느 것입니까? (   )

① 농촌에서는 과일, 곡식, 채소 등이 생산된다.
② 지역마다 자연환경이 달라서 생산물이 다르다.
③ 우리가 먹는 음식은 한 지역의 생산물로만 만들어진다.
④ 각 지역의 풍부한 생산물을 중심으로 경제적 교류가 이루어진다.
⑤ 지역마다 기술 수준이 달라서 다양한 경제적 교류가 이루어진다.

17 앞의 ㉢ 지역의 생산물을 두 가지 고르시오.

(,   )

① 김   ② 약초   ③ 생선
④ 목재   ⑤ 산나물

📝서술형

18 다음 사진과 같이 박람회가 열리는 까닭은 무엇인지 쓰시오.

_____

_____

19 다음 각 지역의 특산물을 관련된 것끼리 바르게 선으로 연결하시오.

(1) | 순창 | • | • | ㉠ | 쌀 |
(2) | 철원 | • | • | ㉡ | 오징어 |
(3) | 울릉도 | • | • | ㉢ | 고추장 |

⚠주의

20 우리 지역의 대표 상품을 소개하는 방법으로 알맞지 <u>않은</u> 것은 어느 것입니까? (   )

① 누리집을 이용해 상품을 홍보한다.
② 지역의 대표 상품에 담은 상표를 개발한다.
③ 지역의 대표 상품을 판매하는 음식점에 간다.
④ 지역의 대표 상품을 소개하는 전단지를 만든다.
⑤ 지역의 대표 상품의 장점을 잘 보여 주는 광고를 제작한다.

1 다음 발표 자료를 보고, 물음에 답하시오.

주제	㉠
조사 방법	방문 조사하기
조사 일시와 장소	20◯◯년 ◯◯월 ◯◯일 △△ 대형 할인점
조사 결과	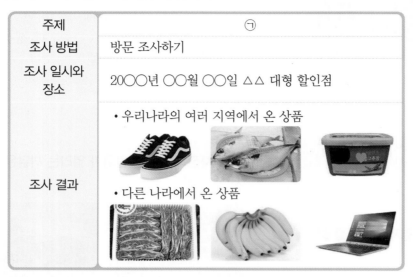

조사 결과 내용:
• 우리나라의 여러 지역에서 온 상품
• 다른 나라에서 온 상품

(1) 위의 ㉠에 들어갈 주제로 적절한 것은 무엇인지 쓰시오.

_____

(2) 위 자료와 같이 지역과 나라가 서로 물자를 교류하며 상호 의존하는 까닭은 무엇인지 쓰시오.

_____

2 다음 사진과 같이 지역끼리 경제적 교류를 하면 좋은 점은 무엇인지 쓰시오.

▲ 상품 전시회

▲ 직거래 장터

▲ 농산물 개발

▲ 자매결연 교류

_____

3 다음과 같이 대중 매체를 이용하여 상품을 구매할 때의 장점과 단점은 무엇인지 쓰시오.

▲ 인터넷

▲ 스마트폰

㉠ 장점	
㉡ 단점	

관련 핵심 개념

대중 매체를 통해 교류하는 방법

• 인터넷을 이용해 물건을 구매합니다.
• 스마트폰으로 물건을 구입합니다.
• 홈 쇼핑에서 물건을 구매합니다.

2 단원

4 다음 각 지역을 대표하는 상품을 나타낸 지도를 보고, 물음에 답하시오.

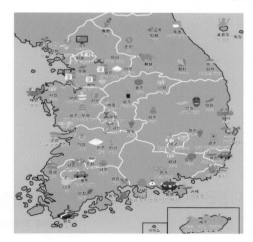

(1) 위 지도를 보고, ㉠~㉢에 들어갈 알맞은 생산물을 쓰시오.

철원은 ㉠ , 울릉도는 ㉡ , 포항은 과메기, 완도는 ㉢ 를 생산한다.

㉠: (   ) ㉡: (   ) ㉢: (   )

(2) 위의 지도를 보고, 오른쪽 그림의 밑줄 친 부분에 들어갈 알맞은 말을 쓰시오.

지도를 보면 대표 상품을 중심으로 _____는 것을 알 수 있어.

_____

_____

관련 핵심 개념

우리 지역의 대표 상품을 소개하는 방법

• 지역의 대표 상품을 소개하는 전단지를 만듭니다.
• 지역의 대표 상품을 판매하는 누리집을 만듭니다.
• 지역의 대표 상품의 장점을 잘 보여 주는 광고를 제작합니다.
• 지역의 대표 상품의 특징을 표현한 광고지를 그립니다.
• 지역의 대표 상품에 담은 상표를 개발합니다.

1 대형 할인점에 있는 다양한 상품을 보고, 물음에 답하시오.

- 상품명: 영광굴비
- 원산지: 국산
- 가공지: 영광 법성포

- 판매자명: ○○의류
- 제조년월: 20△△.
  △△
- 제조국명: 베트남

- 제품명: 자몽
- 원산지: 미국산
- 보관방법: 서늘한
  곳에 보관

(1) 위의 상품에는 무엇이 표기되어 있는지 쓰시오.

_____

(2) 위와 같은 우리 주변의 많은 상품이 어디에서 왔는지 조사하는 방법을 두 가지 이상 쓰시오.

_____

_____

관련 핵심 개념

상품의 교류가 이루어지는 까닭

- 자기 지역의 풍부한 상품은 다른 지역에 팔고, 자기 지역에서 생산할 수 없거나 부족한 물건은 다른 지역에서 사 오기 때문입니다.
- 기술이 뛰어난 나라는 수입한 자원으로 새로운 상품을 만들어 다른 나라에 수출하기도 합니다.

2 다음 그림을 보고, 두 지역이 경제적 교류로 얻은 이점은 무엇인지 쓰시오.

㉠ 재준이네 지역이 얻은 이점	
㉡ 영희네 지역이 얻은 이점	

관련 핵심 개념

재준이네 지역과 영희네 지역의 경제적 교류

- 재준이가 살고 있는 지역: 농사 기법과 농사 기술이 뛰어나 질 좋은 포도를 해마다 생산하는 지역입니다.
- 영희가 살고 있는 지역: 여러 가지 기술로 포도를 가공해 포도잼, 포도즙과 같은 상품을 개발하는 지역입니다.

3 다음 자료를 보고, 지역 간 대표 자원의 경제적 교류를 통해 얻을 수 있는 점은 무엇인지 쓰시오.

경기도 □□시는 지난 3월 △△시 및 영농 조합과 포도주를 공급하는 업무를 협약했다. □□시와 △△시는 포도 재배 농민이 참여한 영동 조합과 포도주를 팔기로 했다.

경기도 내 5개 지역은 각 지역의 대표적인 관광 자원을 활용한 관광 사업을 공동으로 추진하기로 협약했다. 특히 이번 협약에서는 우리나라 관광객을 비롯하여 외국의 관광객도 유치하기 위해 노력하기로 했다.

_____

_____

_____

4 다음 사진을 보고, 물음에 답하시오.

(1) 위와 같이 지역을 대표하는 상품을 다른 지역에 홍보하고자 마련하는 것은 무엇인지 쓰시오.

(   )

(2) 위의 장소에서 볼 수 있는 모습은 무엇인지 쓰시오.

_____

_____

1 경제 활동을 하면서 겪는 선택의 문제는 어느 것입니까? (   )

① 주말에 무엇을 하며 보낼지 고민한다.
② 쉬는 시간에 친구와 이야기를 나눈다.
③ 미래의 내 모습을 어떨지 상상해 본다.
④ 친구와 1시에 만날지, 2시에 만날지 고민한다.
⑤ 하얀색 운동화를 살지, 검은색 운동화를 살지 고민한다.

2 다음에서 설명하는 것은 무엇인지 쓰시오.

> • 경제 활동에서 선택의 문제가 일어나는 이유이다.
> • 사람들이 원하는 것은 많으나, 그것을 충분히 제공할 수 없는 상태를 말한다.

(   )

3 다음 그림의 가족이 여행을 즐겁게 하지 못한 까닭은 무엇입니까? (   )

① 가고 싶은 여행지가 아니었기 때문에
② 거리만 확인하고 숙소를 선택했기 때문에
③ 숙소를 예약하지 않고 여행을 갔기 때문에
④ 여행을 가는 날에 가족과 다투었기 때문에
⑤ 여러 가지 상황을 신중하게 생각했기 때문에

4 학용품을 고를 때 고려해야 할 점을 두 가지 고르시오. (,   )

① 날씨   ② 가격
③ 디자인   ④ 주변 식당
⑤ 학용품을 만든 사람

서술형

5 다음 자료를 보고, ㉡ 휴대 전화를 구입했을 때 좋은 점은 무엇인지 쓰시오.

㉠	㉡	㉢
• 가격: 7만 원 • 모양: 보통 • 특징: 게임, 인터넷 속도가 느리고, 휴대 전화 가격이 낮음.	• 가격: 30만 원 • 모양: 예쁨 • 특징: 게임, 인터넷 속도가 빠르고, 지문 인식을 할 수 있음.	• 가격: 5만 원 • 모양: 예쁨 • 특징: 가방을 메도 아프지 않고, 주머니가 많음.

_____

_____

6 다음 빈칸에 들어갈 알맞은 말에 ○표 하시오.

> 우리가 빵집에서 빵을 사 먹거나 미용실에서 머리 손질을 받는 것은 (생산 , 소비) 활동의 모습이다.

7 생산 활동 중 생활을 편리하고 즐겁게 해 주는 활동으로 알맞은 것은 어느 것입니까? (   )

① 건물 짓기   ② 버섯 따기
③ 벼농사 짓기   ④ 환자 진료하기
⑤ 휴대 전화 만들기

8 신발을 만드는 데 필요한 재료를 얻기 위한 생산 활동은 어느 것입니까? (   )

①
②
③
④

9 현명한 소비 생활을 하는 방법으로 알맞은 것은 어느 것입니까? (   )

① 계획 없이 돈을 쓴다.
② 광고를 그대로 믿고 물건을 산다.
③ 나에게 필요하지 않은 물건도 구입한다.
④ 돈을 어디에 썼는지 가계부에 적어 둔다.
⑤ 상품의 가격을 비교하지 않고 물건을 구입한다.

🖊️**서술형**

10 다음과 같이 물건의 정보를 찾았을 때의 좋은 점은 무엇인지 쓰시오.

▲ 인터넷 검색

_____

_____

11 오른쪽과 같이 우리 주변의 많은 상품이 어디에서 왔는지 조사하는 방법은 무엇입니까? (   )

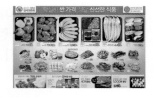

① QR 코드 스캔하기
② 통계 자료 분석하기
③ 품질 인증 표시 확인하기
④ 누리집에서 상품 소개 검색하기
⑤ 대형 할인점의 광고지 확인하기

🌸 다음 표를 보고, 물음에 답하시오. [12~13]

우리나라의 여러 지역에서 온 상품		다른 나라에서 온 상품	
상품	생산지	상품	생산지
굴비	전남 영광군	바나나	필리핀
고등어	제주특별자치도	소고기	오스트레일리아
고추장	전북 순창군	노트북	타이완
신발	부산광역시	밀가루	미국

12 위의 표를 보고, 다른 나라에서 온 상품을 두 가지 고르시오. (,   )

① 굴비   ② 신발   ③ 바나나
④ 밀가루   ⑤ 고추장

13 위와 같이 다양한 상품이 우리 지역으로 오는 까닭을 잘못 말한 친구는 누구인지 쓰시오.

• 건우: 우리 지역과 자연환경이 다르기 때문이다.
• 소연: 제품을 생산하는 기술과 노동력이 다르기 때문이다.
• 재호: 우리 지역에서 필요한 모든 상품은 스스로 만들어 사용하기 때문이다.

(   )

14 다음과 같이 개인이나 지역이 경제적 이익을 얻기 위해 물건, 기술, 정보 등을 서로 주고받는 것을 무엇이라고 하는지 쓰시오.

(   )

📝서술형

15 인근 지역과 농업 기술을 교류하면 좋은 점은 무엇인지 쓰시오.

_____

16 오늘날에 다양한 장소에서 경제적 교류를 하는 까닭을 두 가지 고르시오. (,   )

① 교통이 발달했기 때문이다.
② 통신이 발달했기 때문이다.
③ 의학 기술이 발달했기 때문이다.
④ 원하는 만큼 돈을 벌 수 있기 때문이다.
⑤ 사람들의 평균 수명이 늘어났기 때문이다.

17 다음 보기 에서 대중 매체를 이용한 경제적 교류를 모두 골라 기호를 쓰시오.

보기
㉠ 인터넷   ㉡ 홈 쇼핑   ㉢ 자매결연
㉣ 스마트폰   ㉤ 전통 시장

(   )

🌸 다음 자료를 보고, 물음에 답하시오. [18~19]

18 위 자료와 관련 있는 경제적 교류로 알맞은 것은 어느 것입니까? (   )

① 대형 시장을 이용한 경제적 교류
② 대중 매체를 이용한 경제적 교류
③ 지역 간 대표 자원의 경제적 교류
④ 촌락과 도시의 생산물에 따른 경제적 교류
⑤ 다양한 문화 활동과 함께하는 경제적 교류

19 위의 경제적 교류를 통해 알 수 있는 점으로 알맞은 것에 ○표 하시오.

(1) 우리가 먹는 음식은 여러 지역의 생산물로 만들어진다. (   )
(2) 각 지역의 풍부한 생산물을 중심으로 경제적 교류가 이루어진다. (   )
(3) 지역마다 자연환경과 기술 수준이 비슷해서 생산되는 물건이 같다. (   )

20 각 지역의 대표 상품을 바르게 짝지은 것은 어느 것입니까? (   )

① 한지 – 안성   ② 대게 – 충주
③ 모시 – 울릉도   ④ 화문석 – 철원
⑤ 과메기 – 포항

1 다음 그림의 장소에서 일어나는 선택의 문제는 어느 것입니까? (   )

① 버스를 기다릴지 택시를 탈지 고민한다.
② 내년에 교통비를 올릴지, 내릴지 고민한다.
③ 자전거를 타고 약속 장소에 갈지 고민한다.
④ 교통수단을 이용하는 사람들이 모두 경제 활동을 하고 있는지 알아본다.
⑤ 하루에 버스를 이용하는 승객이 많은지, 택시를 이용하는 승객이 많은지 고민한다.

2 일상생활에서 선택의 문제가 발생하는 까닭을 바르게 말한 것은 어느 것인지 쓰시오.

> ㉠ 사람들이 쓸 수 있는 자원이 풍부하기 때문이다.
> ㉡ 경제 활동을 하는 사람들이 많지 않기 때문이다.
> ㉢ 돈이나 자원이 한정되어 있어 원하는 것을 모두 가질 수는 없기 때문이다.

(   )

서술형

3 다음 그림을 보고, 현명한 선택이 필요한 까닭은 무엇인지 쓰시오.

원래 입던 옷과 비슷한 옷을 또 사 버렸네.

맛있어 보여서 샀는데 정말 맛이 없네.

_____
_____
_____

❋ 다음 자료를 보고, 물음에 답하시오. [4~5]

상품 ㉠

(가)	(나)	(다)
• 가격: 7만 원	• 가격: 30만 원	• 가격: 5만 원
• 모양: 보통	• 모양: 예쁨	• 모양: 예쁨
• 특징: 게임, 인터넷 속도가 느리고, 휴대 전화 가격이 낮음.	• 특징: 게임, 인터넷 속도가 빠르고, 지문 인식을 할 수 있음.	• 특징: 어깨끈이 두꺼워 가방을 메도 아프지 않고, 주머니가 많음.

4 위 자료의 ㉠에 들어갈 알맞은 말은 무엇입니까?
(   )

① 도구   ② 포장
③ 재료   ④ 정보
⑤ 설명서

5 오른쪽 친구가 현명한 선택을 하기 위해서는 위 (가)~(다) 중 어떤 물건을 사야 하는지 기호를 쓰시오. (   )

중저가 휴대 전화만 사고 싶어요.

6 생활에 필요한 물건을 만들거나 사람들이 필요한 것을 제공하는 것을 무엇이라고 합니까?
(   )

① 소비   ② 저축
③ 생산   ④ 배달
⑤ 서비스

7 다음 보기 에서 생산 활동과 관련 있는 것을 모두 찾아 기호를 쓰시오.

> 보 기
> ㉠ 생활하는 데 필요한 물건을 사는 활동
> ㉡ 생활을 편리하고 즐겁게 해 주는 활동
> ㉢ 생활에 필요한 것을 자연에서 얻는 활동

(   )

8 생산 활동 중 생활에 필요한 것을 만드는 활동으로 알맞은 것은 어느 것입니까? (   )

①
▲ 물건 팔기

②
▲ 벼농사 짓기

③
▲ 공연하기

④
▲ 과자 만들기

9 현명한 소비 생활을 하는 방법을 두 가지 고르시오. (,   )

① 소득의 일부를 저축한다.
② 알맞은 선택 기준을 세운다.
③ 친구가 물건을 사면 따라 산다.
④ 광고 내용만 믿고 물건을 구입한다.
⑤ 상품에 대한 정보를 확인하지 않는다.

서술형

10 상품을 사용한 주변 사람들에게 물건에 대한 정보를 얻으면 좋은 점은 무엇인지 쓰시오.

_____

11 다음 빈칸에 들어갈 알맞은 말을 쓰시오.

> 우리 주변의 많은 상품이 어디에서 왔는지 조사하려면 ☐☐☐을(를) 확인한다.

(   )

12 우리 주변의 상품이 어디에서 왔는지 조사하는 방법으로 적당하지 <u>않은</u> 것은 어느 것입니까?
(   )

① QR 코드 스캔하기
② 통계 자료 분석하기
③ 상품의 크기와 무게 측정하기
④ 대형 할인점의 광고지 확인하기
⑤ 누리집에서 상품 소개 검색하기

13 다음 표의 상품을 ㉠, ㉡으로 구분한 기준은 무엇입니까? (   )

㉠		㉡	
상품	생산지	상품	생산지
굴비	전남 영광군	바나나	필리핀
고등어	제주특별자치도	소고기	오스트레일리아
고추장	전북 순창군	노트북	타이완
신발	부산광역시	밀가루	미국

① 촌락에서 만든 상품과 도시에서 만든 상품
② 옛날부터 있었던 상품과 최근에 만든 상품
③ QR 코드가 있는 상품과 QR 코드가 없는 상품
④ 자연환경을 이용하여 만든 상품과 공장에서 만든 상품
⑤ 우리나라의 여러 지역에서 온 상품과 다른 나라에서 온 상품

14 다음 빈칸에 들어갈 알맞은 말은 무엇입니까?
( )

> 개인, 지역, 국가 간의 경제적 교류는 사는 곳의 ☐과 생산 기술, 자원 등이 다르기 때문에 발생한다.

① 역사
② 피부색
③ 문화재
④ 학교 수
⑤ 자연환경

서술형

15 다음 사진을 보고, 지역 간의 경제적 교류가 필요한 이유는 무엇인지 쓰시오.

▲ 직거래 장터

_____

_____

16 오른쪽 그림과 같이 경제적 교류를 하는 대상은 무엇입니까? ( )

① 기업과 지역
② 개인과 기업
③ 지역과 지역
④ 국가와 국가
⑤ 개인과 개인

17 다음 ㉠, ㉡에 들어갈 말을 쓰시오.

> 옛날에는 주로 ㉠ 에서 경제적 교류를 활발하게 했지만, 오늘날에는 교통과 ㉡ 의 발달로 다양한 장소에서 여러 가지 방법으로 경제적 교류를 하고 있다.

㉠: ( ) ㉡: ( )

18 다음 보기에서 대형 시장을 이용한 경제적 교류를 모두 찾아 기호를 쓰시오.

> **보기**
> ㉠ 인터넷 ㉡ 홈 쇼핑
> ㉢ 전통 시장 ㉣ 도소매 시장
> ㉤ 대형 할인점

( )

2 단원

19 다음 자료의 경제적 교류에 대한 설명으로 알맞지 않은 것은 어느 것입니까? ( )

① 촌락과 도시의 생산물에 따른 경제적 교류이다.
② 장소나 시간에 관계없이 상품의 정보를 알 수 있다.
③ 지역마다 자연환경이 달라서 생산되는 물건이 다르다.
④ 우리가 먹는 음식은 여러 지역의 생산물로 만들어진다.
⑤ 각 지역의 풍부한 생산물을 중심으로 경제적 교류가 이루어진다.

20 우리 지역의 대표 상품을 소개하는 광고지를 만들 때 들어갈 내용을 두 가지 고르시오. (,)

① 가계부
② 특산물
③ 주차장
④ 교과서
⑤ 발달한 산업

1 경제 활동을 하는 모습을 모두 골라 ○표 하시오.

(1) 부모님께 고민을 이야기한다.　　（　　　）
(2) 과일 가게 아저씨가 사과를 판다.　（　　　）
(3) 문구점에서 도화지와 물감을 구입한다.
　　　　　　　　　　　　　　　　（　　　）

2 다음 그림을 보고, 빈칸에 공통으로 들어갈 알맞은 말을 쓰시오.

　　　　의 문제는 경제 활동을 하는 모든 사람
에게 발생하며, 무엇을 　　　　하는지는 사람에
따라 다를 수 있다.

（　　　　　　　　　　　　）

🖐️서술형

3 여행을 즐겁게 가기 위해서 고려해야 할 점은 무엇인지 쓰시오.

_____

_____

4 현명한 선택을 하면 좋은 점을 바르게 말한 친구는 누구인지 쓰시오.

• 승주: 잘못 구입한 물건을 마음껏 교환할 수 있다.
• 동훈: 돈과 자원을 절약해 큰 만족감을 얻을 수 있다.
• 서인: 자신이 가지고 싶은 물건을 모두 살 수 있다.

（　　　　　　　　　　　　）

5 다음 자료를 보고, 혜원이가 생일 선물로 ㉠ 휴대 전화를 선택한 기준은 어느 것입니까? （　　　）

㉠
• 가격: 7만 원
• 모양: 보통
• 특징: 게임, 인터넷 속도가 느리고, 휴대 전화 가격이 낮음.

㉡
• 가격: 30만 원
• 모양: 예쁨
• 특징: 게임, 인터넷 속도가 빠르고, 지문 인식을 할 수 있음.

① 속도　　　　　　② 무게
③ 모양　　　　　　④ 가격
⑤ 지문 인식

6 소비에 대한 설명으로 알맞지 <u>않은</u> 것은 어느 것입니까? （　　　）

① 경제 활동에 해당한다.
② 생산한 것을 쓰는 것이다.
③ 서비스를 이용하는 것이다.
④ 생활에 필요한 물건을 만드는 것이다.
⑤ 빵집에서 빵을 사먹는 것은 소비 활동의 모습이다.

7 다음에서 설명하는 생산 활동을 보기 에서 찾아 기호를 쓰시오.

보기
㉠ 건물 짓기　　　㉡ 버섯 따기
㉢ 공연하기　　　㉣ 과자 만들기
㉤ 환자 진료하기　㉥ 벼농사 짓기

(1) 생활에 필요한 것을 만드는 활동　（　　　）
(2) 생활을 편리하고 즐겁게 해 주는 활동
　　　　　　　　　　　　　　　　（　　　）
(3) 생활에 필요한 것을 자연에서 얻는 활동
　　　　　　　　　　　　　　　　（　　　）

8 신발이 우리에게 오는 과정을 순서대로 기호를 쓰시오.

> ㉠ 신발 가게나 홈 쇼핑 등을 통해 신발을 판매한다.
> ㉡ 운송 수단을 이용해 공장에서 만든 신발을 운반한다.
> ㉢ 신발을 만들 때 필요한 원료인 고무액, 가죽 등을 구한다.
> ㉣ 신발 공장에서 고무, 가죽, 천 등 재료를 사용해서 신발을 만든다.

(   )

서술형

9 다음 밑줄 친 내용에 들어갈 알맞은 말을 쓰시오.

> • 동주: 소비 생활을 현명하게 하지 않으면 어떻게 될까?
> • 새롬: 가정의 살림살이가 어려워져 _____

_____

_____

10 오른쪽 사진과 같이 물건의 정보를 얻는 방법은 무엇입니까?
(   )

① 인터넷을 검색한다.
② 스마트폰을 이용한다.
③ 상점을 직접 방문한다.
④ 텔레비전 광고를 본다.
⑤ 상품을 사용한 주변 사람의 경험을 듣는다.

✿ 대형 할인점에 있는 다양한 상품을 보고, 물음에 답하시오. [11~12]

(가)

• 제품명: 자몽
• 원산지: 미국산
• 보관방법: 서늘한 곳에 보관

(나)

• ○○의류
• 제조년월: 20△△.△△
• 제조국명: 베트남

(다)

• 제품명: 영광굴비
• 원산지: 국산
• 가공지: 영광 법성포

(라)

• 품명: 냄비
• 제조국: 대한민국
• 재질: 도자기제(세라믹 코팅), 철

11 위 상품 중 원산지가 우리나라인 상품을 모두 골라 기호를 쓰시오.

(   )

12 위 생활 속 상품을 보고, 알 수 있는 사실로 알맞은 것은 어느 것입니까? (   )

① 지역마다 같은 기술을 가지고 있다.
② 나라 간에 교류를 통해서만 얻을 수 있다.
③ 지역에서 생산되지 않는 상품을 구할 수 없다.
④ 다른 나라에서 온 상품이 우리나라 상품보다 가격이 싸다.
⑤ 다양한 지역에서 생산된 상품이 운반되어 소비자들에게 판매된다.

13 다음 빈칸에 들어갈 알맞은 말을 쓰시오.

> 상품에 부착된 □□□을(를) 스캔하여 우리 주변의 많은 상품이 어디에서 오는지 조사한다.

(   )

14 다음 빈칸에 들어갈 지역은 어디입니까? ( )

> • 혜인: 우리 지역으로 들어온 상품은 어디에서 왔을까?
> • 소영: 전라남도 ▢▢▢은(는) 차나무가 잘 자라.
> • 성재: 강원도 평창은 배추가 많이 생산돼.

① 나주   ② 안성   ③ 보성

④ 포항   ⑤ 순창

15 다음 그림과 같이 재준이네 지역과 영희네 지역이 교류하는 까닭은 무엇인지 쓰시오.

16 지역과 지역이 경제적으로 협력하면 좋은 점으로 알맞은 것에 ○표 하시오.

(1) 지역 간에 경쟁이 심해져 갈등이 생긴다.

( )

(2) 지역의 특산물을 소개하거나 지역을 홍보할 수 있다. ( )

17 경제적 교류에 대한 설명으로 알맞지 <u>않은</u> 것은 어느 것입니까? ( )

① 지역과 지역 간에만 경제적 교류를 한다.
② 경제적 교류로 서로 경제적 이익을 얻는다.
③ 물건, 기술, 정보 등을 서로 주고받을 수 있다.
④ 옛날에는 주로 시장에서 경제적 교류를 하였다.
⑤ 오늘날에는 다양한 방법으로 경제적 교류를 한다.

18 대중 매체를 이용해 경제적으로 교류하는 방법이 <u>아닌</u> 것은 어느 것입니까? ( )

①
▲ 스마트폰

②
▲ 인터넷

③
▲ 홈 쇼핑

④
▲ 대형 할인점

19 다음 내용과 관련 있는 경제적 교류는 무엇입니까? ( )

> 경주 · 포항 · 울산 해오름 동맹 특별전 열어
> 울산광역시, 경상북도 경주시와 포항시는 '해오름 동맹'을 맺어 경제 협력과 문화 교류를 활발하게 하고 있다. 포항의 철강, 경주의 부품, 울산의 자동차 · 조선업으로 이어지는 산업 분야를 중심으로 경제 교류를 확대하고 있으며 미술, 국악, 오페라 등 문화 교류도 지속적으로 이어 나가고 있다.

① 대형 시장을 이용한 경제적 교류
② 대중 매체를 이용한 경제적 교류
③ 지역 간 대표 자원의 경제적 교류
④ 촌락과 도시의 생산물에 따른 경제적 교류
⑤ 다양한 문화 활동과 함께하는 경제적 교류

20 제주도 홍보관에서 볼 수 있는 지역의 대표 상품은 어느 것입니까? ( )

① 감귤   ② 과메기

③ 오징어   ④ 나전 칠기

⑤ 도자기

여러 시장과 물건의 가격

　시장은 물건을 사려는 사람과 팔려는 사람이 만나는 곳으로, 시장에서는 모든 것을 사고팔 수 있단다. 나라끼리 돈을 사고팔 수 있는 외환 시장도 있고, 사람을 사고파는 인력 시장도 있단다. 사람을 사고팔다니? 노예 시장이 아직 있냐고? 그런 것이 아니고 인력 시장은 일을 하고 돈을 벌려는 사람과 일꾼을 쓰려는 사람이 만나는 곳이란다.

　시장에서 가장 많이 듣는 말은 '싸다', '비싸다'는 얘기일 거야. 물건을 사려는 사람과 팔려는 사람이 값을 흥정하기 때문이지.

　물건을 사려는 사람은 아주 많은데 물건이 아주 적을 때에는 '부르는 것이 값'이 되고, 팔려는 사람이 많고 사려는 사람이 적으면 물건값은 떨어진단다.

　물건을 사고 싶어하는 것을 '수요'라고 하고, 물건을 팔고자 하는 것을 '공급'이라고 한단다. 물건값은 이 수요와 공급에 의해 저절로 정해지는 거야.

　이렇게 물건값이 정해지는 것을 영국의 경제학자 '애덤 스미스'는 '보이지 않는 손'이 하는 일이라고 하였어. '보이지 않는 손'이란 투명 인간의 손을 말하는 것이 아니라 시장에서 자유롭게 경쟁하면서 저절로 가격이 조정되는 것을 말하는 것이란다.

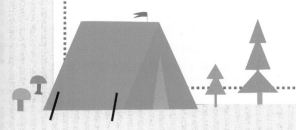

❶ 사회 변화로 나타난 일상생활의 모습 (1)

1 사회 변화로 달라진 사람들의 생활 모습

① 노인들을 위한 시설이 늘어나고 있습니다.

② 학생 수가 적은 학교가 늘어나고 있습니다. [자료 1]

③ 인터넷으로 다양한 정보를 찾을 수 있습니다.

④ 다른 나라의 문화를 쉽게 접할 수 있습니다.

2 저출산·고령화가 우리 생활에 미친 영향

① 저출산 [자료 2]

의미	태어나는 아이의 수가 줄어드는 현상
저출산으로 변화하는 일상생활의 모습	• 출산을 도와주는 병원이 점점 사라지고, 학생 수가 줄어드는 학교가 늘어나고 있음. →폐교가 늘어나고 있습니다. • 가족의 구성원 수가 줄어들고 있으며, 가족의 형태가 변하고 있음. • 계속된 저출산으로 일할 사람이 줄어들고 있으며, 경제에도 영향을 미치고 있음.

② 고령화

의미	전체 인구에서 노인이 차지하는 비율이 높아지는 현상
고령화로 변화하는 일상생활의 모습	• 노인 전문 병원, 노인정 등 노인을 위한 전문시설이 생겨나고 있음. • 노인을 대상으로 한 여러 가지 산업이 발달하고 있음. • 노인들이 행복하고 건강하게 살아갈 수 있도록 돕는 복지 제도가 마련되고 있음.

③ 저출산 · 고령화가 지속될 때 변화하게 될 생활 모습

• 일할 수 있는 인구가 감소해 경제가 어려워질 수 있습니다.

• 노인들을 위한 복지 제도가 늘어날 것입니다.

3 저출산·고령화에 대비하기 위한 방법

① 저출산에 대비하기 위해 필요한 제도와 지원 → 마음 편히 아이를 키울 수 있도록 돈과 시간을 넉넉히 보장해 주어야 합니다.

• 걱정없이 아이를 낳아 키울 수 있도록 다양한 지원이 필요합니다. (예 육아 휴직, 교육비 지원, 가구별 맞춤 지원)

• 아이를 안전하게 키울 수 있는 시설과 서비스를 마련해야 합니다.

② 고령화에 대비하기 위해 필요한 제도와 지원 → 노인들도 참여할 수 있는 일자리와 학습 기회를 늘려야 합니다.

• 노인들이 사회 활동을 할 수 있도록 지원해야 합니다.

• 노인들을 위한 복지 제도를 늘려야 합니다. (예 연금, 의료 서비스, 요양 서비스) [자료 3]

③ 저출산 · 고령화 사회에서 살아가기 위해서는 세대 간에 서로 소통하고 배려하는 태도가 필요합니다.

자료 1 옛날과 오늘날의 교실 모습

▲ 옛날   ▲ 오늘날

• 옛날에는 교실에 학생이 많았으며, 텔레비전이나 컴퓨터가 없었습니다.

• 옛날과 오늘날 교실의 모습이 달라진 까닭
 – 학생 수가 줄어들고 있기 때문입니다.
 – 지식과 정보를 활용할 수 있는 기술이 발달했기 때문입니다.

자료 2 출생아 수 변화

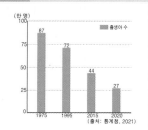

• 오늘날 출생아 수는 예전에 비해 줄어들고 있습니다.

• 많은 지역에서 매년 초등학생 수가 계속 줄어들고 있습니다.

자료 3 노인들을 위한 복지 제도

▲ 노인 요양 시설   ▲ 노인 복지 제도

• 노인들이 행복하고 건강하게 살아갈 수 있도록 노인을 위한 복지 제도가 마련되고 있습니다.

• 노인을 위한 전문 시설이 생겨나고 있습니다.

🌸 우리나라 인구의 변화

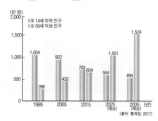

(출처: 통계청, 2017)

- 저출산·고령화로 가족 구성원의 수가 줄어들고 있습니다.
- 14세 이하 인구는 점점 줄어들고 있으며, 65세 이상 인구는 점점 증가하고 있습니다.
- 2035년 이후에는 14세 이하 인구는 계속 줄어들고 65세 이상 인구는 더욱 증가할 것 같습니다.

🌸 아이를 낳고 기를 수 있도록 마련해야 할 제도와 지원

- 어린이집이나 보육비 지원 등 아이를 키우는 데 도움이 될 수 있는 제도가 필요합니다.
- 마음 편히 아이를 키울 수 있도록 돈과 시간을 넉넉히 보장해 주어야 합니다.
- 다자녀 가구를 위한 제도가 필요합니다.

🌸 고령화 사회

65세 이상 인구가 총인구에서 차지하는 비율이 7% 이상이면 고령화 사회, 14% 이상이면 고령 사회, 20% 이상이면 초고령 사회라고 합니다.

📎 용어 풀이

❶ 출산(出 날 출 産 낳을 산) 아이를 낳음.
❷ 비율(比 견줄 비 率 비율 율(률)) 다른 수나 양에 대한 어떤 수나 양의 비
❸ 복지(福 복 복 祉 복 지) 행복한 삶.
❹ 휴직(休 쉴 휴 職 직분 직) 일정한 기간 동안 직무를 쉼.

✏️ 개념을 확인해요

1 사회가 변화하면서 학교 과제를 해결할 때 ☐ ☐ ☐ 으로 정보를 얻습니다.

2 사회가 변화하면서 일상생활에서 다른 나라의 ☐ ☐ 를 쉽게 접할 수 있게 되었습니다.

3 태어나는 아이의 수가 줄어드는 현상을 ☐ ☐ ☐ 이라고 합니다.

4 저출산으로 ☐ ☐ 수가 줄어드는 학교가 늘어나고 있습니다.

5 저출산으로 ☐ ☐ 의 구성원 수가 줄어들고 있으며, 형태가 변하고 있습니다.

6 ☐ ☐ ☐ 는 전체 인구에서 노인이 차지하는 비율이 높아지는 현상입니다.

7 고령화로 전문 병원, 요양원 등 ☐ ☐ 을 위한 전문 시설이 생겨나고 있습니다.

8 저출산에 대비하기 위해 아이를 안전하게 낳아 키울 수 있는 ☐ ☐ 과 서비스를 마련해야 합니다.

9 고령화에 대비하기 위해 연금, 의료 서비스 등 노인들을 위한 ☐ ☐ 제도를 늘려야 합니다.

10 저출산·고령화 사회에서 살아가기 위해 ☐ ☐ 간에 서로 소통하고 배려하는 태도가 필요합니다.

❶ 사회 변화로 나타난 일상생활의 모습 (2)

④ 일상생활에서 정보를 이용하는 사례 →사회가 발전해 나가는 데 정보가 중요한 자원이 되어 중심 역할을 하는 것을 정보화라고 합니다.

① 학교 생활에서 발견할 수 있는 정보화의 모습: 인터넷 자료 조사, 디지털 교과서, 학교 누리집, 학교 기상 정보 시스템, 학교 알리미, 도서 대출 프로그램 등이 대표적인 모습니다. `자료 4`

② 정보화로 달라지고 있는 일상생활 모습 →정보가 활발하게 이루어지면서 사람들의 생활은 더욱 편리해지고 다양하게 변화하고 있습니다.

- 가게에 직접 가지 않아도 쉽게 물건을 살 수 있습니다.
- 세계 곳곳에서 일어나는 일들을 빠르게 알 수 있습니다.
- 인터넷에서 자료를 검색해 모둠 과제를 함께 해결합니다.
- 밖에서도 휴대 전화로 가전제품을 작동할 수 있습니다.
- 실시간으로 교통 정보를 얻어 빠른 길로 갈 수 있습니다.
- 휴대 전화를 이용해 어디서나 은행 업무를 쉽게 볼 수 있습니다.

⑤ 정보화 사회의 문제점과 해결 방안 →자신의 잘못된 행동이 다른 사람에게 심각한 피해를 줄 수 있다는 것을 알고 바르게 행동하는 태도가 필요합니다.

문제점	해결 방안
• 인터넷을 이용해 악성 댓글이 달리고 거짓 소문이 퍼짐. • 개인 정보가 유출되어 모르는 사람들에게 자꾸 연락이 옴. • 사람들이 프로그램을 불법으로 내려받음. • 자녀들이 인터넷 게임에 너무 빠져 있어 부모님들이 걱정하고 계심.	• 인터넷이나 휴대 전화로 대화할 때도 예의를 지켜야 함. • 개인 정보가 유출되지 않도록 조심해야 함. • 허락받지 않은 프로그램, 글, 사진, 그림, 음악 등은 함부로 내려받지 않아야 함. `자료 5` • 인터넷이나 휴대 전화의 사용 시간을 정해 사용해야 함.

⑥ 세계화가 우리 생활에 미친 영향 →교통·통신 수단이 발달하면서 세계 여러 나라들이 다양한 분야에서 교류하고 가까워지는 것을 세계화라고 합니다.

① 세계화로 달라진 생활 모습

- 다른 나라의 영화나 공연을 볼 수 있습니다.
- 다른 나라에서 만든 옷이나 제품을 살 수 있고, 다른 나라로 여행을 갈 수 있습니다.

② 세계화가 우리 생활에 미친 영향 `자료 6`

긍정적인 영향	– 세계 여러 나라와 물건을 쉽게 사고 팔 수 있음. – 세계 여러 나라의 다양한 문화를 접할 수 있음.
부정적인 영향	– 생활 속에서 우리의 전통문화가 점점 사라지고 있음. – 서로의 문화를 이해하지 못해 문제가 생기고 있음.

③ 세계화 사회의 문제점을 해결하기 위해 가져야 할 태도: 다른 나라 문화의 좋은 점을 본받고 존중하며, 우리의 소중한 문화는 잘 지키고 발전시켜야 합니다.

자료 4 학교에서 정보와 지식의 활용

▲ 인터넷 자료 조사   ▲ 디지털 교과서

- 다양한 정보가 담긴 디지털 교과서로 학습합니다.
- 학교 누리집을 보고 학교 소식을 알 수 있습니다.
- 인터넷에서 수업과 관련 있는 자료를 찾아볼 수 있습니다.

자료 5 저작권 보호

▲ 저작권 보호 캠페인

- 다른 사람의 저작물을 소중하게 생각해야 합니다.
- 정보와 지식을 소중하게 여기며 함부로 다루지 않습니다.

자료 6 세계화가 우리 생활에 미친 영향

▲ 다양한 문화 교류   ▲ 무분별한 외국 문화 유입

세계화로 다양한 문화를 접할 수 있게 되었지만, 우리의 전통이 사라지고 있는 문제점이 발생하고 있습니다.

정보화로 발생하는 문제가 심각한 까닭

- 온라인상에 올린 욕설, 폭언, 악성 댓글, 거짓 소문 등은 쉽게 삭제되지 않고 빠른 시간에 널리 퍼지기 때문에 피해자에게 매우 큰 상처가 될 수 있습니다.
- 다른 사람에게 개인 정보가 유출되면 사생활을 보호받지 못하게 됩니다.

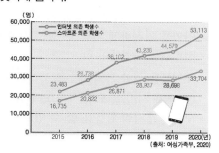

▲ 인터넷, 스마트폰 의존 현상이 심한 초등학교 4학년 학생의 수

세계화

- 세계 여러 나라가 가까워지면서 정치, 경제, 문화 등 다양한 분야에서 서로 교류하며 영향을 주고받는 것을 세계화라고 합니다.
- 세계화가 되면서 전 세계가 긴밀하게 연결되어 한 나라에서 생기는 문제가 세계 전체의 문제가 될 수 있습니다.

용어 풀이

⑤ 악성(惡 악할 악 性 성품 성) 음흉하고 악한 성질

⑥ 유출(流 흐를 유 出 날 출) 밖으로 흘러 나가거나 흘러 내보냄.

⑦ 저작물(著 나타날 저 作 지을 작 物 물건 물) 사람의 생각, 감정, 아이디어 등을 독자적으로 표현한 창작물

⑧ 전통(傳 전할 전 統 거느릴 통) 어떤 집단이나 공동체에서, 이미 이루어져 계통을 이루며 전하여 내려오는 사상 · 관습 · 행동 따위의 양식

개념을 확인해요

11 사회가 발전해 나가는 데 정보가 중요한 자원이 되어 중심 역할을 담당하는 것을 ☐☐☐ 라고 합니다.

12 학교 ☐☐☐ 시스템을 이용하면 오늘의 날씨, 온도, 비 올 확률 등을 알 수 있습니다.

13 ☐☐☐ 에서 자료를 검색해 모둠 과제를 함께 해결할 수 있습니다.

14 정보화로 밖에서도 ☐☐☐☐ 로 가전 제품을 작동시킬 수 있습니다.

15 정보화 사회가 되면서 이름, 주민 등록 번호 등 ☐ ☐☐☐ 가 유출되어 모르는 사람들에게 자꾸 연락이 오는 경우가 있습니다.

16 인터넷과 휴대 전화의 사용 ☐☐ 을 정해 사용해야 합니다.

17 다른 사람의 글, 사진, 그림, 음악 등 다른 사람의 ☐☐☐ 을 소중하게 여겨야 합니다.

18 ☐☐ ·통신 수단이 발달하면서하면서 세계 여러 나라들이 다양한 분야에서 교류하고 가까워졌습니다.

19 ☐☐☐ 의 영향으로 세계 여러 나라와 물건을 쉽게 사고 팔 수 있게 되었습니다.

20 세계화로 생활 속에서 우리의 전통 ☐☐ 가 점점 사라지고 있습니다.

핵심 1 저출산 · 고령화가 우리 생활에 미친 영향

❀ **저출산으로 변화하는 일상생활 모습**

• 출산을 도와주는 병원이 점점 사라지고 학생 수가 줄어드는 학교가 늘어나고 있습니다.

• 가족의 구성원 수가 줄어들고 있으며 가족의 형태가 변하고 있습니다.

• 일할 사람이 줄어들고 있으며 경제에도 영향을 미치고 있습니다.

❀ **고령화로 변화하는 일상생활 모습**

• 노인을 위한 전문 시설이 생겨나고 있습니다.

• 노인을 대상으로 하는 여러 가지 산업이 발달하고 있습니다.

• 노인을 위한 복지 제도가 마련되고 있습니다.

1 다음 중 저출산과 관련 있는 모습을 모두 골라 기호를 쓰시오.

ⓐ 　ⓑ

ⓒ 　ⓓ

(　　　　　　)

2 고령화 때문에 변화된 일상생활의 모습으로 알맞은 것은 어느 것입니까? (　　　)

① 학급 수가 줄어들고 있다.
② 노인정의 수가 늘어나고 있다.
③ 신입생이 없는 학교가 생겨나고 있다.
④ 일할 수 있는 사람들이 줄어들고 있다.
⑤ 아빠, 엄마, 아이만으로 구성된 가족이 늘어나고 있다.

핵심 2 저출산 · 고령화에 대비하기 위한 방법

• 저출산, 고령화 대책

저출산	• 걱정없이 아이를 낳아 키울 수 있도록 다양한 지원이 필요함.(예) 육아 휴직, 교육비 지원, 가구별 맞춤 지원) • 아이를 안전하게 키울 수 있는 시설과 서비스를 마련해야 함.
고령화	• 노인들을 위한 복지 제도를 늘려야 함. (예) 의료 서비스, 요양 서비스, 연금) • 노인들이 사회 활동을 할 수 있도록 지원해야 함.(예) 노인 일자리 확대)

• 세대 간에 서로 소통하고 배려하는 태도가 필요합니다.

▲ 일하시는 노인들

3 저출산 문제를 해결하는 방법으로 알맞지 않은 것은 어느 것입니까? (　　　)

① 교육비를 지원한다.
② 육아 휴직을 늘린다.
③ 보육 서비스를 줄인다.
④ 출산 장려금을 지원한다.
⑤ 가구별로 맞춤 지원을 한다.

4 고령화를 해결하기 위한 방법 중 오른쪽과 관련 있는 것을 보기 에서 골라 기호를 쓰시오.

보 기
ⓐ 난임 시술비 지원 　ⓑ 요양 서비스 확대
ⓒ 출산 장려금 확대 　ⓓ 영유아 보육 교육 지원

(　　　　　　)

핵심 3 일상생활에서 정보를 이용하는 사례

정보화로 달라지고 있는 일상생활의 모습

- 인터넷에서 자료를 검색해 모둠 과제를 해결합니다.
- 휴대 전화를 이용해 어디서나 은행 업무를 쉽게 볼 수 있습니다.
- 가게에 직접 가지 않아도 쉽게 물건을 살 수 있습니다.
- 실시간으로 교통 정보를 얻어 빠른 길로 갈 수 있습니다.

정보화 사회의 문제점과 해결 방안

문제점	해결 방법
악성 댓글	인터넷을 사용할 때 예의를 지킴.
개인 정보 유출	개인 정보가 유출되지 않도록 조심해야 함.
불법 프로그램 다운로드	허락받지 않은 자료는 복제하거나 내려받지 않음.
인터넷 게임 중독	인터넷이나 휴대 전화의 사용 시간을 정해 사용해야 함.

5 정보화로 달라진 생활 모습을 <u>잘못</u> 말한 친구는 누구인지 쓰시오.

> - 정훈: 휴대 전화를 이용해 어디서나 은행 업무를 쉽게 볼 수 있다.
> - 민경: 가게에 직접 가지 않아도 쉽게 물건을 살 수 있다.
> - 현호: 종이 지도를 이용해 교통 정보를 얻어 빠른 길로 갈 수 있다.

(   )

6 정보화 사회의 문제점으로 알맞은 것은 어느 것입니까? (   )

① 개인 정보 유출   ② 학교 누리집 이용
③ 학교 알리미 이용   ④ 디지털 교과서 사용
⑤ 인터넷 자료 조사

핵심 4 세계화가 우리 생활에 미친 영향

세계화로 변화된 일상생활의 모습

- 다른 나라에서 만든 옷이나 제품을 살 수 있습니다.
- 다른 나라로 여행을 갈 수 있습니다.
- 우리나라에서도 외국 영화를 볼 수 있습니다.
- 세계 여러 나라의 다양한 문화를 접할 수 있습니다.

긍정적인 면	• 세계 여러 나라와 물건을 쉽게 사고 팔 수 있음. • 세계 여러 나라의 다양한 문화를 접할 수 있음.
부정적인 면	• 생활 속에서 우리의 전통문화가 점점 사라지고 있음. • 서로의 문화를 이해하지 못해 문제가 생기고 있음.

세계화 속에서 우리가 가져야 할 태도

다른 나라 문화의 좋은 점을 본받고 존중하며, 우리의 소중한 문화는 잘 지키고 발전시켜야 합니다.

7 세계화의 부정적인 면에 해당하는 것을 보기에서 골라 기호를 쓰시오.

> **보기**
> ㉠ 우리의 전통이 사라지고 있다.
> ㉡ 세계 여러 나라의 다양한 문화를 접할 수 있다.
> ㉢ 세계 여러 나라와 물건을 쉽게 사고 팔 수 있다.

(   )

8 세계화 속에서 우리가 가져야 할 태도로 알맞은 것을 두 가지 고르시오. (,   )

① 우리의 전통문화를 모두 바꾼다.
② 우리의 문화만 소중하게 생각한다.
③ 우리의 문화를 잘 지키고 발전시킨다.
④ 다른 나라의 문화는 받아들이지 않는다.
⑤ 다른 나라 문화의 좋은 점을 본받고 존중한다.

❄ 옛날과 오늘날의 교실 모습을 찍은 사진을 보고, 물음에 답하시오. [1~2]

(가) 　(나)

1 위 사진 중 오늘날의 교실 모습을 나타낸 것은 어느 것인지 기호를 쓰시오.

(　　　　　　　　　)

2 위와 같이 교실의 모습이 달라진 까닭으로 알맞은 것을 두 가지 고르시오. (　　,　　)

① 학생 수가 줄어들었기 때문이다.
② 노인 인구수가 줄어들었기 때문이다.
③ 세계 여러 나라의 다양한 음식이 전해졌기 때문이다.
④ 지식과 정보를 활용할 수 있는 기술이 발달했기 때문이다.
⑤ 밖에서도 인터넷으로 정보를 쉽게 얻을 수 있게 되었기 때문이다.

3 다음 그래프와 관련 있는 사회 변화 모습으로 알맞은 것은 어느 것입니까? (　　　　)

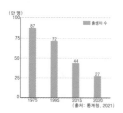

▲ 출생아 수 변화

① 세계화　　　　② 저출산
③ 국제화　　　　④ 고령화
⑤ 정보화

4 저출산과 관련 있는 내용으로 알맞지 <u>않은</u> 것은 어느 것입니까? (　　　　)

① 일할 사람이 줄어들고 있다.
② 가족의 구성원 수가 줄어들고 있다.
③ 가족의 형태가 옛날과 같아지고 있다.
④ 관련 산업에 나쁜 영향을 미치고 있다.
⑤ 출산을 도와주는 병원이 점점 사라지고 있다.

5 저출산 문제를 해결하기 위한 방법을 바르게 말한 친구는 누구인지 쓰시오.

> • 혜빈: 육아 휴직을 지금보다 줄여야 한다.
> • 성민: 다자녀 가구에 세금을 더 내도록 해야 한다.
> • 주현: 아이를 안전하게 키울 수 있는 시설과 서비스를 마련해야 한다.

(　　　　　　　　　)

6 다음과 같은 현상이 계속될 때 변화될 생활 모습으로 알맞은 것은 어느 것입니까? (　　　　)

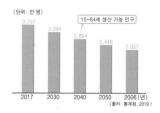

▲ 15~64세 생산 가능 인구

① 신생아 수가 늘어날 것이다.
② 문을 닫는 학교가 줄어들 것이다.
③ 노인을 위한 전문 시설이 줄어들 것이다.
④ 노인들을 위한 복지 제도가 늘어날 것이다.
⑤ 많은 학교에서 학급당 인원수가 늘어나게 될 것이다.

7 고령화 사회가 되면서 의료 분야에서 변화된 생활 모습으로 알맞은 것은 어느 것입니까? ( )

①
▲ 실버 박람회

②
▲ 노인 복지 제도

③
▲ 노인정

④
▲ 노인 전문 병원

서술형

8 다음과 같은 고령화 문제를 해결하는 방법과 관련 있는 것은 무엇인지 쓰시오.

_____

_____

9 학교에서 정보와 지식을 활용하는 방법으로 알맞지 않은 것은 어느 것입니까? ( )

① 학교 누리집
② 디지털 교과서
③ 도서 대출 프로그램
④ 학교 기상 정보 시스템
⑤ 버스 도착 시간을 알려 주는 기계

10 다음 빈칸에 들어갈 알맞은 말을 쓰시오.

정보화로 [ ]을(를) 이용해 밖에서도 쉽게 은행 업무를 볼 수 있다.

( )

주의

11 정보화로 달라진 생활 모습으로 알맞지 않은 것은 어느 것입니까? ( )

① 정보를 새로 만들기도 한다.
② 예전보다 정보를 얻기 어려워졌다.
③ 정보와 지식을 다른 사람과 공유한다.
④ 사람들의 생활이 더욱 편리해지고 있다.
⑤ 사람들은 인터넷으로 다양한 정보와 지식을 얻는다.

❀ 다음 글을 읽고, 물음에 답하시오. [12~13]

정보화 사회가 되면서 이름, 주소, 주민 등록 번호 등과 같은 [ ]이(가) 유출되어 모르는 사람들에게 자꾸 연락이 오는 경우가 있다.

12 윗글에서 빈칸에 들어갈 알맞은 말은 어느 것입니까? ( )

① 광고 ② 별명 ③ 의견
④ 과제 ⑤ 개인 정보

중요

13 위와 같은 문제를 해결하기 위한 방법으로 알맞은 것을 보기 에서 모두 찾아 기호를 쓰시오.

보 기
㉠ 온라인상에서 정보 보호를 강화해야 한다.
㉡ 친한 친구에게만 나의 주민 등록 번호를 알려 준다.
㉢ 개인의 정보가 노출되지 않도록 인터넷 접속시 유의해야 한다.

( )

서술형

14 다음과 같은 문제를 해결하기 위한 방법을 쓰시오.

> "아이들이 밤늦게까지 인터넷 게임에 빠져 있어 걱정이에요."

_____

15 올바른 정보화 사회를 만들기 위한 태도로 알맞은 것은 어느 것입니까? (   )

① 인터넷 예방 교육을 실시해야 한다.
② 다른 사람의 저작물을 소중히 여기지 않는다.
③ 나와 관련 있는 정보와 지식만 소중하게 여긴다.
④ 허락받지 않은 프로그램을 불법으로 내려 받는다.
⑤ 인터넷으로 대화할 때는 예의를 지키지 않아도 된다.

16 다음에서 설명하는 것은 무엇인지 쓰시오.

> 사람의 생각, 감정, 아이디어 등을 독자적으로 표현한 창작물을 말한다.

(   )

17 세계화의 원인으로 알맞은 것은 어느 것입니까?
(   )

① 가족 형태의 변화
② 일할 사람의 감소
③ 노인 인구의 증가
④ 교통 · 통신의 발달
⑤ 노인들을 위한 복지 제도 증가

❀ 다음 사진을 보고, 물음에 답하시오. [18~19]

18 위와 같이 세계화로 달라진 모습을 통해 알 수 있는 것은 어느 것입니까? (   )

① 다른 나라 가수의 공연을 볼 수 있다.
② 우리나라에서도 외국 영화를 볼 수 있다.
③ 세계 여러 나라의 물건을 쉽게 살 수 있다.
④ 외국인 선수가 우리나라에서도 활동할 수 있다.
⑤ 외국인 관광객을 위한 점포가 새로 생겨나고 있다.

19 위 사진과 관련 있는 교류로 알맞은 것은 어느 것입니까? (   )

① 과학   ② 경제   ③ 정치
④ 문화   ⑤ 스포츠

서술형

20 세계화로 나타난 다음과 같은 문제를 해결할 수 있는 방법을 쓰시오.

> 다른 나라의 문화를 무분별하게 받아들이면서 전통문화가 사라질 위기에 있다.

_____

_____

_____

1 옛날과 비교하여 오늘날의 교실의 모습이 달라진 이유는 무엇입니까? (   )

① 일자리가 줄어들었기 때문이다.
② 노인 인구수가 늘어났기 때문이다.
③ 사람들의 수명이 늘어났기 때문이다.
④ 개인주의적인 분위기가 확산되었기 때문이다.
⑤ 학생 수가 줄어들고, 기술이 발전했기 때문이다.

2 사회가 변화하면서 달라진 일상생활의 모습으로 알맞지 <u>않은</u> 것은 어느 것입니까? (   )

① 마을에서 외국인을 자주 볼 수 있다.
② 다른 나라의 음식을 접하기 어려워졌다.
③ 예전에 비해 학급 수가 많이 줄어들었다.
④ 학교 과제를 해결할 때 인터넷으로 정보를 얻는다.
⑤ 신생아실에서 태어나는 아이의 수가 줄어들고 있다.

🖐️ 서술형
3 다음과 같은 사회 변화가 생긴 까닭은 무엇인지 쓰시오.

우리 마을에 노인정이 하나 더 생긴다고 하는데

✿ 다음 신문 기사를 읽고, 물음에 답하시오. [4~5]

○○신문	20△△년 △△월 △△일

초등학생 수, 매년 줄어들고 있다.

 새 학기가 시작되었지만, 신입생이 없는 학교가 계속 늘어나고 있다. 많은 지역에서 초등학생 수가 지속적으로 감소해 매년 초등학생 수가 줄어들고 있다. 초등학생 수는 앞으로도 계속 [   ]할 것으로 예상된다.

4 위 신문 기사의 빈칸에 들어갈 말을 쓰시오.

(   )

5 위 신문 기사와 관련 있는 사회 현상으로 알맞은 것은 어느 것입니까? (   )

① 정보화　　　　② 세계화
③ 고령화　　　　④ 국제화
⑤ 저출산

🖐️ 주의
6 노인 인구가 늘어나면서 달라진 생활 모습으로 알맞은 것을 두 가지 고르시오. (,   )

① 노인 전문 병원이 늘어나고 있다.
② 노인을 위한 복지 제도가 줄어들고 있다.
③ 일을 하는 노인 인구수가 늘어나고 있다.
④ 마을에 노인을 위한 시설이 사라지고 있다.
⑤ 노인을 대상으로 하는 산업이 줄어들고 있다.

 주요
7 고령화 문제를 해결하는 방법으로 알맞지 <u>않은</u> 것은 어느 것입니까? (   )

① 연금 제도　　　② 의료 서비스
③ 요양 서비스　　④ 양육비 지원
⑤ 노인 일자리 확대

8 저출산과 고령화가 계속될 때 생길 수 있는 문제로 알맞은 것은 어느 것입니까? (   )

① 문을 닫는 학교가 줄어든다.
② 노인을 위한 전문 시설이 줄어든다.
③ 일을 하는 노인 인구수가 줄어들고 있다.
④ 어른들의 인구수가 많아져 경제가 활성화된다.
⑤ 일할 수 있는 인구가 감소해 경제가 어려워진다.

9 다음 빈칸에 들어갈 말로 알맞은 것은 어느 것입니까? (   )

> 저출산, 고령화 사회 속에서 살아가기 위해서 세대 간에 서로 소통하고 [   ]하는 태도가 필요하다.

① 비난
② 차별
③ 질투
④ 배려
⑤ 무관심

10 학교에서 정보와 지식을 활용하는 방법 중 다음 사진과 관련 있는 것은 어느 것입니까? (   )

▲ 학교 기상 정보 시스템

① 학교 소식을 알 수 있다.
② 오늘의 날씨, 온도 등을 알 수 있다.
③ 학습 과정에 필요한 정보를 검색해 학습한다.
④ 도서관에서 빠르게 책을 빌리고 반납할 수 있다.
⑤ 수업과 관련 있는 자료를 검색해 활용할 수 있다.

11 정보화 사회의 특징으로 알맞지 <u>않은</u> 것은 어느 것입니까? (   )

① 사람들의 생활이 더욱 편리해졌다.
② 새로운 정보와 지식이 만들어지고 공유된다.
③ 특정한 사람들만 정보와 지식을 얻을 수 있다.
④ 인터넷으로 다양한 정보와 지식을 빠르게 얻는다.
⑤ 사람들의 생활 모습이 예전보다 다양하게 변화되고 있다.

서술형

12 다음과 같은 현상이 심해질 때 나타날 수 있는 문제점은 무엇인지 쓰시오.

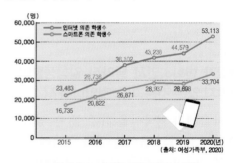

▲ 인터넷, 스마트폰 의존 현상이 심한 초등학교 4학년 학생의 수

＿＿＿＿＿＿＿＿＿＿＿＿＿＿＿＿＿＿＿

＿＿＿＿＿＿＿＿＿＿＿＿＿＿＿＿＿＿＿

주의

13 정보화로 생겨나는 문제점 중 다음과 관련 있는 것은 어느 것입니까? (   )

> "사람들이 우리 회사에서 개발한 프로그램을 불법으로 내려받아 회사가 큰 손해를 입고 있어요."

① 게임 중독
② 개인 정보 유출
③ 악성 댓글의 확산
④ 프로그램 불법 다운로드
⑤ 인터넷, 스마트폰 의존 현상

14 정보화 사회의 문제점을 해결하기 위한 방안으로 알맞지 <u>않은</u> 것은 어느 것입니까? ( )

① 개인 정보가 유출되지 않도록 조심한다.
② 인터넷은 사용하고 내가 끄고 싶을 때 끈다.
③ 휴대 전화로 대화할 때는 예의를 지켜야 한다.
④ 허락받지 않은 사진은 함부로 내려받지 않는다.
⑤ 내가 할 일을 다 한 뒤에 인터넷 게임을 한다.

15 다음은 정보화 사회의 어떤 문제점을 해결하기 위한 방법입니까? ( )

① 게임 중독
② 저작권 침해
③ 개인 정보 유출
④ 악성 댓글과 거짓 소문의 확산
⑤ 인터넷, 스마트폰 의존 현상 심화

16 다음 빈칸에 들어갈 알맞은 말을 쓰시오.

세계 여러 나라가 서로 가까워지면서 정치, 경제, 문화 등 다양한 분야에서 교류하며 영향을 주고받는 것을 [   ](이)라고 한다.

(   )

17 세계화와 관련 있는 모습으로 가장 알맞은 것은 어느 것입니까? ( )

① 학생 수가 점점 줄어들고 있다.
② 인터넷을 활용해 자료를 찾는다.
③ 노인들을 위한 시설이 늘고 있다.
④ 인터넷으로 검색해 물건을 구매한다.
⑤ 다른 나라 가수의 공연을 볼 수 있다.

18 다음 빈칸에 들어갈 말로 알맞은 것은 어느 것입니까? ( )

우리나라가 다른 나라와 [   ] 교류를 맺고 있어 외국인 선수가 우리나라에서 선수로 활동할 수 있다.

① 문화
② 경제
③ 사회
④ 과학
⑤ 스포츠

❀ 다음 사진을 보고, 물음에 답하시오. [19~20]

(가) ▲ 세계화 축제   (나) ▲ 세계화에 따른 문화 갈등

19 위 (가)와 같이 세계화가 우리 생활에 미친 긍정적인 영향으로 알맞은 것을 두 가지 고르시오.

(,   )

① 여러 나라의 다양한 문화를 접할 수 있다.
② 여러 나라의 물건을 쉽게 사고 팔 수 있다.
③ 서로의 문제를 이해하지 못해 문제가 생기고 있다.
④ 다른 나라의 문화를 무분별하게 받아들이고 있다.
⑤ 생활 속에서 우리의 전통문화가 점점 사라지고 있다.

서술형

20 위 (나)와 같은 문제점을 해결하기 위해서는 어떤 태도를 지녀야 하는지 쓰시오.

_____

_____

1 우리나라 인구의 변화를 나타낸 그래프를 보고, 물음에 답하시오.

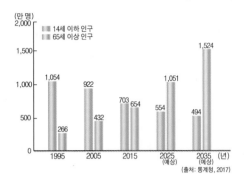

(1) 위 그래프에서 14세 이하 인구와 65세 이상 인구는 어떻게 변화하고 있는지 쓰시오.

_____

_____

(2) 위 (1)과 같은 현상이 계속될 때 생활 모습은 어떻게 변화게 될지 쓰시오.

_____

_____

2 다음 사진을 보고, 물음에 답하시오.

▲ 저출산

▲ 고령화

(1) 위 ㉠과 같은 사회 현상을 해결하기 위한 방법을 쓰시오.

_____

_____

(2) 위 ㉡과 관계있는 사회 현상을 해결하기 위한 방법을 쓰시오.

_____

3 다음 사진을 보고, 물음에 답하시오.

▲ 길도우미(내비게이션)

▲ 인터넷 검색

(1) 정보화로 달라진 생활 모습 중에서 학교와 관련 있는 것은 어느 것인 지 찾아 기호를 쓰시오.

(   )

(2) 위의 ㉠과 같은 도구를 사용했을 때 좋은 점은 무엇인지 쓰시오.

_____

4 세계화로 달라진 모습을 나타낸 다음 사진을 보고, 물음에 답하시오.

▲ 여러 나라의 물건

▲ 문화적 갈등

▲ 세계 문화 축제

(1) 세계화가 우리 생활에 미친 긍정적인 영향을 나타낸 것을 두 가지 골 라 기호를 쓰시오.

(   )

(2) 세계화로 달라진 ㉠과 같은 모습이 우리 생활에 어떤 영향을 미치고 있는지 쓰시오.

_____

(3) 위 사진과 같은 모습이 나타나게 된 까닭은 무엇인지 쓰시오.

_____

관련 핵심 개념

정보화와 일상생활의 변화 모습 알아 보기

정보화로 달라지고 있는 일상생활 의 모습을 알아보고, 정보화 사회의 특징을 알아봅니다.

3
단원

관련 핵심 개념

세계화가 우리 생활에 미치는 영향 알아보기

세계화로 달라진 생활 모습을 알아 보고, 세계화가 우리 생활에 미친 긍 정적인 영향과 부정적인 영향을 생각 해 봅니다.

탐구 서술형 평가 2회

1 다음 신문 기사를 읽고, 물음에 답하시오.

○○신문   20△△년 △△월 △△일

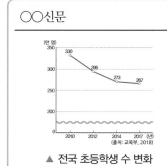

▲ 전국 초등학생 수 변화

초등학생 수, 매년 줄어들고 있다.

새 학기가 시작되었지만, 신입생이 없는 학교가 계속해서 늘어나고 있다. 많은 지역에서 초등학생 수가 지속적으로 감소해 매년 초등학생 수가 줄어들고 있다. 초등학생 수는 앞으로도 계속 감소할 것으로 예상된다.

(1) 위 신문 기사를 통해 예상할 수 있는 학교의 변화 모습을 쓰시오.

(2) 위 (1)과 같이 학교의 모습이 변화하고 있는 까닭은 무엇인지 쓰시오.

2 다음 사진을 보고, 물음에 답하시오.

▲ 15~64세 생산 가능 인구

▲ 일하시는 노인들

(1) 위의 ㉠과 같은 현상이 지속된다면 우리 생활 모습은 어떻게 변하게 될지 쓰시오.

(2) 위의 ㉡과 같이 고령화 문제를 해결하는 방법에는 무엇이 있는지 쓰시오.

3 정보화로 발생하는 다음과 같은 모습을 보고, 물음에 답하시오.

사람들이 우리 회사에서 개발한 프로그램을 불법으로 내려받아 회사가 큰 손해를 입고 있어요.

(1) 위 그림의 회사는 어떤 어려움을 겪고 있는지 쓰시오.

_____

(2) 위 (1)과 같은 문제점을 해결할 수 있는 방법에는 무엇이 있는지 쓰시오.

_____

_____

4 다음 그림을 보고, 물음에 답하시오.

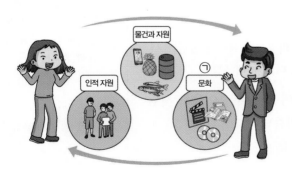

물건과 자원

인적 자원

㉠ 문화

(1) 위 그림과 같이 세계 여러 나라가 다양한 분야에서 교류하며 영향을 받는 것을 무엇이라고 하는지 쓰시오.

(   )

(2) 위 그림의 ㉠과 관련 있는 모습을 한 가지 쓰시오.

_____

_____

3
단원

관련 핵심 개념

정보화의 영향으로 발생하는 문제점 알아보기

정보화로 발생하는 문제를 살펴보고, 문제점을 해결하기 위한 방법을 생각해 봅니다.

관련 핵심 개념

세계화 의미와 일상생활에서 변화된 모습 알아보기

제시된 그림을 통해 알 수 있는 현상을 살펴보고, 문화 교류로 달라진 모습을 알아봅니다.

❷ 다양한 문화에 대한 이해와 존중 (1)

❶ 일상생활에서 나타나는 다양한 문화의 모습

① 문화의 뜻과 특징 → 문화에는 사람들이 옷차림, 먹는 음식, 사는 집 등이 포함됩니다.
- 뜻: 사람들이 가지고 있는 공통의 생활 방식입니다.
- 특징: 오랜 시간을 함께 생활하면서 만들어지고 전해져 내려옵니다.

② 학생 주변에서 볼 수 있는 문화
- 점심시간에 친구들과 술래잡기, 공놀이를 했습니다.
- 방과 후에 친구들을 집에 초대해서 좋아하는 만화 영화를 봤습니다.

③ 일상생활에서 나타나는 문화 [자료 1] [자료 2]

의생활	• 더운 지역 사람들은 천으로 된 긴 옷을 입음. • 추운 지역 사람들은 털옷을 입음.
식생활	• 쌀밥, 나물 등을 젓가락을 이용해 식사를 함. • 샐러드, 피자, 빵 등을 포크와 나이프를 이용해 식사를 함.
주생활	• 이동을 쉽게 하기 위해 나무와 천으로 만든 집에서 생활. • 더위를 피하기 위해 나무로 만든 물 위의 집에서 생활.

④ 우리 사회에서 찾아볼 수 있는 다양한 문화 예 → 저마다 자신의 문화를 즐기며 사람들과 어울려 살아갑니다.
- 아프리카 춤 공연을 봅니다.
- 멋진 풍경을 사진기로 찍습니다.
- 바닷가 근처에서 해녀들이 해산물을 채취합니다.
- 해안가 근처의 길을 자전거를 타거나 걸으면서 풍경을 봅니다.

❷ 일상생활에서 나타나는 편견과 차별

① 편견과 차별 → 편견 때문에 차별이 발생합니다.

편견	공정하지 못하고 한쪽으로 치우친 의견이나 생각을 말함.
차별	어떤 기준을 두어 대상을 구별하고 다르게 대우함.

- 우리 주변에는 피부색, 언어, 종교, 출신 지역이 다르다는 이유로 사람들과 사회로부터 부당한 대우를 받는 사람이 있습니다.

② 우리 사회에서 볼 수 있는 편견과 차별의 모습 [자료 3]
- 장애를 가지고 있어서 부당한 대우를 받습니다.
- 어떤 일에 남자만 또는 여자만 할 수 있는 일이 따로 있다고 생각합니다.
- 그 사람이 가지고 있는 능력을 생각해 주지 않고 나이, 임신 등의 이유로 일자리 지원을 거절합니다.

③ 편견과 차별을 없애는 방법 → 사람들이 자신의 능력을 발휘하지 못해 사회의 발전이 늦어지게 됩니다.
- 나와 다른 문화도 이해합니다.
- 다른 문화도 우리의 문화처럼 존중합니다.
- 서로의 문화를 소개하고 이해하도록 노력합니다.
- 한쪽으로 치우치지 않는 생각을 하도록 노력합니다.

자료 1 의식주와 관련 있는 문화

▲ 의생활

▲ 식생활

▲ 주생활

옷차림은 어떠한지, 음식을 먹을 때 어떤 방법으로 먹는지, 사는 집은 어떤 모양인지 살펴보면 문화의 공통점과 차이점을 알 수 있습니다.

자료 2 게르와 수상 가옥

- 게르: 나무로 뼈대를 만들고 그 위에 짐승의 털로 만든 천을 덮어 만드는 몽골의 전통 가옥입니다.
- 수상 가옥: 물 위에 지은 집을 수상 가옥이라고 부르며 보통 해안이나 강변에 말뚝을 박고 그 위에 집을 지은 것이 대표적입니다.

자료 3 우리 사회에서 볼 수 있는 편견과 차별

▲ 장애에 대한 차별   ▲ 남녀에 대한 차별

▲ 나이에 대한 차별   ▲ 임신, 출산에 대한 차별

일상생활에서 나타나는 편견과 차별

- 둘 이상의 대상에 어떤 기준에 따라 구별하는 행위를 말합니다.
- 성별, 인종, 나이, 신분, 국적, 출신, 외모, 종교, 장애 등의 이유로 특정한 사람을 우대하거나 배제 또는 불리하게 대우하고, 정치적·사회적·경제적으로 평등권을 침해하는 것을 의미합니다.

▲ 음식을 먹는 모습에 대한 차별

▲ 옷차림에 대한 차별

▲ 피부색에 의한 차별

▲ 출신 국가에 의한 차별

배리어 프리

- '배리어 프리'는 고령자나 장애인들도 살기 좋은 사회를 만들기 위해 물리적·제도적 장벽을 허물자는 운동입니다.
- '배리어 프리 영화'는 시각이나 청각 장애를 가진 사람을 위해 만들어진 영화로, 음악 정보와 말하는 사람, 대사, 소리 정보를 자막으로 표현하고 있습니다.

용어 풀이

❶ 공통(共 한 가지 공 通 통할 통) 둘 또는 그 이상의 여럿 사이에 두루 통하고 관계됨.

❷ 공정(公 공평할 공 正 바를 정) 공평하고 올바름.

❸ 대우(待 기다릴 대 遇 만날 우) 예의를 갖추어 대하는 일

❹ 존중(尊 높을 존 重 무거울 중) 높이어 귀중하게 대함.

개념을 확인해요

1 사람들이 가지고 있는 공통의 생활 방식을 □□□ 라고 합니다.

2 문화에는 사람들의 옷차림, 먹는 음식, 사는 □ 등이 포함됩니다.

3 더운 지역과 추운 지역 사람들의 옷 입는 모습을 보고 □□□의 차이를 알 수 있습니다.

3 단원

4 사람들이 먹는 음식과 먹을 때 사용하는 도구를 통해 □□□을 알 수 있습니다.

5 비가 많이 오는 지역에서는 나무로 만든 □ 위의 집에서 생활합니다.

6 □□은 공정하지 못하고 한쪽으로 치우친 의견이나 생각을 말합니다.

7 차별은 어떤 □□을 두어 대상을 구별하고 다르게 대우하는 것입니다.

8 어떤 일에 남자만 또는 여자만 할 수 있는 일이 따로 있다고 생각하는 것은 □□에 따른 차별에 해당합니다.

9 편견과 차별을 없애기 위해서 다른 문화도 우리의 문화처럼 □□해야 합니다.

10 □□□□ 영화는 시각이나 청각 장애를 가진 사람을 위해 만들어진 영화입니다.

❷ 다양한 문화에 대한 이해와 존중 (2)

❸ 편견과 차별을 해결하는 방법

① 학급에서 편견과 차별을 해결하는 방법 ⑩

• '학급 체육의 날'에 참여하고 싶은 운동 종목을 정하는 문제

> 지민이네 반에서는 '학급 체육의 날' 참여하고 싶은 운동 종목을 정하기로 하였다. 남학생들은 남자는 축구, 여자는 피구를 하자고 말하였다. 지민이는 축구를 하고 싶었지만, 남자들은 여자는 축구 경기에 참여할 수 없다고 말하였다. 윤호는 피구를 하고 싶었지만, 자기가 하고 싶은 종목에 참여하지 못해 속상했다.

• 위 자료에서 찾을 수 있는 편견과 차별의 모습
  - 여학생은 축구를 못한다는 편견을 찾아볼 수 있습니다.
  - 남학생은 무조건 피구보다 축구를 좋아할 것이라는 편견을 볼 수 있습니다.
  - 자신이 원하는 종목에 참여하지 못하는 차별을 당합니다.

② 편견과 차별이 없는 학급 규칙 만들기 [자료 4] → 모두를 위한 학급 규칙의 바탕에는 존중, 배려, 이해, 서로의 입장에서 생각하기 등이 있어야 합니다.

• 자신이 잘 하는 운동 경기에 남녀 구분 없이 참여할 수 있어야 합니다.
• 학급 경기에서 자기 자신이 원하는 운동 종목에 참여할 수 있어야 합니다.
• 모두의 의견을 모아서 함께할 운동 종목을 정해야 합니다.
  └ 편견과 차별이 없는 세상을 위한 사람들의 노력이 합쳐질 때 더 큰 효과를 낼 수 있습니다.

❹ 편견과 차별이 없는 사회를 만들기 위한 노력

① 사회의 노력

• 법을 만들고 기관을 세워 편견과 차별을 없애려고 노력합니다. [자료 5]
• 다양한 문화를 가진 사람들이 함께 어울릴 수 있는 자리를 마련합니다.
• 알맞은 교육을 제공하고 능력을 발휘할 기회를 줍니다.
• 편견이나 차별의 뜻이 담긴 말을 사용하지 않습니다. [자료 6]

▲ 다문화 어린이 합창단

▲ 다문화 교육

② 우리들이 할 수 있는 노력

• 살색이란 말 대신 살구색을 사용합니다. →사람이 피부색은 다양하기 때문입니다.
• 다문화 가정 친구가 있다면 놀리지 않고 같이 잘 생활할 수 있도록 돕습니다.
• 친구의 다른 문화를 이해하고 존중합니다.

③ 편견과 차별이 없는 세상을 위한 사회의 노력과 사람들의 노력이 힘을 합칠 때 더 큰 효과를 낼 수 있습니다.

[자료 4] 편견과 차별이 없는 학급 만들기

• 여학생은 축구를 잘 못할 것이라는 편견을 없애 줍니다.
• 남녀를 떠나서 자기가 원하는 종목에서 활동하는 것이 '학급 체육의 날'에 어울리는 것임을 알려 줍니다.
• 남학생이 축구보다 피구를 좋아할 수 있다는 사실을 알려 줍니다.

[자료 5] 편견과 차별을 없애기 위한 기관

▲ 국가 인권 위원회

• 다문화 가족 지원 포털 다누리, 무지개 청소년 센터, 국가 인권 위원회에서는 관련된 법을 만듭니다.
• 다문화 가정 어린이나 우리나라에 사는 외국 사람들을 도와줍니다.

[자료 6] 편견과 차별이 없는 사회

우리말을 잘 못 할 것이다.

우리말을 잘 할 것이다.

• '잘 못할 것이다.'에서 '못'을 빼면 '잘 할 것이다.'가 됩니다. 편견과 차별의 못을 빼면 배려와 존중의 말이 됩니다.
• 사람의 피부색은 다양하기 때문에 '살색'으로 불리던 색의 이름을 '살구색'으로 바꾸어 부르기로 하였습니다.

✿ 토의의 절차

1. 토의 주제 정하기
2. 자신의 의견 마련하기
3. 근거 자료 모으기
4. 의견 나누기
5. 가장 좋은 해결 방법 선택하기

✿ 편견 때문에 나타나는 차별의 모습

- 여학생은 축구를 못한다는 편견을 찾아볼 수 있습니다.
- 남학생은 무조건 피구보다 축구를 좋아할 거라는 편견을 볼 수 있습니다.
- 자신이 원하는 종목에 참여하지 못하는 차별을 당합니다.

✿ 편견과 차별에 관련된 공익 광고

- 한국에 와서 사는 외국인들은 무조건 외국이라고 생각하는 것입니다.
- 장애가 있는 사람은 능력이 없다고 생각해 일자리를 주지 않는 것입니다.

📎 용어 풀이

❺ 종목(種 씨 종 目 눈 목) 여러 가지 종류에 따라 나눈 항목

❻ 참여(參 참여할 참 與 더불 여) 어떤 일에 끼어들어 관계함

❼ 의견(意 뜻 의 見 볼 견) 어떤 대상에 대하여 가지는 생각

❽ 발휘(發 필 발 揮 휘두를 휘) 재능, 능력 따위를 떨치어 나타냄

✏️ 개념을 확인해요

11 학급 체육의 날에 자신이 원하는 종목에 참여하지 못하게 하는 것은 ☐☐에 해당합니다.

12 여학생은 축구를 못할 거라는 생각과 남학생은 축구를 좋아할 것이라는 생각은 ☐☐에 해당합니다.

13 편견과 차별이 없는 학급 규칙을 만들기 위해서는 모두의 ☐☐을 모아서 함께 할 운동 종목을 정해야 합니다.

14 편견과 차별의 문제를 해결하기 위해서는 서로를 ☐☐하고 존중해야 합니다.

15 다문화 가족 지원 포털 다누리 등에서는 ☐을 만들고 기관을 세워 편견과 차별을 없애기 위해 노력합니다.

16 ☐☐☐☐☐☐ 센터는 이주 배경 청소년을 지원하고 더불어 살아가는 다문화 사회를 만들기 위해 노력하는 기관입니다.

17 편견과 차별이 없는 사회를 만들기 위해서는 ☐☐을 발휘할 기회를 주어야 합니다.

18 사람의 피부색은 다양하기 때문에 '살색'을 '☐☐☐'으로 바꾸어 부르기로 하였습니다.

19 ☐☐☐ 가정 친구가 있다면 놀리지 않고 같이 잘 생활할 수 있도록 돕습니다.

20 친구의 다른 ☐☐를 이해하고 존중해야 합니다.

일상생활에서 나타나는 다양한 문화

🌸 문화

뜻	사람들이 가지고 있는 공통의 생활 방식
주변에서 볼 수 있는 문화 예	친구들과 함께 놀이와 운동을 하고 좋아하는 음식을 먹음.

🌸 의식주와 관련 있는 문화 예

• 의생활: 더운 지역 사람들은 천으로 된 긴 옷을 입고, 추운 지역 사람들은 털옷을 입습니다.

• 식생활: 젓가락을 이용해 식사를 하거나, 포크와 나이프를 이용해 식사를 합니다.

• 주생활: 나무와 천으로 만든 집에서 살거나, 나무로 만든 물 위의 집에서 생활합니다.

1 다음 밑줄 친 '이것'은 무엇인지 쓰시오.

> • 이것은 사람들이 가지고 있는 공통의 생활 방식입니다.
> • 이것은 사람들이 오랜 시간을 함께 생활하면서 만들어지고 전해져 내려온 것입니다.

(   )

2 다음 사진을 보고, 알 수 있는 사실로 알맞은 것은 어느 것입니까? (   )

① 추운 지역이다.
② 사계절이 뚜렷한 지역이다.
③ 일년 내내 무더운 지역이다.
④ 비가 많이 내리는 지역이다.
⑤ 넓은 초원이 있는 지역이다.

편견과 차별의 모습과 해결 방법

🌸 편견과 차별의 모습

장애에 대한 차별	장애를 가지고 있어서 부당한 대우를 받음.
남녀에 대한 차별	어떤 일에 남자만, 또는 여자만 할 수 있는 일이 따로 있다고 생각함.
나이, 임신, 출산에 대한 차별	그 사람이 가지고 있는 능력을 생각해 주지 않고 나이, 임신 등을 이유로 일자리 지원을 거절함.

🌸 편견과 차별을 없애는 방법

• 나와 다른 문화도 이해합니다.

• 다른 문화도 우리 문화처럼 존중합니다.

• 서로의 문화를 소개하고 이해하도록 노력합니다.

• 한쪽으로 치우치지 않는 생각을 하도록 노력합니다.

3 다음과 관련 있는 편견과 차별은 어느 것입니까?
(   )

① 언어　　　　② 종교
③ 나이　　　　④ 장애
⑤ 임신, 출산

4 다음 빈칸에 들어갈 알맞은 말을 쓰시오.

> 공정하지 못하고 한쪽으로 치우친 의견이나 생각인 [　　　]을(를) 없애기 위해 노력해야 한다.

(   )

핵심 3 편견과 차별을 해결할 방법 토의하기

🍀 **편견과 차별로 인해 생긴 문제 ⓔ**

- 여학생은 축구를 못한다는 편견을 찾아볼 수 있다.
- 남학생은 무조건 피구보다 축구를 좋아할 거라는 편견을 볼 수 있다.
- 자신이 원하는 종목에 참여하지 못하는 차별을 당한다.

🍀 **편견과 차별이 없는 학급 규칙 만들기**

- 자신이 잘 하는 운동 경기에 남녀 구분 없이 참여할 수 있어야 합니다.
- 학급 경기에서 자기 자신이 원하는 운동 종목에 참여할 수 있어야 합니다.
- 모두의 의견을 모아서 함께할 운동 종목을 정해야 합니다.

5 다음을 읽고, 알 수 있는 사실로 알맞은 것은 어느 것입니까? (   )

> 지민이네 반에서는 '학급 체육의 날'에 참여하고 싶은 운동 종목을 정하기로 하였다. 지민이는 축구를 하고 싶었지만, 남자들은 여자는 축구 경기에 참여할 수 없다고 말하였다. 윤호는 피구를 하고 싶었다. 하지만 남학생들은 남자는 축구, 여자는 피구를 하자고 말하였다.

① 지민이는 피구를 하고 싶어 한다.
② 여학생을 모두 피구를 하고 싶어 한다.
③ 남학생을 모두 축구를 하고 싶어 한다.
④ 지민이는 하고 싶은 종목이 없어서 고민이다.
⑤ 윤호는 자신이 원하는 종목에 참여하지 못하게 되었다.

6 다음 위 **5**번의 문제를 해결하기 위한 방법으로 빈칸에 들어갈 알맞은 말을 쓰시오.

> 학급 경기에서 자기 자신이 원하는 운동 종목에 [   ]할 수 있어야 한다.

(   )

핵심 4 편견과 차별이 없는 사회 만들기

🍀 **편견과 차별이 없는 사회를 만들기 위한 노력**

사회의 노력	• 법을 만들고 기관을 세워 편견과 차별이 없애기 위해 노력함. • 다양한 문화를 가진 사람들이 함께 어울릴 수 있는 자리를 마련함. • 알맞은 교육을 제공하고 능력을 발휘할 기회를 줌. • 편견이나 차별의 뜻이 담긴 말을 사용하지 않음.
우리가 할 수 있는 일	• 살색이란 말 대신 살구색이라는 말을 사용함. • 다문화 가정 친구가 있다면 놀리지 않고 같이 잘 생활할 수 있도록 도움. • 친구의 다른 문화를 이해하고 존중함.

7 다음과 같은 편견과 차별이 없는 사회를 만들기 위한 노력으로 알맞은 것을 골라 기호를 쓰시오.

> 다양한 문화를 가진 사람들이 함께 어울릴 수 있는 자리를 마련한다.

ⓐ
▲ 노인 전문 병원

ⓑ
▲ 다문화 어린이 합창단

(   )

8 편견과 차별이 없애기 위해 우리들이 할 수 있는 일로 알맞은 것은 어느 것입니까? (   )

① 관련된 법을 만든다.
② 관련된 기관을 만든다.
③ 다문화 가정 친구와 놀지 않는다.
④ 친구의 다른 문화를 이해하고 존중한다.
⑤ 다양한 문화를 가진 사람들에게 알맞은 교육을 제공한다.

1회 실력을 쌓아요

1 문화에 대한 설명으로 알맞은 것을 보기 에서 골라 기호를 쓰시오.

보기
- ㉠ 빠른 시간에 만들어졌다가 사라진다.
- ㉡ 사람들이 가지고 있는 공통의 생활 방식이다.
- ㉢ 우리나라에만 있고, 다른 나라에서는 볼 수 없다.

( )

2 학교에서 볼 수 있는 문화의 모습으로 알맞은 것은 어느 것입니까? ( )

① 친구들과 공원에서 킥보드를 탔다.
② 추석에 친척들이 모여 송편을 빚는다.
③ 점심 시간에 친구들과 공놀이를 했다.
④ 수업이 끝난 후 친구들과 떡볶이를 먹었다.
⑤ 지난 주말에 가족들과 베트남 쌀국수를 먹었다.

❀ 다음 사진을 보고, 물음에 답하시오. [3~4]

 ㉠
 ㉡

3 의생활을 알 수 있는 사진을 찾아 기호를 쓰시오.

( )

4 위 사진에 대한 설명으로 알맞은 것은 어느 것입니까? ( )

① ㉠ 털옷을 입고 있다.
② ㉡ 음식을 먹을 때 젓가락을 사용한다.
③ ㉡ 나무와 천으로 만든 집에서 생활한다.
④ ㉠ 추운 지역 사람들의 옷차림을 나타낸다.
⑤ ㉠ 음식을 먹을 때 사용하는 도구를 알 수 있다.

5 다음과 같은 집에 사는 사람들의 생활 모습을 바르게 말한 친구는 누구인지 쓰시오.

▲ 게르

- 민혁: 자주 이동을 하면서 생활해.
- 현지: 사막 지역이라 물을 구하기 어려워.
- 은수: 해안이나 강변에 말뚝을 박고 그 위에 집을 지어.

( )

6 우리 주변의 공원에서 볼 수 있는 문화의 모습과 거리가 먼 것은 어느 것입니까? ( )

① 해녀들이 해산물을 채취하고 있다.
② 자전거 동호회 회원들이 자전거를 탄다.
③ 아버지와 아이가 전통 연을 날리고 있다.
④ 어린이들이 인라인스케이트와 킥보드를 탄다.
⑤ 할아버지들이 공을 이용한 운동을 하고 계신다.

7 공정하지 못하고 한쪽으로 치우친 의견이나 생각인 편견 때문에 발생하는 것은 무엇입니까?

( )

① 법　　　　　　② 규칙
③ 차별　　　　　④ 평등
⑤ 존중

8 언어에 대한 차별과 관련 있는 것은 어느 것입니까? (   )

① ○○교를 믿는 사람들은 모두 …… 해.
② 나이가 많은 사람들은 ……라고 생각해.
③ 피부색이 나와 다른 사람은 다 …… 한 거야.
④ 다른 나라 말을 쓰는 사람들은 …… 한 거 같아.
⑤ 그 지역에 사는 사람들은 전부 ……하다고 생각해.

✿ 다음 그림을 보고, 물음에 답하시오. [9~11]

9 위 그림은 어떤 상황을 나타낸 것입니까?
(   )

① 나이로 사람을 차별하고 있다.
② 나이 많은 사람을 존중하고 있다.
③ 특정 지역의 출신자를 차별하고 있다.
④ 성별 때문에 부당한 대우를 받고 있다.
⑤ 장애가 있어서 부당한 대우를 받고 있다.

10 위와 같은 상황이 지속되면 들게 될 생각은 무엇입니까? (   )

① 상대방의 입장을 이해할 것이다.
② 열심히 일하고 싶은 생각이 들 것이다.
③ 더 친하게 지내고 싶은 생각이 들 것이다.
④ 자신이 존중받고 있다는 생각이 들 것이다.
⑤ 자신의 능력을 발휘하지 못해 속상할 것이다.

서술형

11 앞과 같은 상황이 계속된다면 사회적으로 어떤 문제가 발생할 수 있는지 쓰시오.

_____

_____

중요

12 편견과 차별을 없애기 위한 방법을 잘못 말한 친구는 누구입니까? (   )

① 혜림: 나와 다른 문화도 이해한다.
② 근식: 상대방의 입장에서 생각한다.
③ 명근: 다른 나라의 문화는 무시해도 된다.
④ 혜림: 서로의 문화를 소개하고 이해하도록 노력한다.
⑤ 준하: 한쪽으로 치우치지 않는 생각을 하도록 노력한다.

13 다음과 같이 학급에서 편견과 차별을 없애기 위해서 꾸준히 노력할 때의 좋은 점은 무엇입니까?
(   )

① 학급 분위기가 좋지 않아진다.
② 학교생활을 제대로 할 수 없다.
③ 친구와의 사이가 더욱 멀어진다.
④ 다른 사람을 존중하는 태도를 기를 수 없다.
⑤ 서로의 문화를 소개해 주며 더 친하게 지낼 수 있다.

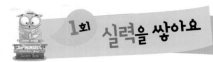

14 다음과 같이 배리어 프리 영화는 어떤 사람을 위해 만들어진 영화입니까? (　　　)

> • 소리 정보–영화에 나오는 소리를 설명
> • 음악 정보–배경 음악에 대한 설명

① 노인　　　　　　② 어린이
③ 외국인　　　　　④ 임산부
⑤ 시각, 청각 장애인

❁ 다음 지민이의 일기를 읽고, 물음에 답하시오.
[15～16]

> 20○○년 ○○월 ○○일 ○요일
> 　오늘 학교에서 다음 주에 할 '학급 체육의 날'에 어떤 경기에 참여할지 정하는 시간이 있었다. 남자아이들 몇 명이 남자는 축구, 여자는 피구를 하자고 말했다. 나와 몇몇 여자아이들이 축구를 하고 싶다고 말했지만, 여자라는 이유로 끼워주려고 하지 않았다. 여자라서 축구를 못 할 거라면서 말이다.
> 　나는 ＿＿＿＿＿ 평소 가족과 공차는 연습도 많이 했고 공을 잘 다룬다는 이야기도 자주 들었는데 실력과는 상관없이 여자라서 못 할 거라니 이해가 되지 않았다.

15 위 밑줄 친 부분에 들어갈 내용으로 알맞은 것은 어느 것입니까? (　　　)

① 매우 기뻤다.
② 기분이 좋아졌다.
③ 반가운 마음이 들었다.
④ 당황스럽고 화가 났다.
⑤ 궁금했던 점을 알 수 있었다.

🖊️ 서술형
16 지민이네 반 친구들이 서로에 대한 편견이나 차별 없이 지내려면 어떤 방법이 필요한지 쓰시오.

＿＿＿＿＿＿＿＿＿＿＿＿＿＿＿＿＿＿＿
＿＿＿＿＿＿＿＿＿＿＿＿＿＿＿＿＿＿＿

⚠️ 주의
17 오른쪽 공익 광고에 나타난 편견과 차별을 보기 에서 찾아 기호를 쓰시오.

(　　　　　　　)

모두 살색입니다

> 보기
> ㉠ 한국에 와서 사는 외국인들은 무조건 외국인이라고 생각하는 것
> ㉡ 장애를 가진 사람은 능력이 없다고 생각해 일자리를 주지 않는 것

🖊️ 서술형
18 편견과 차별을 없애기 위해 오른쪽과 같은 활동을 하는 이유는 무엇인지 쓰시오.

▲ 어린이 합창단

＿＿＿＿＿＿＿＿＿＿＿＿＿＿＿＿＿＿＿
＿＿＿＿＿＿＿＿＿＿＿＿＿＿＿＿＿＿＿

🍓 중요
19 우리 사회에서 편견과 차별을 없애기 위한 노력으로 거리가 먼 것은 어느 것입니까? (　　　)

① 법을 만을 만들고 관련 기관을 세운다.
② 편견이나 차별의 뜻이 담긴 말을 바꾼다.
③ 다문화 가정의 어린이를 불쌍하게 여긴다.
④ 다양한 문화를 가진 사람들이 함께하는 자리를 마련한다.
⑤ 알맞은 교육을 제공하고 능력을 발휘할 수 있는 기회를 제공한다.

20 편견과 차별을 나타내어 바뀌게 된 색깔로 알맞은 것은 어느 것입니까? (　　　)

① 회색　　　② 살색　　　③ 갈색
④ 노란색　　⑤ 보라색

1 다음 빈칸에 공통으로 들어갈 말을 쓰시오.

> • ☐ 는 사람들이 가지고 있는 공통의 생활 방식이다.
> • 친구들과 함께 놀이와 운동을 하고 좋아하는 음식을 먹는 일 등도 ☐ 라고 볼 수 있다.

( )

2 문화에 대한 설명으로 알맞지 <u>않은</u> 것은 어느 것입니까? ( )

① 지역에 따라 다른 문화가 나타나기도 한다.
② 우리 사회 속에는 다양한 문화가 나타난다.
③ 한 나라 안에서 나타나는 문화는 모두 같다.
④ 의식주를 살펴보면 문화의 공통점과 차이점을 알 수 있다.
⑤ 오랜 시간을 함께 생활하면서 만들어지고 전해져 내려온 것이다.

❀ 다음 사진을 보고, 물음에 답하시오. [3~4]

ㄱ ㄴ

3 위 사진에서 식생활과 관련 있는 문화로 알맞은 것을 골라 기호를 쓰시오.

( )

4 위의 ㄱ에 대한 설명으로 알맞은 어느 것입니까? ( )

① 채소는 먹지 않는다.
② 성별에 따라 먹는 음식이 다르다.
③ 음식을 먹을 때 젓가락을 사용한다.
④ 모든 나라에서 볼 수 있는 모습이다.
⑤ 음식을 먹을 때 포크와 나이프를 사용한다.

서술형
5 열대 지역에 사는 사람들이 다음과 같은 집에서 생활하는 까닭을 쓰시오.

주의
6 오른쪽은 어떤 지역에서 볼 수 있는 집의 모습입니까? ( )

▲ 게르

① 해발 고도가 높은 지역
② 일 년 내내 추운 지역
③ 눈이 많이 내리는 지역
④ 넓은 초원이 있는 지역
⑤ 사계절의 변화가 뚜렷한 지역

7 다음은 무엇과 관련 있는 일상생활에서 나타나는 문화의 모습입니까? ( )

> 어린이들은 퀵보드, 인라인스케이트 타고, 할아버지와 할머니는 공을 이용한 놀이를 한다.

① 지역 ② 나이 ③ 인종
④ 성별 ⑤ 종교

8 다음 빈칸에 들어갈 알맞은 말을 쓰시오.

> 편견이란 공정하지 못하고 한쪽으로 치우친 의견이나 생각을 말한다. 이러한 의견이나 생각 때문에 어떤 기준을 두어 대상을 구별하고 다르게 대우하는 ☐ 이 생기게 된다.

( )

3
단원

❋ 다음 그림을 보고, 물음에 답하시오. [9~10]

왜 음식을 손으로 먹지?

9 위 그림과 관련 있는 차별로 알맞은 것을 **보기** 에서 골라 기호를 쓰시오.

> **보기**
> ㉠ 언어 ㉡ 피부색 ㉢ 식생활 ㉣ 출신 국가

( )

10 위에서 음식을 먹고 있는 사람은 어떤 기분이 들 겠습니까? ( )

① 고마운 마음이 들 것이다.
② 반가운 마음이 들 것이다.
③ 무시당한 기분이 들 것이다.
④ 존중받는 기분이 들 것이다.
⑤ 도와주고 싶은 마음이 들 것이다.

11 우리 사회에서 볼 수 있는 편견과 차별의 모습으로 알맞지 <u>않은</u> 것은 어느 것입니까? ( )

① 임신을 이유로 취직이 되지 않는다.
② 장애가 있다는 이유로 차별을 받고 있다.
③ 능력이 있는 사람을 우선적으로 승진시킨다.
④ 나이가 많다는 이유로 취업에 어려움을 겪는다.
⑤ 직장에서 남자만 할 수 있는 일이 따로 있다 고 생각한다.

12 학교에서 편견이 지속된다면 어떤 모습으로 변하 게 될지 바르게 말한 친구는 누구입니까?

( )

① 수진: 더욱 기분이 좋아질 것 같아.
② 민재: 학급 분위기가 더 좋아질 거야.
③ 호영: 친구들과 사이좋게 지낼 수 있어.
④ 현주: 학교 생활을 더 잘 할 수 있을 거야.
⑤ 승현: 자신이 존중받지 못한다는 생각이 들어.

서술형

13 다음과 같은 일상생활에서 나타나는 편견과 차별 의 문제를 해결하기 위한 방법을 쓰시오.

숭례문에 가려면 어디로 가야 하나요?

이 방향으로 조금만 더 가면 돼요!

숭례문에 가려면 어디로 가야 하나요?

잘 몰라요.

_____

_____

14 편견과 차별을 없애려는 우리의 노력과 거리가 <u>먼</u> 것은 어느 것입니까? ( )

① 나의 입장에서 생각한다.
② 나와 다른 문화도 이해한다.
③ 다른 문화도 우리의 문화처럼 존중한다.
④ 서로의 문화를 소개하고 이해하도록 노력한다.
⑤ 한쪽으로 치우치지 않는 생각을 하도록 한다.

15 '배리어 프리 영화'는 어떤 사람들을 위해 만들어진 영화입니까? (   )

① 어린이와 노인들을 위해서
② 영화관이 없는 섬에 사는 주민들을 위해서
③ 경제적으로 어려움에 처한 사람들을 위해서
④ 혼자 영화를 보기 좋아하는 사람들을 위해서
⑤ 시각이나 청각 장애를 가진 사람들을 위해서

❀ 다음 그림을 보고, 물음에 답하시오. [16~17]

16 위 그림에 대한 설명으로 바르지 <u>않은</u> 것은 어느 것입니까? (   )

① 윤호는 피구를 하고 싶어 한다.
② 지민이는 축구를 하고 싶어 한다.
③ 모든 친구들이 피구를 하고 싶어 한다.
④ 남학생들은 여자는 축구 경기에 참여할 수 없다고 말하였다.
⑤ 남학생들은 남자는 축구, 여자는 피구를 하자고 말하고 있다.

〈서술형〉

17 지민이네 반에서는 위와 같은 문제를 해결하기 위한 학급 규칙을 정하려고 합니다. 해결 방법에는 무엇이 있는지 쓰시오.

_____

18 다음 기관에서 하는 일을 보기 에서 두 가지 골라 기호를 쓰시오.

▲ 다문화 가족 지원 포털 다누리

> **보 기**
> ㉠ 관련된 법을 만든다.
> ㉡ 노인들의 일자리를 마련해 준다.
> ㉢ 다문화 가정 어린이를 도와준다.

(,   )

19 다음 빈칸에 들어갈 알맞은 말은 어느 것입니까?
(   )

편견과 차별을 없애기 위해 살색으로 불리던 이 색의 이름을 ☐(으)로 바꾸어 부르기로 하였다.

① 흰색   ② 검정색
③ 노란색   ④ 파란색
⑤ 살구색

20 위 **19**번과 같은 색깔로 바꾸어 부르게 된 까닭으로 알맞은 것은 어느 것입니까? (   )

① 사람마다 직업이 다르기 때문이다.
② 나라마다 옷차림이 다르기 때문이다.
③ 사람의 피부색은 다양하기 때문이다.
④ 사람의 생김새는 모두 같기 때문이다.
⑤ 나라마다 쓰는 언어가 다르기 때문이다.

1 다음 사진을 보고, 물음에 답하시오.

 ㉠

 ㉡

▲ 게르   ▲ 수상 가옥

(1) 위 사진을 보고, 알 수 있는 문화는 의식주 중 무엇인지 쓰시오.

(   )

(2) 위의 ㉠, ㉡과 같은 집에서 사람들이 살게 된 까닭을 쓰시오.

㉠: _____

㉡: _____

관련 핵심 개념

일상생활에서 나타나는 다양한 문화의 모습 알아보기

사람들은 어떤 모양의 집에서 살고 있는지 살펴보고, 문화의 공통점과 차이점을 알아봅니다.

2 다음 그림을 보고, 물음에 답하시오.

 ㉠

 ㉡

(1) 위 그림에서 옷차림에 대한 편견과 차별은 어느 것인지 쓰시오.

(   )

(2) 위 ㉠에서 음식을 먹고 있던 사람은 어떤 기분이 들었을지 쓰시오.

_____

(3) 위와 같은 상황을 해결하기 위한 방법은 무엇이 있는지 쓰시오.

_____

관련 핵심 개념

일상생활에서 나타나는 편견과 차별 살펴보기

일상생활에서 찾아볼 수 있는 편견과 차별의 모습을 살펴보고, 이를 없애기 위한 노력을 알아봅니다.

3 학급에서 '학급 체육의 날'에 참여하고 싶은 운동 종목을 정하고 있습니다. 다음 그림을 보고, 물음에 답하시오.

(1) 위에서 세 남학생은 어떤 편견을 가지고 있는지 쓰시오.

_____

(2) 위와 같은 문제를 해결하기 위해 학급 규칙을 정하려고 할 때 해결 방법은 무엇인지 쓰시오.

_____

4 다음 내용을 보고, 물음에 답하시오.

살색 → 살구색

(1) 편견과 차별을 없애기 위해 노력 중 위 내용과 관련 있는 것을 쓰시오.

_____

(2) 위와 같이 색의 이름을 바꾸게 된 까닭은 무엇인지 쓰시오.

_____

관련 핵심 개념

편견과 차별을 해결하는 방법

교실에서 일어날 수 있는 편견과 차별의 상황을 살펴보고, 이를 해결하는 방법을 알아봅니다.

관련 핵심 개념

편견과 차별이 없는 세상을 만들기 위한 노력

편견이나 차별의 뜻이 담긴 말을 바꾸고, 사람들이 새롭게 바뀐 말을 사용할 수 있도록 노력하는 모습을 알아봅니다.

탐구 서술형 평가 2회

1 우리 사회에서 볼 수 있는 다양한 문화를 나타낸 사진을 보고, 물음에 답하시오.

(1) 위 두 사진의 공통점은 무엇인지 쓰시오.

_____

(2) 위 두 사진의 차이점은 무엇인지 쓰시오.

_____

_____

관련 핵심 개념

우리 사회의 다양한 문화의 모습 알아보기

일상생활에서 볼 수 있는 문화의 공통점과 차이점을 알아봅니다.

2 다음 공익 광고를 보고, 물음에 답하시오.

(1) 위의 공익 광고와 관계 있는 것은 무엇인지 쓰시오.

_____

(2) 위와 같은 편견과 차별의 문제를 없애기 위해 우리가 실천할 수 있는 일을 쓰시오.

_____

관련 핵심 개념

편견과 차별이 없는 사회를 만들기 위한 노력

제시된 공익 광고를 통해 차별이 지속되지 않기 위한 노력을 알아봅니다.

3 편견과 차별을 다룬 다음 공익 광고의 내용을 살펴보고, 물음에 답하시오.

ㄱ

ㄴ

(1) 위 ㄱ, ㄴ의 광고에는 어떤 편견이 있는지 각각 쓰시오.

ㄱ: _____

ㄴ: _____

(2) 위 광고와 같이 편견이 옳지 않다고 생각하는 까닭은 무엇인지 쓰시오.

_____

3 단원

관련 핵심 개념

편견과 차별 알아보기

주변에서 일어나는 편견과 차별의 상황을 알아보고, 서로에 대해 편견과 차별 없이 지내기 위한 방법을 알아봅니다.

4 다음 사진을 보고, 물음에 답하시오.

ㄱ

▲ 다문화 가족 지원 포털 다누리

ㄴ
▲ 국가 인권 위원회 누리집

(1) 위 ㄱ, ㄴ 기관의 공통점은 무엇인지 쓰시오.

_____

(2) 위 기관에서 하는 일을 각각 쓰시오.

ㄱ: _____

ㄴ: _____

관련 핵심 개념

편견과 차별을 없애기 위한 사회적인 노력

편견과 차별이 없는 세상을 만들기 위해 사회적으로 실시하고 있는 여러 정책과 활동 등을 알아봅니다.

1 사회 변화로 달라진 일상생활의 모습이 <u>아닌</u> 것을 보기 에서 찾아 기호를 쓰시오.

보기
㉠ 다른 나라의 음식을 쉽게 접할 수 있다.
㉡ 예전에 비해 학급 수가 많이 줄어들었다.
㉢ 학교 과제를 해결할 때 주로 주변의 어른들께 물어본다.

( )

2 다음 중 저출산과 관련 있는 모습으로 알맞은 것은 어느 것입니까? ( )

①  ②

③  ④

서술형
3 다음 신문 기사를 읽고, 고령화에 대비하기 위한 방법을 쓰시오.

○○ 신문   20△△년 △△월 △△일
일하는 노인들이 늘어나고 있어요
◇◇ 지역에서는 노인 경제활동 지원을 위해 '노인 일자리 급식 도우미 사업'이 활발하게 운영되고 있다. 이 사업으로 노인들은 일할 기회를 얻게 되었고, 학교에서는 학생들의 점심식사를 도와주는 사람들이 늘어나게 되었다.

_____

4 고령화에 대비하기 위해 늘려야 할 시설은 어느 것입니까? ( )

① 학원   ② 노인정
③ 보육원   ④ 어린이집
⑤ 주민 센터

서술형
5 저출산·고령화 사회 속에서 살아가기 위해 우리에게 필요한 태도는 무엇인지 쓰시오.

_____

6 다음 빈칸에 들어갈 알맞은 말을 쓰시오.

[   ]는 일상생활에서 정보와 지식이 중요하게 여겨지는 방향으로 변하는 것을 말한다.

( )

7 정보화로 달라지고 있는 일상생활 모습으로 알맞지 <u>않은</u> 것은 어느 것입니까? ( )

① 가게에 직접 가야만 물건을 살 수 있다.
② 정보를 쉽게 얻어 과제를 해결할 수 있다.
③ 밖에서도 휴대 전화로 가전제품을 작동할 수 있다.
④ 세계 곳곳에서 일어나는 일을 빠르게 알 수 있다.
⑤ 휴대 전화를 이용해 어디서나 은행 업무를 쉽게 볼 수 있다.

8 정보화 사회에서 발생하는 문제점으로 알맞지 <u>않</u>은 것은 어느 것입니까? (　　　)

① 저작권 침해 발생
② 개인 정보 유출 증가
③ 도서 대출 프로그램의 사용
④ 악성 댓글과 거짓 소문의 확산
⑤ 인터넷·스마트폰 의존 현상 심화

9 세계화의 원인으로 알맞은 것은 어느 것입니까?
(　　　)

① 폐교의 증가
② 평균 수명의 증가
③ 교통·통신의 발달
④ 다문화 가정의 증가
⑤ 저출산, 고령화 현상

🖐️서술형
10 다음과 같은 세계화가 우리 생활에 미친 영향은 무엇인지 쓰시오.

_____

_____

11 다음은 무엇에 대한 설명인지 쓰시오.

> • 사람들이 가지고 있는 공통의 생활 방식이다.
> • 사람들의 옷차림, 먹는 음식, 사는 집 등이 포함된다.

(　　　　　　　)

🌸 다음 사진을 보고, 물음에 답하시오. [12~14]

ㄱ 　　ㄴ

ㄷ 　　ㄹ

12 위에서 사람들의 옷차림을 알 수 있는 사진을 찾아 기호를 쓰시오.

(　　　　　　　)

13 위에서 ㄷ 지역의 특징으로 알맞은 것은 어느 것입니까? (　　　)

① 날씨가 매우 춥다.
② 주로 농사를 짓는다.
③ 여름에 비가 많이 내린다.
④ 울창한 숲을 많이 볼 수 있다.
⑤ 이동할 때 자전거를 사용한다.

14 위 ㄹ에 나타난 사람들이 음식을 먹는 모습으로 알맞은 것은 어느 것입니까? (　　　)

① 젓가락을 사용한다.
② 쌀밥과 나물을 먹는다.
③ 손으로 음식을 집어먹는다.
④ 포크와 나이프를 사용한다.
⑤ 어른과 아이가 다른 음식을 먹는다.

15 다음 그림은 어떤 차별과 관련이 있습니까?
( )

① 언어 ② 종교
③ 성별 ④ 옷차림
⑤ 피부색

16 다음 글의 빈칸에 들어갈 내용으로 알맞은 것은 어느 것입니까? ( )

> 학교에서 친구들이 서로 존중하지 않고 이해하지 않으면 _____.

① 공부가 더 잘 될 것이다.
② 학교에 오기 싫을 것이다.
③ 친구와 사이가 더 좋아질 것이다.
④ 학급 분위기가 더 좋아질 것이다.
⑤ 존중받지 못하는 친구는 기분이 좋을 것이다.

17 다음 편견과 차별을 없애는 방법을 바르게 말한 친구는 누구인지 쓰시오.

▲ 예담   ▲ 지민

( )

18 편견과 차별을 없애기 위해 노력하는 기관이 아닌 것은 어느 것입니까? ( )

① 지구촌 학교
② 남북 하나 재단
③ 국가 인권 위원회
④ 전국 경제인 연합회
⑤ 무지개 청소년 센터

19 편견과 차별이 없는 세상을 만들기 위해 우리들이 할 수 없는 일은 어느 것입니까? ( )

① 장애인 차별 금지법을 만든다.
② 다문화 가정 친구를 놀리지 않는다.
③ 친구의 다른 문화를 이해하고 존중한다.
④ 남자와 여자의 역할을 구분하지 않는다.
⑤ 편견과 차별을 나타내는 용어를 사용하지 않는다.

20 다음 사진에 대한 설명으로 알맞은 것은 어느 것입니까? ( )

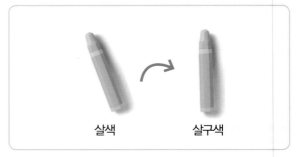

① 둘 다 다른 색이다.
② 살구색을 살색으로 바꾸기로 하였다.
③ 살구색은 요즘에 쓰지 않는 용어이다.
④ 살색과 살구색을 함께 사용하기로 하였다.
⑤ 편견과 차별의 뜻이 담긴 용어를 바꾸었다.

1 다음과 관련 있는 사회 현상은 무엇인지 쓰시오.

> • 폐교가 늘어나고 있다.
> • 신생아실에서 태어나는 아이가 줄어들고 있다.

( )

❀ 다음 그래프를 보고, 물음에 답하시오. [2~3]

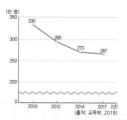

▲ 전국 초등학생 수 변화

2 위 그래프를 보고, 다음 빈칸에 들어갈 알맞은 말에 ○표 하시오.

> 초등학생 수는 점점 (줄어들고 , 늘어나고) 있다.

3 위와 같은 문제를 해결할 수 있는 방법을 두 가지 고르시오. (,)

① 보육비 지원
② 요양 서비스
③ 어린이집 지원
④ 노인 일자리 확대
⑤ 노인 돌봄 서비스 확대

🖐 서술형

4 고령화가 지속된다면 우리의 생활 모습은 어떻게 변화게 될지 쓰시오.

_____

5 학교에서 정보와 지식을 활용하는 장소로 알맞은 곳은 어느 것입니까? ( )

① 매점　　　　　② 도서실
③ 음악실　　　　④ 급식실
⑤ 운동장

6 다음과 같이 실시간으로 교통 정보를 얻어 빠른 길로 갈 수 있도록 해 주는 장치의 이름을 쓰시오.

( )

7 정보화로 변화된 소비 생활과 관련이 없는 것은 어느 것입니까? ( )

① 인터넷 쇼핑몰이 점점 많아지고 있다.
② 인터넷으로 물건을 주문하고 살 수 있다.
③ 수업과 관련 있는 자료를 검색해 활용한다.
④ 인터넷으로 물건의 관련 정보를 검색해 알 수 있다.
⑤ 온라인상에서 물건을 사고파는 사람들이 많아지고 있다.

3
단원

8 다음 밑줄 친 부분에 들어갈 알맞은 내용을 쓰시오.

> • 수지: 아빠, 왜 외국인이 우리나라에서 야구 선수를 할 수 있어요?
> • 아빠: 그럼, 할 수 있지. _____

_____

_____

9 세계화로 우리의 전통문화가 점점 사라지는 위기에 처한 것은 무엇 때문인지 두 가지 고르시오.

(,)

① 우리의 문화가 다른 나라의 문화보다 좋지 않기 때문이다.

② 다른 나라의 문화가 세계의 보편적인 문화이기 때문이다.

③ 다른 나라의 문화를 무분별하게 받아들이고 있기 때문이다.

④ 우리 문화를 소홀하게 여기는 경향이 커지고 있기 때문이다.

⑤ 다른 나라의 문화가 우리나라에 들어오는 것을 차단하지 못했기 때문이다.

10 세계화의 장점으로 알맞지 않은 것은 어느 것입니까? ( )

① 우리의 문화를 세계에 널리 알릴 수 있다.

② 소비자는 더 싸고 좋은 물건을 살 수 있다.

③ 기업은 더 많은 나라에 상품을 팔 수 있다.

④ 다른 나라의 문화를 우리나라에서 즐길 수 있다.

⑤ 우리나라에 들어와 있는 외국인들과 갈등을 겪을 때가 있다.

11 문화에 대한 설명으로 알맞지 않은 것은 어느 것입니까? ( )

① 문화는 서로 비슷한 모습을 가지기도 한다.

② 문화는 사람들이 지닌 공통의 생활 방식이다.

③ 사람들이 짧은 시간을 함께 생활하면서 만들어진다.

④ 지역, 종교, 나이 등에 따라 다양한 문화의 모습이 나타난다.

⑤ 문화에는 사람들의 옷차림, 먹는 음식, 사는 집 등이 포함된다.

12 다음 지역의 문화에 대한 설명으로 알맞은 것은 어느 것입니까? ( )

① 매우 추운 지역이다.

② 젓가락을 이용해 식사를 한다.

③ 높은 층수의 아파트에서 생활한다.

④ 바닷가 근처에서 해산물을 채취한다.

⑤ 나무로 만든 물 위의 집에서 생활한다.

13 식사 때 포크를 주로 사용하는 나라는 어디입니까? ( )

① 중국   ② 일본

③ 대만   ④ 미국

⑤ 대한민국

🌸 다음 그림을 보고, 물음에 답하시오. [14~15]

14 위에서 옷차림에 대한 차별과 관련 있는 것을 찾아 기호를 쓰시오.

( )

🖊서술형
15 위 ㉡에서 음식을 먹는 사람은 어떤 기분이 들겠는지 쓰시오.

_____

16 다음 ㉠, ㉡에 들어갈 말을 각각 쓰시오.

> • ㉠ 은(는) 어떤 기준을 두어 대상을 구별하고 다르게 대우하는 것입니다.
> • ㉡ 은(는) 공정하지 못하고 한쪽으로 치우친 의견이나 생각을 말한다.

㉠: ( ) ㉡: ( )

17 우리 사회에서 볼 수 있는 편견과 차별의 모습이 아닌 것은 어느 것입니까? ( )

① 장애에 대한 차별
② 능력에 대한 차별
③ 나이에 대한 차별
④ 남녀에 대한 차별
⑤ 임신, 출산에 대한 차별

18 다음 글에서 알 수 있는 편견을 보기에서 두 가지 골라 기호를 쓰시오.

> 지민이네 반에서는 '학급 체육의 날' 참여하고 싶은 운동 종목을 정하기로 하였다. 남학생들은 남자는 축구, 여자는 피구를 하자고 말하였다. 지민이는 축구를 하고 싶었지만, 남자들은 여자는 축구 경기에 참여할 수 없다고 말하였다. 윤호는 피구를 하고 싶었지만, 자기가 하고 싶은 종목에 참여하지 못해 속상했다.

보기
㉠ 여학생은 축구를 못한다.
㉡ 남학생은 여학생보다 축구를 못한다.
㉢ 남학생은 무조건 피구보다 축구를 좋아한다.

(,)

19 편견과 차별의 문제를 해결하기 위한 학급 규칙을 정할 때 가져야 할 태도로 바르지 않은 것은 어느 것입니까? ( )

① 이해하기
② 존중하기
③ 배려하기
④ 무시하기
⑤ 서로의 입장에서 생각하기

20 다음 빈칸에 들어갈 알맞은 말은 어느 것입니까? ( )

> 사람의 ☐ 은(는) 다양하기 때문에 살색이라는 말 대신 '살구색'으로 바꾸어 부르기로 하였다.

① 재산 ② 피부색
③ 옷 색깔 ④ 머리색
⑤ 여가 생활

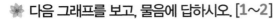
※ 다음 그래프를 보고, 물음에 답하시오. [1~2]

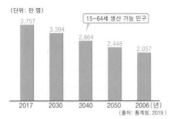

(단위: 만 명)

3,757   3,394   2,864   2,448   2,057

15~64세 생산 가능 인구

2017   2030   2040   2050   2006 (년)
(출처: 통계청, 2019)

▲ 15~64세 생산 가능 인구

1 위 그래프와 같은 현상이 계속될 때 나타날 모습으로 알맞은 것을 두 가지 고르시오. (　,　)

① 가족의 형태가 변할 것이다.
② 일할 사람이 줄어들 것이다.
③ 출산을 도와주는 병원이 늘어날 것이다.
④ 학생 수가 늘어나는 학교가 많아질 것이다.
⑤ 경제에 아무런 영향을 미치지 않을 것이다.

🖐서술형

2 위와 같은 문제를 해결하기 위한 방법을 쓰시오.

_____

_____

3 다음은 무엇에 대한 설명인지 쓰시오.

전체 인구에서 노인이 차지하는 비율이 높아지는 현상을 말한다.

(　　　　　　)

4 위의 3번 답의 원인으로 알맞은 것을 두 가지 고르시오. (　,　)

① 출생아 수 감소
② 출생아 수 증가
③ 평균 수명의 증가
④ 국민 소득의 감소
⑤ 교통과 통신의 발달

😀응용
5 저출산과 고령화가 지속될 때 생길 문제로 알맞은 것은 어느 것입니까? (　　　)

① 문을 닫는 학교가 줄어든다.
② 일을 하는 노인 인구 수가 줄어든다.
③ 노인들을 위한 전문 시설이 줄어든다.
④ 일할 수 있는 인구가 감소해 경제가 어려워진다.
⑤ 어른들의 인구 수가 많아져 경제가 활성화된다.

6 학교에서 볼 수 있는 정보화 모습 중 학교 소식을 알 수 있는 것과 관련 있는 것은 어느 것입니까?

(　　　)

① ▲ 디지털 교과서

② ▲ 학교 누리집

③ ▲ 학교 기상 정보 시스템

④ ▲ 도서 대출 프로그램

7 정보화 사회의 특징을 잘못 말한 친구는 누구입니까? (　　　)

① 혜영: 정보와 지식을 새로 만들기도 한다.
② 연아: 정보와 지식을 다른 사람과 공유한다.
③ 재우: 사람들의 생활이 예전보다 불편해진다.
④ 희지: 사람들의 생활이 다양하게 변하고 있다.
⑤ 주호: 인터넷으로 다양한 정보와 지식을 빠르게 얻는다.

3
단원

서술형

8 다음의 문제를 해결하기 위한 방법을 쓰시오.

> "인터넷을 이용해 악성 댓글이 달리고 거짓 소문이 퍼져서 속상해요."

_____

9 세계 여러 나라들이 다양한 분야에서 교류하며 영향을 주고받는 것을 무엇이라고 합니까?
( )

① 문화　　　　　② 무역
③ 저출산　　　　④ 정보화
⑤ 세계화

10 우리들이 일상생활에서 볼 수 있는 세계화의 모습을 보기 에서 골라 기호를 쓰시오.

> **보기**
> ㉠ 다른 나라로 여행을 간다.
> ㉡ 노인들을 위한 시설이 늘어난다.
> ㉢ 인터넷으로 검색해 물건을 산다.

( )

11 다음에 대한 설명으로 알맞은 것은 어느 것입니까? ( )

> • 사람들이 가지고 있는 공통의 생활 방식을 말한다.
> • 사람들이 오랜 시간을 함께 생활하면서 만들어지고 전해져 내려온 것이다.

① 무역　　　　　② 문화
③ 여행　　　　　④ 경제 활동
⑤ 봉사활동

12 다음 사진을 통해 알 수 있는 내용을 보기 에서 골라 기호를 쓰시오.

> **보기**
> ㉠ 의생활의 차이　　　㉡ 식생활의 차이
> ㉢ 주생활의 차이

( )

13 문화에 대해 잘못 말한 친구는 누구입니까?
( )

① 효진: 지역에 따라 문화의 모습은 달라진다.
② 영지: 문화는 빨리 나타났다가 빨리 사라진다.
③ 승재: 한 나라 안에서도 다양한 문화가 나타난다.
④ 혜진: 나이에 따라 함께 즐길 수 있는 활동도 있다.
⑤ 지호: 나이에 따라 즐기는 여가 생활이 다르기도 하다.

14 다음 내용과 관련 있는 것은 무엇인지 쓰시오.

> • "피부색이 나와 다른 사람은 다……한 거야."
> • "○○교를 믿는 사람들은 모두 ……해."
> • "다른 나라 말을 쓰는 사람들은 ……한 것 같아."

( )

✿ 다음 공익 광고를 보고, 물음에 답하시오. [15~16]

15 위 공익 광고와 관련 있는 차별로 알맞은 것은 어느 것입니까? (   )

① 언어에 대한 차별
② 남녀에 대한 차별
③ 장애에 대한 차별
④ 나이에 대한 차별
⑤ 옷차림에 대한 차별

🖋️서술형

16 위와 같은 편견과 차별을 없애기 위해 우리가 실천할 수 있는 일을 쓰시오.

_____

_____

17 다음은 무엇에 대한 설명인지 쓰시오.

> 시각이나 청각 장애를 가진 사람이 영화를 볼 때 장벽이 되는 소리와 영상을 각각 자막과 음성 해설로 바꿔 주어 불편없이 볼 수 있도록 만든 영화입니다.
>
>

(   )

18 교실에서 볼 수 있는 편견과 차별의 문제를 **보기**에서 골라 기호를 쓰시오.

> **보기**
> ㉠ 학급 체육의 날에 남학생만 축구를 한다.
> ㉡ 임신을 이유로 일자리 지원을 거절당한다.
> ㉢ 나이가 많다는 이유로 취직이 되지 않는다.

(   )

19 다음과 같은 편견과 차별이 없는 세상을 만들기 위한 활동의 효과로 알맞은 것은 어느 것입니까?
(   )

▲ 어린이 합창단

① 관련 기관을 세울 수 있다.
② 편견과 차별을 없애기 위한 법을 만들 수 있다.
③ 알맞은 교육을 제공하고 능력을 발휘할 기회를 준다.
④ 다양한 문화를 가진 사람들이 한자리에 모여 함께 어울릴 수 있다.
⑤ 편견과 차별의 뜻이 담긴 말을 사람들에게 새롭게 바뀐 말을 사용할 수 있도록 알려 준다.

20 편견과 차별을 없애기 위한 노력으로 알맞지 <u>않은</u> 것은 어느 것입니까? (   )

① 기관과 관련된 법을 만든다.
② 우리의 문화만 소중하게 생각한다.
③ 한쪽 편에 치우친 생각을 하지 않는다.
④ 편견과 차별을 나타내는 용어를 바꾼다.
⑤ 장애인을 차별로부터 보호하는 법을 만든다.

천막을 만들던 천이 청바지로?

청바지의 유래는 19세기 중엽(1850년경)의 미국 서부 개척 시대까지 거슬러 올라갑니다. 이 무렵 미국의 서부 지역에서 많은 금광이 발견되면서 사람들이 금을 캐러 몰려들었습니다. 사람들은 여기저기에 천막으로 손쉽게 집을 지었습니다. 그 당시 천막용 천을 생산하던 스트라우스는 밀려드는 주문으로 눈코뜰새 없이 바빴습니다.

어느 날, 그에게 군대에 물건을 납품하는 사람이 찾아와 대형 천막 10만여 개 분량의 천막 천을 만들어 달라고 주문하였습니다. 뜻밖의 행운을 잡은 스트라우스는 공장과 직원을 늘리고 빚까지 내어 3개월 만에 주문받은 수량을 만들어 내었습니다. 그런데 물건을 다 만들었는데도 연락이 오지 않았습니다.

산더미처럼 쌓여 있는 천막 천을 볼 때마다 스트라우스는 큰 걱정에 빠졌습니다. 직원들의 월급은 몇 달째 밀리고 빚쟁이들은 매일 매일 찾아왔습니다.

어느 날 스트라우스는 주점에 들렀다가 뜻밖의 광경을 보게 되었습니다. 사람들이 옹기종기 모여 앉아 해진 바지를 꿰매고 있었던 것이었습니다. 그 순간 스트라우스의 머리를 스치는 생각이 있었습니다.

'그래, 천막 천으로 아주 질긴 바지를 만들어 보자.'

얼마 후, 천막용 천으로 만든 바지는 잘 해지지 않아 사람들에게 인기가 많아졌습니다. 이 바지는 날개 달린 듯이 팔려나갔고, 스트라우스는 빚도 다 갚고 큰 부자가 되었습니다.

오늘날 청바지는 모든 사람들에게 사랑받는 옷이 되었습니다.

100점
예상문제

사회 4-2

3~4 학년군

1 다음에서 설명하는 지역은 어디인지 쓰시오.

> • 논, 하천, 비닐하우스 등을 볼 수 있다.
> • 계절이나 날씨에 따라 생활 모습이 달라진다.
> • 사람들은 주로 자연환경을 이용하여 살아간다.

(   )

2 도시의 특징으로 알맞지 <u>않은</u> 것은 어느 것입니까? (   )

① 높은 건물이 많다.
② 많은 사람들이 모여 산다.
③ 크고 작은 도로들이 연결되어 있다.
④ 산, 저수지, 갯벌, 넓은 들판이 있다.
⑤ 버스나 지하철과 같은 교통 수단이 발달했다.

3 우리나라의 주요 도시에 대한 설명과 관련 있는 곳을 다음에서 찾아 기호를 쓰시오.

> ㉠ 서울   ㉡ 세종   ㉢ 부산   ㉣ 여수

(1) 철도 교통, 해상 교통이 발달한 도시
                     (   )

(2) 도로·철도 교통의 중심지로 우리나라의 수도   (   )

(3) 행정의 중심지로 새롭게 계획하여 만든 도시   (   )

4 다음과 같은 특징이 나타나는 지역은 어디인지 기호를 쓰시오.

> • 높은 건물이 많지 않다.
> • 자연환경을 이용한 산업이 발달했다.

㉠	㉡
▲ 전라남도 해남군	▲ 울산광역시

(   )

5 촌락의 문제를 해결하기 위한 노력으로 알맞지 <u>않</u>은 것은 어느 것입니까? (   )

① 문화 시설이나 편의 시설을 늘린다.
② 농약과 화학 비료를 많이 사용한다.
③ 새로운 품종이나 농사 방법을 개발한다.
④ 다양한 기계를 이용하여 일손 부족 문제를 해결한다.
⑤ 귀촌을 하려는 사람들이 촌락에 잘 적응하며 살 수 있도록 적극적으로 지원한다.

6 다음 그래프를 보고, 바르게 설명한 것은 어느 것입니까? (   )

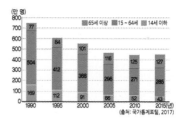

▲ 촌락의 인구 변화

① 촌락의 노인 인구가 줄고 있다.
② 촌락에 사는 사람들의 수입이 늘었다.
③ 촌락의 어린이의 수가 줄어들고 있다.
④ 촌락에 관광 오는 사람의 수가 늘었다.
⑤ 촌락에 사는 노인들이 도시로 이주하고 있다.

7 교류에 대한 설명으로 알맞지 <u>않은</u> 것은 어느 것입니까? (   )

① 다른 나라와 교류를 하는 경우도 있다.
② 사람들이 다른 지역을 서로 오고 가는 것이다.
③ 텃밭에 각종 채소를 키워서 먹는 것도 교류이다.
④ 물건, 문화, 기술 등을 서로 주고받는 것을 교류라고 한다.
⑤ 학교에서 다른 지역으로 체험 학습을 가는 것은 교류의 예이다.

8 지역이나 나라마다 교류를 하는 까닭을 모두 고르시오. (, ,)

① 지역마다 자연환경이 다르기 때문이다.
② 지역마다 기술 수준이 다르기 때문이다.
③ 지역마다 땅의 면적이 다르기 때문이다.
④ 지역마다 생산되는 물건이 다르기 때문이다.
⑤ 지역 사람들의 여가 생활이 다르기 때문이다.

9 촌락에서 열리는 다음 축제에 참여하는 도시 사람들이 얻는 것은 무엇입니까? ( )

- 농다리 축제
- 산천어 축제
- 한방 약초 축제
- 신비의 바닷길 축제

① 필요한 정보를 얻을 수 있다.
② 공동체 의식을 높을 수 있다.
③ 많은 경제적 이익을 얻을 수 있다.
④ 여가를 즐겁고 보람 있게 보낼 수 있다.
⑤ 봉사를 통해 보람과 긍지를 느낄 수 있다.

10 촌락 사람들이 병원이나 상점을 이용하려고 도시를 방문하면 도시 사람들에게 어떤 도움이 됩니까? ( )

① 지역의 좋은 이미지를 알릴 수 있다.
② 촌락의 문화를 더 잘 이해할 수 있다.
③ 도시의 경제 활동이 더욱 활발해진다.
④ 촌락 사람들과 더욱 친근하게 지낼 수 있다.
⑤ 다양한 놀이 문화나 체험 활동을 즐길 수 있다.

11 농수산물 직거래 장터를 열면 도시 사람들에게 좋은 점은 무엇인지 쓰시오.

_____

_____

12 도시 사람들이 농촌 봉사 활동에 참여하면 어떤 점이 좋은지 두 가지 고르시오. (,)

① 도시 생활의 좋은 점을 전할 수 있다.
② 자연을 즐기는 여가 활동을 할 수 있다.
③ 봉사를 통해 보람과 긍지를 느낄 수 있다.
④ 촌락의 사람들과도 친밀하게 지낼 수 있다.
⑤ 봉사 활동으로 경제적 이익을 얻을 수 있다.

13 다음 빈칸에 들어갈 지역을 쓰시오.

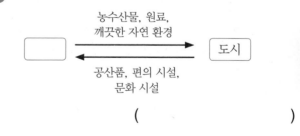

( )

100점
예상
문제

14 다음에서 설명하는 것은 무엇입니까? ( )

사람들이 생활하는 데 필요한 여러 가지 것들을 만들고 사용하는 것과 관련된 모든 활동을 말한다.

① 사회 활동
② 정치 활동
③ 여가 활동
④ 경제 활동
⑤ 봉사 활동

15 선택의 문제가 일어나는 까닭을 <u>잘못</u> 설명한 것은 어느 것입니까? (   )

① 희소성 때문에 경제 활동에서 선택의 문제가 일어난다.
② 무엇을 선택하는지는 각자의 필요에 따라 다를 수 있다.
③ 선택의 문제는 경제생활을 하는 모든 사람에게 나타난다.
④ 바람직한 선택을 하기 위해서는 여러 가지 상황을 고려해야 한다.
⑤ 모든 사람들이 쓸 수 있을 만큼 자원이 풍부하기 때문에 선택의 문제가 발생한다.

16 현명한 선택에 대한 설명으로 알맞은 것은 어느 것입니까? (   )

① 다른 사람보다 많은 돈을 버는 것이다.
② 가지고 싶은 물건을 모두 살 수 있는 것이다.
③ 잘못 구입한 물건을 마음껏 교환할 수 있는 것이다.
④ 돈과 자원을 낭비하지 않고 큰 만족감을 얻는 것이다.
⑤ 다른 사람의 눈치를 보지 않고 하고 싶은 것을 하는 것이다.

서술형

17 물건을 살 때 최종적으로 고려해야 할 점은 무엇인지 쓰시오.

_____

_____

18 다음 보기 에서 생산 활동과 관련 있는 것을 찾아 기호를 쓰시오.

보기
㉠ 버섯 따기   ㉡ 공연하기   ㉢ 건물 짓기
㉣ 물건 팔기   ㉤ 벼농사 짓기   ㉥ 자동차 만들기

(1) 생활하는 데 필요한 것을 만드는 활동
(   )
(2) 생활을 편리하고 즐겁게 해 주는 활동
(   )
(3) 생활에 필요한 것을 자연에서 얻는 활동
(   )

19 현명한 소비 생활을 하기 위한 방법으로 알맞지 <u>않은</u> 것은 어느 것입니까? (   )

① 계획을 세워 소비한다.
② 제품의 가격이나 정보를 확인한다.
③ 제품과 관련된 다양한 정보를 알아본다.
④ 돈의 사용을 계획할 수 있는 가계부를 쓴다.
⑤ 꼭 필요하지 않더라도 값이 싸면 많이 사 둔다.

20 다음에서 설명하는 물건의 정보를 얻는 방법은 무엇입니까? (   )

판매원에게 궁금한 점을 물어볼 수 있으며 물건을 직접 비교할 수 있다.

① 신문 광고 보기
② 인터넷 검색하기
③ 텔레비전 광고 보기
④ 직접 매장 방문하기
⑤ 주변 사람의 경험 듣기

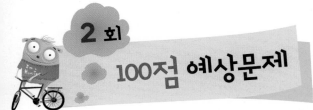

1 다음과 같은 자연환경을 가진 촌락은 어디인지 쓰시오.

> • 넓은 들판과 하천을 볼 수 있다.
> • 논과 밭에서 곡식이나 채소를 기른다.
> • 농사짓는 땅을 이용하여 생산 활동을 한다.

(   )

2 촌락의 모습을 조사하는 방법으로 알맞지 <u>않은</u> 것은 어느 것입니까? (   )

① 현장 조사하기
② 인터넷 이용하기
③ 지역을 소개한 자료 살펴보기
④ 지역을 잘 아는 분께 여쭤보기
⑤ 나침반을 이용해 방위를 알아보기

3 도시에서 사람들이 일하는 모습으로 알맞지 <u>않은</u> 것은 어느 것입니까? (   )

① 공공 기관에서 일한다.
② 공연장에서 공연을 한다.
③ 버스나 지하철을 운전한다.
④ 비닐하우스에서 수박을 재배한다.
⑤ 시장에서 물건을 팔거나 음식을 만들어 판다.

4 촌락과 도시의 차이점을 알아보려고 할 때 꼭 살펴보아야 할 점을 두 가지 고르시오. (,   )

① 발달한 산업의 모습
② 환경을 보호하는 모습
③ 필요한 물건을 만드는 모습
④ 학교 생활을 즐기는 모습
⑤ 교통 시설을 이용하는 모습

5 젊은 사람들이 촌락에서 살지 않는 까닭으로 알맞은 것은 어느 것입니까? (   )

① 일자리가 부족하기 때문이다.
② 생활비가 많이 들기 때문이다.
③ 농사지을 땅이 부족하기 때문이다.
④ 여러 지역의 문화를 경험하고 싶기 때문이다.
⑤ 깨끗한 환경에서 새로운 일을 시작하고 싶은 사람이 늘어났기 때문이다.

6 다음 보기에서 촌락 문제를 해결하기 위한 노력으로 알맞은 것을 두 가지 고르시오.

> ㉠ 문화 시설이나 편의 시설을 없앤다.
> ㉡ 외국에서 값싼 농수산물을 들여온다.
> ㉢ 품질 좋은 농수산물을 생산하여 소득을 높인다.
> ㉣ 다양한 기계를 이용하여 일손 부족 문제를 해결한다.
> ㉤ 귀촌을 하려는 사람들에게 세금을 많이 내도록 한다.

(   )

서술형

7 다음과 같은 도시 문제가 발생하는 까닭은 무엇인지 쓰시오.

> • 주택 문제   • 교통 문제
> • 환경 문제   • 범죄 문제

100점
예상
문제

8 다음과 같이 다른 지역과 교류하는 까닭으로 알맞은 것은 어느 것입니까? (   )

① 각자의 문화를 알리기 위해서이다.
② 지역 문제를 해결하기 위해서이다.
③ 지역마다 인구 수가 다르기 때문이다.
④ 지역마다 기술 수준이 다르기 때문이다.
⑤ 지역마다 생산되는 물건이 다르기 때문이다.

9 다음과 같은 지역 축제를 열면 촌락 사람들에게 좋은 점은 무엇인지 쓰시오.

▲ 농다리 축제
(충청북도 진천군)

▲ 산천어 축제
(강원도 화천군)

_____

_____

10 다음과 같이 도시 사람들이 농촌과 교류하여 얻을 수 있는 좋은 점은 무엇입니까? (   )

| • 일손 돕기 • 공연 활동 • 의료 봉사 |

① 다양한 일자리를 구할 수 있다.
② 농수산물을 공짜로 얻을 수 있다.
③ 병원이나 문화 시설을 이용할 수 있다.
④ 봉사를 통해 보람과 긍지를 느낄 수 있다.
⑤ 도시의 경제 활동을 더욱 활발하게 해 준다.

11 농수산물 직거래 장터를 이용하였을 때 도시 사람에게 좋은 점은 무엇인지 기호를 쓰시오.

> ㉠ 믿을 수 있는 싱싱한 농수산물을 싼값으로 살 수 있다.
> ㉡ 중간 상인을 거치지 않고 판매하기 때문에 더 비싼 값에 팔 수 있다.

(   )

12 촌락 사람들이 도시의 시설을 이용하기 위해 이동하는 경우로 알맞지 <u>않은</u> 것은 어느 것입니까?
(   )

① 규모가 큰 공연을 보기 위해서
② 자연 휴양림에서 여가를 보내기 위해서
③ 백화점이나 대형 상점을 이용하기 위해서
④ 도청이나 시청에서 필요한 업무를 보기 위해서
⑤ 첨단 의료 시설을 갖춘 대형 종합 병원을 이용하기 위해서

13 다음을 보고, 빈칸에 들어갈 알맞은 말을 쓰시오.

촌락

농수산물, 원료, 깨끗한 자연환경 →
← 공산품, 편의 시설, 문화 시설

(   )

(   )

14 우리가 하고 싶은 것을 다 할 수 없는 이유로 알맞지 않은 것은 어느 것입니까? (　　　)

① 돈이 부족하기 때문이다.
② 시간이 부족하기 때문이다.
③ 사람들이 하고 싶은 일이 없기 때문이다.
④ 쓸 수 있는 자원이 한정되어 있기 때문이다.
⑤ 내가 하고 싶은 것과 다른 사람이 하고 싶은 것이 겹치기 때문이다.

15 현명한 선택이 필요한 까닭으로 알맞은 것은 어느 것입니까? (　　　)

① 돈과 자원을 절약할 수 있기 때문이다.
② 다른 사람으로부터 칭찬을 받기 때문이다.
③ 사회적으로 명성을 얻을 수 있기 때문이다.
④ 학교 성적을 올리는 데 도움이 되기 때문이다.
⑤ 사람들이 원하는 것을 모두 살 수 있기 때문이다.

16 물건을 살 때 최종적으로 고려할 점이 <u>아닌</u> 것은 어느 것입니까? (　　　)

① 품질　　　　② 무게
③ 가격　　　　④ 환경
⑤ 필요성

17 다음 빈칸에 들어갈 알맞은 말을 쓰시오.

> 생활에 필요한 물건을 만들거나 사람들이 필요한 것을 제공하는 것을 생산이라고 한다. 그리고 생산한 것을 쓰는 것을 ☐☐☐(이)라고 한다.

(　　　　　　　　　)

18 소비 활동을 하는 모습으로 알맞은 것은 어느 것입니까? (　　　)

① 빵을 만든다.
② 버스를 운전한다.
③ 물건을 배달한다.
④ 대형 마트에서 가전제품을 판다.
⑤ 미용실에서 머리 손질을 받는다.

19 다음 생산 활동의 공통점으로 알맞은 것은 어느 것입니까? (　　　)

> • 공연하기　　• 물건 팔기　　• 환자 진료하기

① 자매결연이나 봉사 활동
② 생산한 것을 소비하는 활동
③ 생활에 필요한 것을 만드는 활동
④ 생활을 편리하고 즐겁게 해 주는 활동
⑤ 생활에 필요한 것을 자연에서 얻는 활동

20 현명한 소비 생활을 하는 방법으로 알맞지 않은 것은 어느 것입니까? (　　　)

① 가계부를 쓴다.
② 소득의 일부를 저축한다.
③ 연예인이 광고하는 물건만 산다.
④ 물건의 가격과 정보를 확인한다.
⑤ 선택 기준에 맞는 물건을 고른다.

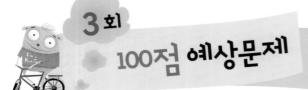
1 상품이 어디에서 왔는지 살펴보는 방법으로 알맞지 않은 것은 어느 것입니까? ( )

① 상품 정보 확인하기
② 통계 자료 분석하기
③ 품질 인증 표시 확인하기
④ 상품을 뜯어 내용물 확인하기
⑤ 대형 할인점의 광고지 확인하기

서술형

2 다양한 상품이 우리 지역으로 들어오는 까닭은 무엇인지 쓰시오.

_____

_____

_____

3 지역과 지역이 경제적 교류를 하는 까닭으로 알맞지 않은 것은 어느 것입니까? ( )

① 다른 지역과 협력해 더 나은 상품을 개발할 수 있기 때문이다.
② 지역의 특산물을 소개해 경제적 이익을 얻을 수 있기 때문이다.
③ 지역 주민의 생활을 편리하게 하고 지역 간의 화합을 가져오기 때문이다.
④ 다른 지역의 경제적 이익을 자신의 지역으로 모두 가져올 수 있기 때문이다.
⑤ 상품을 소개하고 교류하면서 화합해 각 지역의 경제적 이익을 키울 수 있기 때문이다.

4 스마트폰이나 인터넷을 이용해 상품을 구매할 때의 장점은 무엇입니까? ( )

① 물건을 믿고 구매할 수 있다.
② 상품을 직접 보고 살 수 있다.
③ 물건의 가격을 흥정할 수 있다.
④ 직접 사용해 보고 구매할 수 있다.
⑤ 빠른 시간 내에 상품의 특징과 내용을 보고 구매할 수 있다.

5 다음과 같이 각 촌락과 도시 사이에 다양한 경제적 교류가 이루어지는 까닭은 무엇인지 쓰시오.

_____

_____

6 다음에서 설명하는 곳은 어디입니까? ( )

> 우리 지역의 대표 상품을 다른 지역에 홍보하거나 다른 지역의 상품을 우리 지역에 들여오기 위해 알아보는 사람들의 모습을 볼 수 있다.

① 도서관   ② 영화관
③ 박람회   ④ 경찰서
⑤ 민속 박물관

7 오늘날의 일상생활의 변화 모습으로 알맞지 않은 것은 어느 것입니까? ( )

① 태어나는 아기의 수가 늘어났다.
② 예전에 비해 학급 수가 많이 줄었다.
③ 노인들을 위한 시설이 늘어나고 있다.
④ 다른 나라의 음식을 쉽게 접할 수 있다.
⑤ 학교 과제를 해결할 때 인터넷으로 정보를 얻는다.

8 저출산, 고령화로 변화하는 일상생활의 모습으로 알맞지 <u>않은</u> 것은 어느 것입니까? (　　　)

① 폐교하는 학교가 늘어나고 있다.
② 가족의 구성원 수가 줄어들고 있다.
③ 노인을 위한 전문 시설이 생겨나고 있다.
④ 노인을 대상으로 한 산업이 발달하고 있다.
⑤ 출산을 도와주는 병원이 점점 늘어나고 있다.

서술형

9 저출산과 고령화에 대비하기 위한 노력을 각각 쓰시오.

(1) 저출산: _____

_____

(2) 고령화: _____

_____

10 다음 그래프에 대한 설명으로 알맞은 것은 어느 것입니까? (　　　)

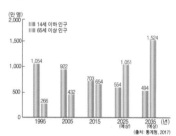

▲ 우리나라 인구의 변화

① 출생아 수가 점점 늘어나고 있다.
② 14세 이하 인구는 점점 증가하고 있다.
③ 65세 이상 인구는 점점 줄어들고 있다.
④ 그래프의 가로축은 인구, 세로축은 연도를 나타낸다.
⑤ 2035년 이후에는 65세 이상 인구는 점점 증가할 것이다.

11 정보화의 모습 중 학교생활과 관련된 내용은 어느 것입니까? (　　　)

① 밖에서도 휴대전화로 가전제품을 작동할 수 있다.
② 수업과 관련이 있는 자료, 동영상 등을 검색한다.
③ 온라인상에서 물건을 사고파는 사람들이 많아지고 있다.
④ 휴대 전화를 이용해 어디서나 은행 업무를 쉽게 볼 수 있다.
⑤ 지하철, 버스가 오는 시간을 실시간으로 검색하여 알 수 있다.

12 다음 그림과 같이 정보화 사회에서 나타나는 문제점은 무엇입니까? (　　　)

사람들이 우리 회사에서 개발한 프로그램을 불법으로 내려받아 회사가 큰 손해를 입고 있어요.

① 저출산·고령화
② 저작권 침해 발생
③ 개인 정보 유출 증가
④ 악성 댓글과 거짓 소문의 확산
⑤ 인터넷·스마트폰 의존 현상 심화

13 다음은 무엇이 우리 생활에 미친 영향을 설명한 것인지 쓰시오.

- 세계 여러 나라의 다양한 문화를 접할 수 있다.
- 세계 여러 나라와 물건을 쉽게 사고 팔 수 있다.
- 생활 속에서 우리의 전통 문화가 점점 사라지고 있다.

(　　　　　　　　)

100점
예상
문제

14 문화에 대한 설명으로 알맞지 <u>않은</u> 것은 어느 것입니까? (   )

① 우리 사회 속에는 다양한 문화들이 존재한다.
② 문화는 사람들이 지닌 공통의 생활 방식이다.
③ 문화에는 사람들이 옷차림, 먹는 음식, 사는 집 등이 포함된다.
④ 선진국의 문화는 우수한 문화이고 후진국의 문화는 열등한 문화이다.
⑤ 문화는 오랜 시간을 함께 생활하면서 만들어지고 전해져 내려온 것이다.

15 오른쪽 사진과 같은 집을 짓고 사는 까닭은 무엇입니까? (   )

① 더위를 피하기 위해서
② 홍수에 대비하기 위해서
③ 이동을 쉽게 하기 위해서
④ 모래 바람을 피하기 위해서
⑤ 폭설에 잘 견디게 하기 위해서

16 서양 사람들이 음식을 먹는 모습으로 알맞은 것은 어느 것입니까? (   )

① 젓가락을 사용한다.
② 쌀밥, 나물 등을 먹는다.
③ 손으로 음식을 집어먹는다.
④ 포크와 나이프를 사용한다.
⑤ 어른과 아이가 다른 음식을 먹는다.

17 차별에 대한 설명으로 알맞은 것은 어느 것입니까? (   )

① 서로 다름을 인정하는 것이다.
② 각자 자신의 문화를 누리는 것이다.
③ 간섭하지 않고 그냥 내버려 두는 것이다.
④ 공정하지 못하고 한쪽으로 치우친 의견이나 생각을 말한다.
⑤ 어떤 기준을 두어 대상을 구별하고 다르게 대우하는 것이다.

18 다음과 같은 상황이 벌어진 까닭으로 알맞은 것은 어느 것입니까? (   )

① 정말로 길을 잘 모르기 때문에
② 갑자기 바쁜 일이 생겼기 때문에
③ 외국인을 만나는 것을 꺼리기 때문에
④ 외국인이 불친절하게 길을 물었기 때문에
⑤ 피부색에 대해 편견을 가지고 있기 때문에

서술형

19 우리 사회에서 볼 수 있는 편견과 차별의 모습에는 무엇이 있는지 두 가지 쓰시오.

_____

_____

20 편견과 차별을 없애기 위해 해야 할 일로 알맞지 <u>않은</u> 것은 어느 것입니까? (   )

① 나와 다른 문화도 이해한다.
② 상대방의 입장에서 생각한다.
③ 다양한 문화를 없애려고 노력한다.
④ 다른 문화도 우리의 문화처럼 존중한다.
⑤ 한쪽으로 치우치지 않는 생각을 하도록 노력한다.

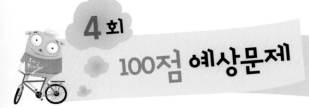
1 우리 주변에 있는 상품들이 어디에서 왔는지 알아보기 위해 가야 할 곳은 어디입니까? (   )

① 공연장
② 경찰서
③ 도서관
④ 마을 뒷산
⑤ 대형 할인점

2 다음 상품을 우리나라에서 들여오는 까닭으로 알맞은 것은 어느 것입니까? (   )

> • 바나나   • 오렌지   • 파인애플

① 사람들이 특히 좋아하는 과일이기 때문이다.
② 우리나라에서 생산되는 것보다 맛이 좋기 때문이다.
③ 자연환경이 달라서 우리나라에서는 생산되지 않기 때문이다.
④ 우리나라에서 만드는 제품과 물물 교환으로 바꾸기 때문이다.
⑤ 우리나라에서 생산되는 과일의 가격이 너무 비싸기 때문이다.

서술형

3 지역과 지역이 경제적으로 협력하면 어떤 좋은 점이 있는지 쓰시오.

_____

_____

4 오늘날 다양한 장소에서 여러 가지 방법으로 경제적 교류를 하고 있는데 그 바탕이 된 것은 무엇입니까? (   )

① 식생활의 변화
② 인구 구조의 변화
③ 정치 형태의 변화
④ 다문화 사회의 형성
⑤ 교통과 통신의 발달

5 대형 시장을 이용해 물건을 구매할 때의 장점으로 알맞은 것은 어느 것입니까? (   )

① 충동구매를 하지 않을 수 있다.
② 다양한 상품들을 살펴볼 수 있다.
③ 편안하게 집에서 물건을 살 수 있다.
④ 신선하고 질이 좋은 상품을 직접 확인하고 살 수 있다.
⑤ 빠른 시간 내에 상품의 특징과 내용을 보고 구매할 수 있다.

6 우리 지역의 대표 상품을 소개하는 방법으로 알맞지 않은 것은 어느 것입니까? (   )

① 집집마다 찾아다니며 상품을 소개한다.
② 지역의 대표 상품에 담은 상표를 개발한다.
③ 지역의 대표 상품을 소개하는 전단지를 만든다.
④ 지역의 대표 상품을 판매하는 누리집을 만든다.
⑤ 지역의 대표 상품의 장점을 잘 보여 주는 광고를 제작한다.

7 다음과 관련 있는 사회 현상은 무엇인지 쓰시오.

> • 학생 수가 줄어드는 학교가 늘어나고 있다.
> • 신생아실에서 태어나는 아이가 줄어들고 있다.

(   )

100점
예상
문제

8 사회가 변화하면서 달라진 생활 모습으로 알맞은 것은 어느 것입니까? (   )

① 가족의 구성원 수가 늘어나고 있다.
② 다른 나라의 문화를 접하기가 어렵다.
③ 노인들을 위한 시설이 줄어들고 있다.
④ 학생 수가 적은 학교가 늘어나고 있다.
⑤ 시장에서 다른 나라에서 생산된 물품을 쉽게 구할 수 없다.

9 고령화 현상으로 달라진 일상생활의 모습으로 알 맞지 <u>않은</u> 것은 어느 것입니까? ( )

① 노인을 위한 복지 제도가 마련되고 있다.
② 노인을 위한 전문 시설이 생겨나고 있다.
③ 노인을 대상으로 한 산업이 발달하고 있다.
④ 노인 편의 시설을 줄이는 정책들이 나오고 있다.
⑤ 노인들도 참여할 수 있는 일자리와 학습 기회 를 늘리고 있다.

10 다음 그래프를 보고, 2035년 이후에는 14세 이하 인구와 65세 이상의 인구가 어떻게 변할지 예상 해 쓰시오.

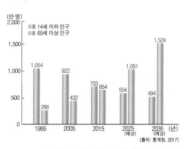

▲ 우리나라 인구의 변화

_____

_____

11 다음은 무엇으로 인해 나타난 문제를 나타낸 것입 니까? ( )

- 저작권 침해 발생
- 개인 정보 유출 증가
- 악성 댓글과 거짓 소문의 확산
- 인터넷, 스마트폰 의존 현상 심화

① 세계화   ② 정보화
③ 저출산   ④ 고령화
⑤ 다문화

12 다음 문제를 해결하기 위한 방안으로 알맞은 것은 어느 것입니까? ( )

> 사람들이 우리 회사에서 개발한 프로그램을 불 법으로 내려받아 회사가 큰 손해를 입고 있어요.

① 개인 정보가 유출되지 않도록 조심한다.
② 다른 사람의 저작물을 소중하게 생각한다.
③ 사진, 음악 등을 함부로 복제하거나 내려받는다.
④ 인터넷이나 휴대 전화의 사용 시간을 정해 사 용한다.
⑤ 인터넷이나 휴대 전화로 대화할 때도 예의를 지켜야 한다.

13 세계화가 우리 생활에 미친 긍정적인 영향으로 알 맞은 것을 두 가지 고르시오. (,)

① 여러 나라의 다양한 문화를 접할 수 있다.
② 여러 나라의 물건을 쉽게 사고 팔 수 있다.
③ 서로의 문화를 이해하지 못해 문제가 생기고 있다.
④ 다른 나라의 문화를 무분별하게 받아들이고 있다.
⑤ 생활 속에서 우리의 전통문화가 점점 사라지 고 있다.

14 문화에 대한 설명으로 알맞은 것은 어느 것입니 까? ( )

① 짧은 시간에 간단히 만들어진다.
② 나라에서 발표함으로써 만들어진다.
③ 자연환경이 급격하게 변하면서 만들어진다.
④ 일부 사람들이 즐기는 생활 방식이 문화가 된다.
⑤ 사람들이 오랜 시간을 함께 생활하면서 만들 어지고 전해져 내려온 것이다.

15 다음 사진을 보고, 알 수 있는 이 지역의 문화에 대한 설명으로 알맞은 것은 어느 것입니까?
( )

① 매우 추운 지역이다.
② 이동을 쉽게 하기 위해서이다.
③ 나무와 천으로 만든 집에서 생활한다.
④ 포크와 나이프를 이용해 식사를 한다.
⑤ 나무로 만든 물 위의 집에서 생활한다.

16 다음과 관련 있는 내용을 찾아 기호를 쓰시오.

┌─────────────────────────────────────┐
│ ㉠ 문화   ㉡ 편견   ㉢ 교류   ㉣ 차별 │
└─────────────────────────────────────┘

(1) 어떤 기준을 두어 대상을 구별하고 다르게 대우하는 것이다. ( )
(2) 공정하지 못하고 한쪽으로 치우친 의견이나 생각을 말한다. ( )

17 다음은 어떤 상황을 나타낸 것입니까? ( )

① 나이로 사람을 차별하고 있다.
② 장애가 있다는 이유로 차별받고 있다.
③ 성별 때문에 부당한 대우를 받고 있다.
④ 업무 능력을 보고 직원을 뽑으려고 한다.
⑤ 임신 등의 이유로 일자리를 거절 받고 있다.

18 편견과 차별을 없애려는 우리의 노력과 거리가 먼 것은 어느 것입니까? ( )

① 나와 다른 문화도 이해한다.
② 상대방의 입장에서 생각한다.
③ 서로의 문화를 소개하고 이해하도록 노력한다.
④ 한쪽으로 치우치지 않는 생각을 하도록 노력한다.
⑤ 우리 문화만 존중하고 다른 나라의 문화는 무시한다.

서술형

19 '살색'으로 불리던 이 색의 이름을 '살구색'이라고 바꾸어 부르기로 한 까닭은 무엇인지 쓰시오.

_____

20 다음의 공익 광고는 어떤 편견을 나타낸 것입니까? ( )

① 다문화 가정 어린이는 외국어를 잘할 것이다.
② 다문화 가정 어린이는 성격이 독특할 것이다.
③ 다문화 가정 어린이는 우리말을 잘 못할 것이다.
④ 다문화 가정 어린이의 부모는 외국 사람일 것이다.
⑤ 다문화 가정 어린이는 우리보다 능력이 떨어질 것이다.

100점 예상 문제

1 다음 촌락과 하는 일을 관계 있는 것끼리 선으로 이으시오.

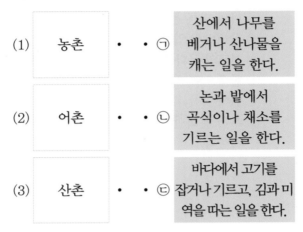

(1) 농촌 · · ㉠ 산에서 나무를 베거나 산나물을 캐는 일을 한다.

(2) 어촌 · · ㉡ 논과 밭에서 곡식이나 채소를 기르는 일을 한다.

(3) 산촌 · · ㉢ 바다에서 고기를 잡거나 기르고, 김과 미역을 따는 일을 한다.

2 도시의 모습을 조사하려고 할 때 가장 먼저 해야 할 일은 어느 것입니까? (   )

① 조사하기
② 조사 내용 정하기
③ 조사 방법 결정하기
④ 조사 결과 정리하기
⑤ 조사할 도시 결정하기

3 촌락과 도시의 공통점과 차이점을 알아보려고 합니다. 살펴보아야 할 점으로 알맞지 **않은** 것은 어느 것입니까? (   )

① 땅을 이용하는 방법
② 발달한 산업의 모습
③ 필요한 물건을 사는 모습
④ 사람들이 사는 집의 모양
⑤ 교통 시설을 이용하는 모습

서술형

4 촌락의 인구 변화를 나타낸 다음 그래프를 보고, 알 수 있는 사실은 무엇인지 쓰시오.

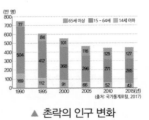

(만 명)
800
700
■65세 이상 ■15-64세 ■14세 이하
600
500
400
300
200
100

77   84   101   116   125   127
504   412   368   296   271   265
169   112   91   66   52   43
1990 1995 2000 2005 2010 2015(년)
(출처: 국가통계포털, 2017)

▲ 촌락의 인구 변화

_____

_____

5 촌락 사람들이 도시로 이동하는 까닭으로 알맞지 **않은** 것은 어느 것입니까? (   )

① 공연을 보려고 간다.
② 도청이나 시청 등을 이용하려고 간다.
③ 백화점이나 대형 상점가를 이용하려고 간다.
④ 첨단 의료 시설을 갖춘 종합 병원을 이용하려고 간다.
⑤ 도시의 건물 옥상에 상추나 파와 같은 채소를 기르려고 간다.

6 지역마다 축제를 여는 까닭으로 알맞지 **않은** 것은 어느 것입니까? (   )

① 고장의 자랑거리를 널리 알릴 수 있다.
② 도시에서 유행하는 문화에 대해 알 수 있다.
③ 축제를 통해서 공동체 의식을 높일 수 있다.
④ 다양한 놀이 문화나 체험 활동을 즐길 수 있다.
⑤ 축제 기간에 많은 사람이 모여서 경제 활동을 더욱 활발하게 만들 수 있다.

7 농수산물 직거래 장터를 통해 얻을 수 있는 좋은 점으로 알맞은 것은 어느 것입니까? (   )

① 촌락의 자연환경을 체험할 수 있다.
② 자연을 즐기는 여가 활동을 할 수 있다.
③ 봉사를 통해 보람과 긍지를 느낄 수 있다.
④ 우리 지역에서 생산 활동을 하지 않아도 된다.
⑤ 믿을 수 있는 싱싱한 농수산물을 싼값으로 구매할 수 있다.

8 경제 활동에서 선택의 문제가 일어나는 까닭은 무엇입니까? (   )

① 시간이 충분하기 때문이다.
② 가정의 소득이 많기 때문이다.
③ 사람들이 쓸 수 있는 자원이 풍부하기 때문이다.
④ 사람들이 원하는 것을 모두 가질 수 있기 때문이다.
⑤ 사람들이 원하는 것은 많지만 그것을 모두 가질 수 없기 때문이다.

9 일상생활에서 현명한 선택이 필요한 까닭은 무엇입니까? (   )

① 시간이 많기 때문이다.
② 자원이 풍부하기 때문이다.
③ 가지고 있는 돈이 많기 때문이다.
④ 원하는 것을 모두 살 수 있기 때문이다.
⑤ 돈과 자원을 절약하고 자신에게 만족감을 주기 때문이다.

10 다음 빈칸에 공통으로 들어갈 알맞은 말을 쓰시오.

생활에 필요한 물건을 만들거나 우리 생활을 편리하고 즐겁게 해 주는 활동을 [   ](이)라고 하고, [   ]한 것을 쓰는 것을 소비라고 한다.

(   )

11 물건의 정보를 얻는 방법으로 알맞지 <u>않은</u> 것은 어느 것입니까? (   )

① 인터넷 검색하기
② 텔레비전 광고 보기
③ 직접 매장에 방문하기
④ 물건을 만든 공장을 직접 방문하기
⑤ 상품을 사용한 주변 사람들의 경험 듣기

12 오른쪽 사진과 같이 우리 주변의 상품이 어디에서 왔는지 조사하는 방법은 무엇입니까? (   )

① 광고지 확인하기
② QR 코드 스캔하기
③ 상품 정보 확인하기
④ 통계 자료 분석하기
⑤ 누리집에서 상품 소개 검색하기

13 스마트폰이나 인터넷을 이용해 물건을 구매할 때의 장점은 무엇입니까? (   )

① 상품을 직접 보고 살 수 있다.
② 다양한 상품들을 살펴볼 수 있다.
③ 시간이 지나서야 물건을 받을 수 있다.
④ 광고 상품과 실제 상품이 다른 경우가 있다.
⑤ 구매한 물건의 성능이 좋지 않은 경우가 있다.

14 고령화의 원인으로 알맞은 것은 어느 것입니까?
(   )

① 세계화의 영향
② 출생아 수 증가
③ 평균 수명의 증가
④ 국민 소득의 감소
⑤ 교통과 통신의 발달

100점
예상
문제

15 다음과 같은 사회 현상을 무엇이라고 하는지 쓰시오.

> • 출산을 도와주는 병원이 점점 사라지고 학생 수가 줄어드는 학교가 늘어나고 있다.
> • 가족의 구성원 수가 줄어들고 있으며 가족의 형태가 변하고 있다.
> • 일할 사람이 줄어들고 있으며, 경제에도 영향을 미치고 있다.

(   )

16 정보화로 인해 달라진 일상생활의 모습으로 알맞지 않은 것은 어느 것입니까? (   )

① 가게에 직접 가야만 물건을 살 수 있다.
② 세계 곳곳에서 일어나는 일들을 빠르게 알 수 있다.
③ 밖에서도 휴대 전화로 가전제품을 작동할 수 있다.
④ 휴대 전화를 이용해 어디서나 은행 업무를 쉽게 볼 수 있다.
⑤ 실시간으로 교통 정보를 얻어 빠른 길을 찾아 이동할 수 있다.

17 일상생활에서 볼 수 있는 세계화의 모습으로 알맞은 것은 어느 것입니까? (   )

① 노인들을 위한 시설이 늘고 있다.
② 다른 나라에서 만든 옷이나 제품을 살 수 있다.
③ 집에서 인터넷 뱅킹을 이용해 은행 업무를 본다.
④ 도시의 기업이나 학교에서 촌락의 마을과 자매결연을 한다.
⑤ 농수산물 직거래 장터에서 싱싱한 농수산물을 싸게 구매한다.

18 문화에 대한 설명으로 알맞지 않은 것은 어느 것입니까? (   )

① 지역에 따라 문화의 모습은 달라진다.
② 문화는 빨리 나타났다가 갑자기 사라진다.
③ 한 나라 안에서도 다양한 문화가 나타난다.
④ 나이에 따라 함께 즐길 수 있는 활동도 있다.
⑤ 남녀에 따라 즐기는 여가생활이 다르기도 하다.

19 다음 ㉠, ㉡에서 설명하는 것은 무엇인지 보기에서 찾아 쓰시오.

> ㉠ 어떤 기준을 두어 대상을 구별하고 다르게 대우하는 것을 말한다.
> ㉡ 공정하지 못하고 한쪽으로 치우친 의견이나 생각을 말한다.

┌─ 보기 ─────────────────────┐
│ • 차별   • 문화   • 편견 │
└──────────────────────────┘

㉠: (   ) ㉡: (   )

20 편견과 차별이 없는 세상을 만들기 위한 노력으로 알맞지 않은 것은 어느 것입니까? (   )

① 법을 만들고 기관을 세운다.
② 다른 나라의 문화를 무시한다.
③ 편견이나 차별의 뜻이 담긴 용어를 바꾼다.
④ 알맞은 교육을 제공하고 자신의 능력을 발휘할 기회를 준다.
⑤ 다양한 문화를 가진 사람들이 어울릴 수 있는 자리를 마련한다.

1 다음은 어느 촌락의 모습인지 써 넣으시오.

㉠	㉡	㉢
농사짓는 땅을 이용하여 생산 활동을 하는 곳	바다를 이용하여 생산 활동을 하는 곳	산을 이용하여 생산 활동을 하는 곳

2 도시의 특징으로 알맞은 것은 어느 것입니까?
( )

① 문화유산이 많은 곳이다.
② 높고 낮은 산이 많은 곳이다.
③ 사람과 물건 이동이 편리한 곳이다.
④ 농업이나 어업 등이 발달한 곳이다.
⑤ 자연환경을 이용한 산업이 발달한 곳이다.

3 행정의 중심지로 새롭게 계획하여 만든 도시는 어디입니까? ( )

① 부산광역시　　② 서울특별시
③ 세종특별자치시　④ 제주특별자치도
⑤ 전라남도 여수시

4 다음은 촌락과 도시 중 어느 지역의 문제를 해결하려는 노력인지 쓰시오.

- 다양한 기계를 이용하여 일손 문제를 해결한다.
- 품질 좋은 농수산물을 생산하여 소득을 높이려고 노력한다.
- 지역 사회에 귀촌을 하려는 사람들을 적극적으로 지원하고 있다.

( )

5 도시 사람들이 촌락에 사는 사람들과 교류하여 얻을 수 있는 좋은 점은 무엇입니까? ( )

① 촌락의 인구가 늘어나게 된다.
② 깨끗한 자연환경에서 여가를 보낼 수 있다.
③ 일손 돕기 봉사를 하여 소득을 높일 수 있다.
④ 의료 시설을 갖춘 대형 종합 병원을 이용할 수 있다.
⑤ 농수산물 직거래 장터에서 농수산물을 비싸게 판매할 수 있다.

6 농수산물 직거래 장터에 참여했을 때 촌락 사람들에게 좋은 점은 무엇입니까? ( )

① 지역의 전통문화를 체험할 수 있다.
② 싱싱한 농수산물을 싸게 구매할 수 있다.
③ 도시의 경제 활동을 더욱 활발하게 해 준다.
④ 어려운 일이 생겼을 때 도움을 받을 수 있다.
⑤ 중간 상인을 거치지 않고 판매하기 때문에 더 비싼 값에 팔 수 있다.

7 촌락과 도시가 서로 교류하는 모습에 대한 설명으로 알맞지 않은 것은 어느 것입니까? ( )

농수산물, 원료, 깨끗한 환경

촌락　　　　　　도시

공산품, 편의 시설, 문화 시설

① 사람과 물건을 교류하면서 서로 의존하고 있다.
② 촌락의 공장에서 공산품을 만들어 도시에 판매한다.
③ 촌락과 도시 사람들은 서로에게 꼭 필요한 관계이다.
④ 서로 부족한 시설이나 문화생활을 즐기기 위해 서로 교류한다.
⑤ 각 지역에서 생산된 농수산물이나 공산품이 다르기 때문에 서로 교류한다.

서술형

8 일상생활에서 사람들이 경제 활동을 하면서 선택의 문제에 부딪치게 되는 까닭은 무엇인지 쓰시오.

_____

_____

9 생산 활동과 소비 활동의 공통점은 무엇입니까?
( )

① 돈을 쓰는 활동이다.
② 생활에 필요한 것을 쓰는 활동이다.
③ 사람들에게 필요한 것을 만드는 활동이다.
④ 생활에 필요한 물건을 모아 두는 활동이다.
⑤ 얼마만큼 생산하고 소비할지 선택하는 활동이다.

10 현명한 소비 생활을 하는 방법으로 알맞지 않은 것은 어느 것입니까? ( )

① 사고 싶은 것은 모두 산다.
② 선택 기준을 세워 물건을 산다.
③ 나에게 필요한 물건인지 확인한다.
④ 돈을 어디에 썼는지 가계부에 적어 둔다.
⑤ 물건의 가격과 정보를 비교해 보고 구입한다.

11 지역과 지역 간에 물자 교류가 이루어지는 까닭으로 알맞지 않은 것은 어느 것입니까? ( )

① 자연환경이 달라 생산되는 농수산물 등이 다르기 때문이다.
② 지역 간에 교류를 통해서만 먹을 것을 얻을 수 있기 때문이다.
③ 가지고 있는 기술이 달라 생산되는 물건이 차이가 나기 때문이다.
④ 지역마다 형성하고 있는 문화가 달라 음식, 관광 상품 등의 교류가 필요하기 때문이다.
⑤ 가지고 있는 자원이 달라 필요한 자원을 가져오거나, 남는 자원을 보내야 하는 상황이 있기 때문이다.

12 다음과 같이 경제적으로 교류하는 방법과 관련 있는 것은 어느 것입니까? ( )

> • 인터넷을 이용해 물건을 구매하는 방법
> • 스마트폰으로 물건을 구매하는 방법
> • 홈 쇼핑에서 물건을 구매하는 방법

① 대형 시장을 이용한 경제적 교류
② 대중 매체를 이용한 경제적 교류
③ 지역 간 대표 자원의 경제적 교류
④ 다양한 문화 활동과 함께하는 경제적 교류
⑤ 촌락과 도시의 생산물에 따른 경제적 교류

13 다음과 같이 각 지역의 대표 자원을 이용해 경제적 교류로 얻을 수 있는 점은 무엇인지 쓰시오.

> 경기도 내 5개 지역은 각 지역의 대표적인 관광 자원을 활용한 관광 사업을 공동으로 추진하기로 협약했다. 특히 이번 협약에서는 우리나라 관광객을 비롯하여 외국의 관광객도 유치하기 위해 노력하기로 했다.

_____

_____

서술형

14 다음과 같이 옛날과 오늘날의 교실의 모습이 달라진 이유는 무엇인지 쓰시오.

▲ 옛날 교실   ▲ 오늘날 교실

_____

_____

15 저출산, 고령화로 변화된 일상생활의 모습으로 알맞지 않은 것은 어느 것입니까? (　　　)

① 다양한 형태의 가족이 늘어나고 있다.
② 노인이 많은 젊은 사람들을 부양하고 있다.
③ 노인을 대상으로 하는 산업이 발달하고 있다.
④ 미래에 일을 할 수 있는 젊은 사람들이 줄어들고 있다.
⑤ 노인을 위한 전문 시설과 복지 제도가 많이 마련되고 있다.

16 정보화로 달라지고 있는 일상생활의 모습으로 알맞지 않은 것은 어느 것입니까? (　　　)

① 인터넷에서 자료를 검색한다.
② 집에서 인터넷으로 물건을 구입한다.
③ 휴대 전화를 이용해 은행 업무를 본다.
④ 길도우미를 이용해 교통 정보를 얻는다.
⑤ 친구들을 만나 토론하며 모둠 과제를 해결한다.

17 세계화가 우리 생활에 미친 긍정적인 면과 부정적인 면을 각각 구분하시오.

> ㉠ 세계 여러 나라의 다양한 문화를 접할 수 있다.
> ㉡ 서로의 문화를 이해하지 못해 문제가 생기고 있다.
> ㉢ 세계 여러 나라의 물건을 쉽게 사고 팔 수 있다.
> ㉣ 생활 속에서 우리의 전통문화가 점점 사라지고 있다.

(1) 긍정적인 면: (　　　　　　　　　　)
(2) 부정적인 면: (　　　　　　　　　　)

18 문화에 대한 설명으로 알맞지 않은 것은 어느 것입니까? (　　　)

① 사람들이 지닌 공통의 생활 방식이다.
② 지역에 따라 다른 문화가 나타나기도 한다.
③ 우리 사회 속에는 다양한 문화들이 존재한다.
④ 사람들의 옷차림, 먹는 음식, 사는 집은 문화에 포함되지 않는다.
⑤ 사람들이 오랜 시간을 함께 생활하면서 만들어지고 전해져 내려온 것이다.

19 열대 지역에 사는 사람들이 다음과 같은 옷차림과 집에서 생활하는 까닭은 무엇인지 쓰시오.

▲ 천으로 된 긴옷　　　▲ 수상 가옥

_____

20 다음과 관계 깊은 차별의 모습은 어느 것입니까? (　　　)

> 어떤 일에 남자만 또는 여자만 할 수 있는 일이 따로 있다고 생각하는 것이다.

① 나이에 대한 차별
② 남녀에 대한 차별
③ 장애에 대한 차별
④ 능력에 대한 차별
⑤ 임신, 출산에 대한 차별

사람들은 왜 모두 같은 음악을 들으며 결혼할까?

여러분은 결혼식장에 가 본 적이 있나요?

있다면, "딴딴따다~ 딴딴따다~"라고 시작하는 피아노 연주를 들어 본 기억이 있을 것입니다. 이 곡은 원래 독일의 음악가 바그너의 '로엔그린'이라는 오페라에서 두 주인공의 비극적 사랑을 노래한 곡이었습니다. 생각해 보면, 생애 가장 행복해야 할 순간에 어울리지 않는 슬프고 처량한 곡이 울려 퍼지고 있는 것입니다.

그럼에도 불구하고 왜 모두가 이 슬픈 음악을 들으며 결혼하는 것일까요?

원래 서양에서는 결혼식 연주곡이 따로 없었고, 대신 신부가 원하는 노래나 가곡을 사용하였습니다. 그런데 19세기 초 영국 빅토리아 여왕의 맏딸인 빅토리아 아델레이드 메르 루이즈 공주가 17살의 나이에 프로이센의 왕자와 결혼하게 되면서부터 이 곡이 대표적인 결혼 행진곡이 되었습니다. 바그너의 열렬한 팬이었던 공주가 결혼식에서 자신이 입장할 때에 바그너의 곡을 연주해 주기를 요구하였고, 공주는 이 곡을 들으며 입장을 하였던 것입니다.

이 결혼식 이후, 영국의 상류층 여성들은 빅토리아 공주의 결혼식을 따라 하기 시작하였고, 시간이 흘러 지금은 모두가 이 곡을 들으며 결혼을 하게 된 것입니다.

여러분은 어른이 되면 어떤 음악을 들으며 결혼식을 하고 싶나요?

메모 Memo

11종 검정 교과서

완벽 분석

종합평가

사회

4·2

3~4학년군

교육의 길잡이 · 학생의 동반자
(주)교학사

1 다음 ( ) 안에 들어갈 알맞은 말을 쓰시오.

> 농촌, 어촌, 산지촌처럼 자연환경을 주로 이용
> 하여 살아가는 지역을 ( )라고/이라고
> 한다.

( )

2 농촌의 환경을 이용하여 생산 활동을 하는 모습에 ○표 하시오.

(1)

(2)

( ) ( )

🔍 관련 교과서 돋보기

촌락의 특징
• 농촌: 들을 이용하여 살아가는 곳
• 어촌: 바다를 이용하여 살아가는 곳
• 산지촌: 산을 이용하여 살아가는 곳

3 바닷가에 있는 마을 사람들이 바다에서 물고기를 잡거나 김과 미역을 기르는 일을 무엇이라고 합니까?

( )

① 농업   ② 공업
③ 어업   ④ 임업
⑤ 서비스업

4 촌락 중에서 오른쪽과 같이 산을 이용하여 생산 활동을 하는 곳은 어디인지 쓰시오.

( )

5 다음 ( ) 안에 들어갈 알맞은 말을 두 가지 고르시오. (,)

> 촌락은 자연환경의 영향을 많이 받으므로
> ( )에 따라 생활 모습이 달라진다.

① 계절   ② 날씨
③ 취미   ④ 통신수단
⑤ 교통수단

6 다음 촌락과 촌락에서 볼 수 있는 모습을 알맞게 선으로 이으시오.

(1) 농촌 •

     • ㉠

(2) 어촌 •

     • ㉡

(3) 산지촌 •

     • ㉢

7 다음과 같은 특징을 가진 촌락은 어디인지 다음 ●보기●에서 찾아 쓰시오.

●보기●
> 농촌   어촌   산지촌

(1) 바닷가 지역에 위치한다.

( )

(2) 목장, 양봉 시설, 풍력 발전기 등을 볼 수 있다.

( )

(3) 주민들은 농사짓기와 가축 기르기 등의 일을 주로 한다. ( )

8 정치, 경제, 사회, 문화 활동의 중심이 되고, 많은 사람이 모여 사는 지역을 통틀어 무엇이라고 하는지 쓰시오.

(   )

9 다음 중 도시의 특징으로 알맞지 <u>않은</u> 것은 어느 것입니까? (   )

① 백화점, 대형 할인점 등 큰 상점이 많다.
② 박물관, 공연장과 같은 문화 시설이 많다.
③ 집들의 간격이 멀리 떨어져 있고 높은 건물이 거의 없다.
④ 시청·도청, 소방서, 경찰서 등 다양한 공공 기관이 있다.
⑤ 크고 작은 도로가 연결되어 있고, 지하철, 버스와 같은 교통수단이 발달해 있다.

10 도시에 사는 사람들이 하는 일에 대한 설명입니다. 알맞지 <u>않은</u> 것은 무엇인지 기호를 쓰시오.

> 도시에 사는 사람들은 다양한 일을 하면서 생활한다. 도시에서는 ㉠ 많은 사람들이 회사나 공장에서 일을 한다. ㉡ 상점에서 물건을 팔고, 아픈 사람을 치료하는 등 사람들이 편리하게 도와주는 일을 하는 사람이 많다. 또한 ㉢ 버스나 택시를 운전하고 ㉣ 캠핑장이나 스키장 같은 시설에서 서비스를 제공하는 일을 하는 사람도 많다.

(   )

11 도시에서 많이 볼 수 있는 시설을 두 가지 고르시오.

(,   )

① 등대   ② 병원
③ 목장   ④ 공연장
⑤ 비닐하우스

12 도시의 발달에 대한 설명으로 알맞지 <u>않은</u> 것은 어느 것입니까? (   )

① 주로 교통이 편리한 곳에 도시가 발달한다.
② 특정한 기능을 담당하는 도시가 만들어지기도 한다.
③ 도시는 계획하여 만들어지지 않고 자연스럽게 만들어진다.
④ 회사나 공장이 있어 일자리가 많은 곳에 도시가 생겨난다.
⑤ 과거에는 넓고 평평한 땅, 큰 강 주변의 평야, 바닷가 등 자연 조건이 좋은 곳에 도시가 발달하였다.

13 세종특별자치시에 대한 설명으로 알맞은 것은 어느 것입니까? (   )

① 무역의 중심지이다.
② 우리나라의 수도이다.
③ 새롭게 계획하여 만든 도시이다.
④ 교통이 발달한 대표적인 공업 도시이다.
⑤ 유적과 문화유산을 볼 수 있는 관광 도시이다.

> 🔍 관련 교과서 **돋보기**
>
> 우리나라의 대표 도시
> • 서울특별시: 교통·산업·행정의 중심지인 우리나라 최대의 도시
> • 부산광역시: 큰 항구가 있는 우리나라 제2의 도시
> • 대전광역시: 철도·도로 교통이 발달한 도시
> • 세종특별자치시: 행정의 중심지로 새롭게 계획하여 만든 도시

14 촌락과 도시의 공통점과 차이점을 바르지 <u>않게</u> 조사한 친구는 누구입니까? (   )

① 소희: 사람들이 하는 일은 어떻게 다를까?
② 경훈: 도로의 모습과 교통 시설은 어떻게 다를까?
③ 경은: 두 지역 사람들의 키와 얼굴 크기는 어떻게 다를까?
④ 민철: 집의 모습은 어떻게 다를까? 또 어떤 건물들이 있을까?
⑤ 세정: 두 지역의 사람들이 자연환경을 이용하는 모습은 어떨까?

[15~16] 다음 사진을 보고 물음에 답하시오.

▲ 전라남도 진도군

▲ 부산광역시

15 다음에서 설명하는 지역은 어디인지 위에서 찾아 쓰시오.

- 높은 건물과 아파트가 많다.
- 항구와 큰 배들을 볼 수 있다.
- 도로가 잘 정비되어 있고, 도로에 차가 많다.
- 대형 할인점, 영화관, 종합 병원 등이 많다.

( )

16 위 두 지역의 공통점으로 알맞은 것을 두 가지 고르시오. (,)

① 회사나 공장이 많다.
② 사람들이 모여 살고 있다.
③ 인문환경을 주로 이용하며 살아간다.
④ 계절에 따른 생산 활동의 모습이 똑같다.
⑤ 두 지역 모두 자연환경과 더불어 살아간다.

◆ 서술형

17 촌락에서 다음과 같은 문제가 발생하는 까닭은 무엇인지 쓰시오.

일손이 모자라서 농사짓기가 힘이 드네요.

젊은 사람들이 없어서 힘들어.

18 촌락의 어려움을 해결하고 살기 좋은 곳으로 만들기 위해 노력하는 모습으로 알맞은 것에 ○표 하시오.

(1) 농기계를 이용하여 생산량을 늘린다. ( )

(2) 품질 좋은 농수산물을 수입하여 소득을 올린다. ( )

(3) 귀촌하려는 사람들이 촌락에 잘 적응하도록 적극적으로 지원한다. ( )

(4) 폐교나 마을 회관 등을 이용하여 영화관, 미술관 등 문화 시설을 만든다. ( )

[19~20] 다음 신문 기사를 읽고 물음에 답하시오.

○○신문

○○시에 사는 김□□ 씨는 출퇴근 교통 체증으로 고민이 많다. 김□□ 씨는 "집에서 회사까지 5분이면 갈 거리지만, 출근 시간에는 20분이 넘게 걸린다. 거기다 사고라도 있는 날에는 1시간 넘게 걸리기도 한다."라고 말했다.

또 다른 주민 박△△ 씨도 "출근길에 지나는 지하차도는 매일 막힌다. 줄지은 차량이 다 빠지지 못해 신호를 여러 번 기다려야 하는데, 대기만 15분씩이다."라고 말하였다.

19 위 신문 기사와 관계 깊은 도시의 문제점은 무엇입니까? ( )

① 교통 문제 ② 소음 문제
③ 주택 문제 ④ 범죄 문제
⑤ 쓰레기 문제

◆ 서술형

20 위와 같은 도시의 문제를 해결할 수 있는 방법은 무엇인지 쓰시오.

1 다음 ( ) 안에 들어갈 알맞은 말을 쓰시오.

> 사람들이 살아가는 데에는 다양한 물건과 서비스가 필요하다. 사람들은 필요한 것들을 얻으려고 여러 지역을 오고 가면서 물건을 사고팔고, 서로 다른 문화를 접하고 기술을 배우기도 한다. 이처럼 사람들이 서로 다른 지역을 오고 가거나 물건, 문화, 기술 등을 주고받는 것을 ( ) 라고/이라고 한다.

(   )

2 다음 중 교류의 모습으로 볼 수 <u>없는</u> 것은 어느 것입니까? (   )

3 다음 중 교류에 대한 설명으로 알맞은 것에 ○표 하시오.

(1) 사람들은 공부나 일을 하려고 다른 지역으로 간다. (   )

(2) 외딴 섬에 홀로 떨어져 사는 것도 교류라고 볼 수 있다. (   )

(3) 서로 다른 문화를 경험하거나 각자의 문화를 알리려고 사람들이 오고 가기도 한다. (   )

[4~6] 다음 그림을 보고 물음에 답하시오.

4 위 그림에서 산지촌에서 생산되어 다른 지역으로 가는 물건을 두 가지 고르시오. (,   )

① 쌀   ② 버섯
③ 미역   ④ 우유
⑤ 냉장고

5 도시에 사는 사람들이 생선을 얻는 방법으로 알맞은 것은 어느 것입니까? (   )

① 농촌에 직접 가서 구한다.
② 산지촌으로 여행을 가서 구한다.
③ 다른 도시의 대형 할인점에서 구한다.
④ 어촌에서 생산된 생선을 시장에서 산다.
⑤ 생선을 잡는 사람에게 부탁하여 구한다.

서술형

6 각 지역이 서로 교류하지 못한다면 어떤 일이 벌어질지 예상하여 쓰시오.

_____

_____

7 다음 ( ) 안에 들어갈 알맞은 말을 쓰시오.

> 우리가 살아가려면 다양한 물건과 서비스가 필요하다. 다른 지역에서 ( )된 물건이 우리 지역에서도 팔려 우리들이 쉽게 구할 수 있다.

(   )

8 다른 지역과 교류를 하는 까닭이 <u>아닌</u> 것은 어느 것입니까? (   )

① 서로 다른 문화를 접하기 위해서
② 지역마다 생산물이 다르기 때문에
③ 다른 지역과 서로 경쟁하기 위해서
④ 지역마다 자연환경이 다르기 때문에
⑤ 지역마다 기술 수준이 다르기 때문에

9 농촌에서 할 수 있는 체험 활동으로 알맞은 것을 두 가지 고르시오. (,   )

① 갯벌 체험   ② 궁궐 체험
③ 버섯 따기 체험   ④ 장 담그기 체험
⑤ 딸기 따기 체험

10 도시 사람들이 촌락 체험 프로그램에 참여하는 까닭을 바르게 말한 친구는 누구인지 쓰시오.

> • 윤서: 일자리를 찾기 위해서야.
> • 시현: 도시의 다양한 문제를 해결하기 위해서야.
> • 현진: 촌락 생활을 체험하고 여가를 즐기기 위해서야.

(   )

⋆ 서술형 ⋆

11 도시 사람들이 다음과 같은 지역 축제에 참여했을 때의 좋은 점은 무엇인지 쓰시오.

12 도시 사람들이 촌락에 가는 까닭으로 알맞지 <u>않은</u> 것은 어느 것입니까? (   )

① 지역 축제 참여
② 문화 시설 이용
③ 깨끗한 자연환경 체험
④ 신선한 농수산물 구입
⑤ 잘 보존된 전통문화 체험

🔍 관련 교과서 돋보기

도시 사람들이 촌락에 가는 까닭
• 도시 사람들은 깨끗한 자연환경을 찾아 촌락으로 간다.
• 지역 축제에 참여해 촌락의 전통과 문화를 체험하고 여가를 즐겁고 보람 있게 보낸다.

13 다음 ㉠, ㉡에 들어갈 말이 바르게 짝지어진 것은 어느 것입니까? (   )

> 촌락에서는 (㉠   ) 산업을 발달시켜 지역의 전통과 (㉡   )을/를 알리고자 노력하고 있다.

	㉠	㉡		㉠	㉡
①	관광	문화	②	의료	농산물
③	기술	자동차	④	영화	일자리
⑤	통신	기술력			

[14~15] 다음 글을 읽고 물음에 답하시오.

> 촌락에 사는 사람들은 법원이나 시청·도청 같은 공공 기관을 방문하거나 (㉠   ) 등 여러 시설을 이용하려고 도시를 찾는다. 촌락 사람들이 도시를 방문하는 동안 주변의 상점들도 이용하기 때문에 ＿＿＿＿＿＿＿
> ＿＿＿＿＿＿＿＿＿＿＿＿＿＿＿＿＿＿＿＿＿

14 위 글의 ㉠에 들어갈 장소로 알맞은 것을 모두 고르시오. (   )

① 백화점   ② 스키장
③ 공연장   ④ 양식장
⑤ 종합 병원

◆ 서술형

15 앞 글의 밑줄 친 곳에 들어갈 알맞은 말을 쓰시오.

_____

_____

16 촌락과 도시가 교류하는 모습을 조사할 수 있는 방법과 거리가 먼 것은 어느 것입니까? (   )

① 교류 장소 답사하기
② 지역 홍보 자료 살펴보기
③ 우리 시·도 지도 살펴보기
④ 공공 기관 누리집 검색하기
⑤ 공공 기관 담당자 면담하기

[17~18] 다음 사진을 보고 물음에 답하시오.

17 위와 같이 교류를 했을 때의 좋은 점은 무엇인지 두 가지 고르시오. (,   )

① 도시의 자랑거리를 널리 알릴 수 있다.
② 촌락과 도시의 문화를 체험할 수 있다.
③ 촌락의 일손 부족 문제를 해결할 수 있다.
④ 도시 사람들은 신선한 농수산물을 싸게 구입할 수 있다.
⑤ 촌락 사람들은 중간 상인을 거치지 않고 농수산물을 제값을 받고 팔 수 있다.

18 앞과 같이 촌락에서 생산한 곡식, 채소, 생선 등을 도시 사람들에게 직접 판매하는 장소를 무엇이라고 합니까? (   )

① 대형 할인점
② 자매결연 장터
③ 물물 교환 장터
④ 농수산물 직거래 장터
⑤ 수입 농수산물 판매 장터

19 도시와 촌락 사람들이 어떤 방법으로 교류를 하는 것인지 빈곳에 알맞은 말을 써넣어 완성하시오.

[   ] 을/를 통한 교류

농사를 짓지 않아 비어 있는 땅을 도시 사람들에게 빌려줬어요.

휴일에 촌락에 와서 과일이나 채소를 직접 가꿀 수 있어서 좋아요.

촌락 주민   도시 주민

20 지역과 지역이 서로 돕거나 교류하려고 좋고 밀접한 관계를 맺는 것을 무엇이라고 하는지 쓰시오.

(   )

🔍 관련 교과서 돋보기

자매결연으로 촌락과 도시가 주고받는 도움

• 도시 사람들은 쉽게 체험할 수 없는 농사짓기, 고기잡이 등을 체험할 수 있다.
• 촌락 사람들은 모자란 일손을 얻고 지역의 농수산물을 홍보할 수 있다.

1 사람들이 생활하는 데 필요한 여러 가지 것을 만들고 이용하는 것과 관련된 모든 활동을 무엇이라고 하는지 쓰시오.

(   )

2 다음 중 경제활동에 해당하는 것을 두 가지 고르시오.

(,   )

① 공장에서 장난감을 만든다.
② 문구점에서 연필과 지우개를 산다.
③ 집에서 동생들과 함께 노래를 부른다.
④ 친구들과 놀이터에서 만나기로 약속을 정한다.
⑤ 학급에서 전하는 소식을 학급 알림장을 통해 확인한다.

3 우리들이 하고 싶은 것을 다 할 수 없는 까닭을 바르게 이야기한 친구는 누구인지 쓰시오.

- 수진: 시간이 많기 때문이야
- 승우: 사고 싶은 물건이 풍족하기 때문이야.
- 민준: 내가 하고 싶은 것과 다른 사람이 하고 싶은 것이 겹치기 때문이야.

(   )

ᐧ서술형ᐧ

4 다음에서 친구들이 겪고 있는 선택의 문제는 무엇인지 쓰시오.

_____

_____

5 나은이의 하루 일과입니다. 선택의 문제를 겪고 있는 상황과 거리가 **먼** 것은 어느 것입니까? (   )

① 만화 영화를 볼까? 예능 프로그램을 볼까?
② 단원 평가 시험 성적이 90점일까? 100점일까?
③ 남은 용돈 만 원으로 책을 살까? 이어폰을 살까?
④ 친구 선물을 사러 갈 때 버스를 탈까? 걸어갈까?
⑤ 아침에 늦잠을 잘까? 일찍 일어나서 밥을 먹을까?

6 다음 ( ) 안에 공통으로 들어갈 말을 쓰시오.

> 사람들은 원하는 모든 것을 가질 수 없다. 가진 돈이나 시간 등이 부족하기 때문이다. 이처럼 사람들이 원하는 것은 많지만 그것을 모두 갖기에는 돈이나 자원이 부족한 상태를 (   ) 라고/이라고 한다. 경제활동에서 선택의 문제는 (   ) 때문에 일어난다.

(   )

[7~8] 나은이 할머니 칠순 잔치 이야기를 살펴보고 물음에 답하시오.

7 나은이 할머니 칠순 잔치가 즐겁게 치러지지 못한 까닭은 무엇 때문입니까? (   )

① 잔치 비용을 절약했기 때문이다.
② 친척들이 많이 오지 않았기 때문이다.
③ 나오는 음식 값이 너무 비쌌기 때문이다.
④ 거리만 생각하고 장소를 예약했기 때문이다.
⑤ 직접 찾아가지 않고 전화로 예약을 했기 때문이다.

8 앞의 그림을 보고 ( ) 안에 들어갈 말은 무엇인지 쓰시오.

> 경제활동에서 ( )한 선택을 하기 위해서는 여러 가지 상황을 고려하는 것이 필요하다. 그래야 돈과 자원의 낭비를 막을 수 있고, 같은 돈을 쓰더라도 더 큰 만족감을 얻을 수 있기 때문이다.

( )

9 선택을 할 때 고려해야 할 점을 바르게 이야기한 친구에게 ○표 하시오.

(1) 원호: 선택을 할 때에는 나의 선택이 꼭 필요하지 않아도 돼. ( )

(2) 선유: 선택으로 얻을 수 있는 편리함이나 즐거움에는 어떤 것들이 있는지 확인해야 해. ( )

(3) 명훈: 요즈음 유행하는 것이나 친구들에게 자랑을 할 수 있는 물건인지 생각해 봐야 해. ( )

10 현명한 선택을 하기 위한 과정입니다. 순서에 맞게 기호를 쓰시오.

> ㉠ 선택하기
> ㉡ 정보 모으기
> ㉢ 가진 돈 파악하기
> ㉣ 사고 싶은 물건 생각해 보기
> ㉤ 선택 기준을 정해 물건 평가하기

( )

11 현명하게 물건을 사기 위해 반드시 고려해야 할 것을 두 가지 고르시오. (,)

① 품질　　② 유행
③ 판매원　　④ 필요성
⑤ 공장 위치

[12~13] 다음 자료를 보고 물음에 답하시오.

실내화	필통	가방
5,000원	7,000원	10,000원
보통	보통	예쁨
• 푹신푹신함. • 밑바닥이 미끄럽지 않은 고무로 되어 있음.	• 지퍼가 있어 사용하기 편리함. • 크기가 작아서 필기도구를 많이 담을 수 없음.	• 가방끈이 얇고, 무거운 편임. • 주머니가 한 개밖에 없음.

12 위의 물건들에 대한 정보를 얻는 방법으로 알맞지 **않은** 것은 어느 것입니까? ( )

① 광고 보기　　② 상점 방문하기
③ 인터넷 검색하기　　④ 은행 방문하여 살펴보기
⑤ 주변 사람에게 물어보기

> **관련 교과서 돋보기**
> 물건의 정보를 얻는 다양한 방법
> • 신문이나 텔레비전 광고에서 물건의 특징에 관한 여러 가지 정보를 얻을 수 있다.
> • 물건을 사용해 본 주변 사람에게 물어보면 물건의 품질과 장단점을 자세히 알 수 있다.

13 위 자료의 물건 중에서 실내화를 구입하면 어떤 점이 좋은지 두 가지 고르시오. (,)

① 디자인이 예쁘다.
② 오랫동안 사용할 수 있다.
③ 미끄러지지 않아 안전하다.
④ 밑바닥이 고무로 되어 있어 단단하다.
⑤ 잃어버렸을 때 경제적인 부담이 적다.

14 다음 중 소비에 대한 설명으로 알맞은 것을 두 가지 고르시오. (,)

① 생산한 것을 쓰는 것이다.
② 서비스를 이용하는 것이다.
③ 소득의 일부를 저축하는 것이다.
④ 물건의 가격을 확인하는 것이다.
⑤ 생활에 필요한 물건을 만드는 것이다.

15 다음과 같은 생산 활동과 소비 활동의 모습을 볼 수 있는 곳은 어디입니까? ( )

> • 물건을 사고판다.
> • 물건을 배달한다.
> • 음식점에서 음식을 사 먹는다.

① 학교
② 시장
③ 은행
④ 법원
⑤ 도서관

16 생활에 필요한 것을 자연에서 얻는 활동에 속하는 것은 어느 것입니까? ( )

① 공연하기
② 벼농사 짓기
③ 물건 배달하기
④ 아파트 건설하기
⑤ 아이스크림 만들기

> **관련 교과서 돋보기**
>
> 생산 활동의 종류
> • 생활에 필요한 것을 자연에서 얻는 활동
> • 생활에 필요한 것을 만드는 활동
> • 생활을 편리하고 즐겁게 해 주는 활동

서술형

17 다음 생산 활동의 공통점은 무엇인지 쓰시오.

_____

_____

18 현명한 소비 생활을 하기 위한 방법으로 알맞지 <u>않은</u> 것은 어느 것입니까? ( )

① 다른 사람들이 많이 사는 물건은 꼭 필요하지 않더라도 사 둔다.
② 미래에 돈이 필요할 때 사용하기 위해서 소득의 일부를 저축한다.
③ 물건을 살 때에는 선택 기준을 세우고, 그 기준에 알맞은 물건을 고른다.
④ 가계부를 써서 무엇에 돈을 쓰는지 알고, 돈을 쓸 때 계획을 세우는 습관을 기른다.
⑤ 판매 장소, 판매 방법에 따라 물건의 가격이 달라질 수 있으므로 물건의 정보를 확인해야 한다.

[19~20] 다음 그림을 보고 물음에 답하시오.

(가)   (나)

▲ 상점 방문하기   ▲ 인터넷 검색하기

19 다음과 같은 방법으로 물건의 정보를 얻는 것은 무엇인지 기호를 쓰시오.

> 물건을 직접 비교해 보고, 물건의 정보 중에서 궁금한 점을 판매원에게 물어볼 수 있다.

( )

20 위 (나)의 방법으로 물건의 정보를 찾았을 때의 좋은 점을 두 가지 고르시오. (,)

① 과장되거나 틀린 정보가 많다.
② 다른 소비자의 의견도 알 수 있다.
③ 물건의 상태를 직접 확인할 수 있다.
④ 여러 제품의 가격을 쉽게 비교할 수 있다.
⑤ 주인과 대화를 통해 물건의 가격을 깎을 수 있다.

1 다음과 같은 궁금한 점을 해결하기 위해 찾아가야 할 곳은 어디입니까? (   )

> 우리 집 냉장고 안에 있는 상품들은 어디에서 왔을까?

① 은행   ② 우체국
③ 박물관   ④ 대학교
⑤ 대형 할인점

[2~3] 다음 상품들을 보고 물음에 답하시오.

(가)

항목: 운동화
생산지: 베트남

(나)

항목: 가방
생산지: 필리핀

(다)

항목: 노트북
생산지: 중국

(라)

항목: 텔레비전
생산지: 구미시

2 위 자료에서 우리나라에서 생산된 상품은 무엇인지 찾아 기호를 쓰시오.

(   )

3 위 자료를 보고 알 수 있는 사실로 알맞은 것은 어느 것입니까? (   )

① 다른 나라에서 들어온 상품은 없다.
② 지역마다 생산되는 상품이 비슷하다.
③ 필요한 모든 상품을 한 지역에서 구할 수 있다.
④ 우리 주변의 상품은 어디에서 왔는지 알 수 없다.
⑤ 다양한 지역에서 생산된 상품이 운반되어 소비자에게 판매되고 있다.

4 우리 주변의 상품이 어디에서 왔는지 알아보는 방법으로 알맞지 <u>않은</u> 것은 어느 것입니까? (   )

① 광고지 확인하기
② 상품 정보 확인하기
③ 품질 인증 표시 확인하기
④ 디지털 영상 지도 살펴보기
⑤ 정보 무늬(QR 코드) 찍어서 확인하기

🔍 **관련 교과서 돋보기**

주변의 상품이 어디에서 왔는지 조사하는 방법
• 광고지를 보고 확인한다.
• 품질 인증 표시를 보고 확인한다.
• 누리집에서 상품 정보를 확인한다.
• 상품의 정보 무늬(QR 코드)를 찍어서 확인한다.

5 다음 중 누리집에서 상품 소개를 검색하여 상품의 생산지를 알아보는 방법에 ○표 하시오.

(1)

(   )

(2)

(   )

6 다음 표의 ㉠, ㉡에 들어갈 알맞은 말은 무엇입니까?

(   )

구분	상품명	생산지(원산지)
(㉠)의 여러 지역에서 온 상품	과자	부산광역시
	물	제주특별자치시
(㉡)에서 온 상품	양말	베트남
	오렌지	미국
	소고기	오스트레일리아

	㉠	㉡
①	어촌	농촌
②	도시	촌락
③	촌락	도시
④	우리나라	다른 나라
⑤	다른 나라	우리나라

7 개인이나 지역이 경제적 이익을 얻기 위해 물건, 기술, 정보 등을 서로 주고받는 것을 무엇이라고 하는지 쓰시오.

( )

8 경제적 교류가 발생하는 까닭을 바르게 이야기한 친구는 누구인지 쓰시오.

> • 윤수: 생산 기술이 같기 때문에 발생해.
> • 수빈: 각 지역 사람들의 신체 조건이 일정하기 때문에 발생해.
> • 민호: 사는 곳에 따라 자연환경과 기술, 자원 등이 다르기 때문에 발생해.

( )

[9~10] 다음 자료를 보고 물음에 답하시오.

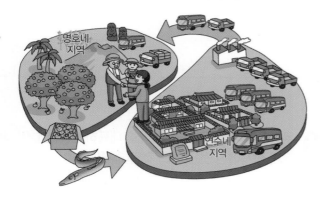

9 위 자료에서 명호네 지역의 대표적인 교류 상품은 무엇입니까? ( )

① 감귤　　　　② 포도
③ 트럭　　　　④ 냉장고
⑤ 텔레비전

⁕서술형

10 위 자료를 보고 알 수 있는 사실은 무엇인지 쓰시오.

_____

_____

11 다음 내용과 관련 있는 경제적 교류의 모습은 무엇입니까? ( )

> **○○ 녹차와 △△ 인삼의 만남**
> ○○ 지역의 대표 특산물 녹차와 △△ 지역의 대표 농산물 인삼을 이용한 기능성 상품이 만들어진다. ○○ 녹차 연구소는 △△ 인삼 연구소와 지역 특산물을 소개로 한 공동 연구 개발 협약을 맺었다고 밝혔다.

① 지역 축제　　　　② 자원 봉사
③ 기술 협력　　　　④ 문화 교류
⑤ 직거래 장터

12 다음 ( ) 안에 공통으로 들어갈 말을 쓰시오.

> 지역 간 경제적 교류가 활발해지면 여러 지역에서 생산된 다양한 ( )을/를 시장에서 쉽게 구할 수 있으며, 지역끼리 협력하여 새로운 ( )을/를 만들기도 한다. 이러한 경제적 교류는 지역을 홍보하기도 하고 나아가 지역 간 문화 교류를 활발하게 하기도 한다.

( )

13 경제적 교류를 했을 때의 좋은 점이 <u>아닌</u> 것은 어느 것입니까? ( )

① 기술 교류를 통해 더 나은 상품을 개발할 수 있다.
② 다른 지역과 자매결연을 하여 서로 도움을 주고받을 수 있다.
③ 지역의 특산물을 소개하거나 홍보하여 경제적인 이익을 얻을 수 있다.
④ 다른 지역의 우수한 상품을 소개하고 지역 간 화합을 가져올 수 있다.
⑤ 상품 전시회나 박람회에 참가하여 다른 지역의 상품을 보고 똑같이 만들 수 있다.

[14~16] 다음 사진을 보고 물음에 답하시오.

(가) 　　　(나)

14 다음과 관계 깊은 경제적 교류 모습을 위에서 찾아 기호를 쓰시오.

> 인터넷, 스마트폰, 홈 쇼핑 등의 대중 매체를 이용하면 짧은 시간에 물건의 정보를 얻을 수 있다. 또한 대중 매체를 이용하면 시간과 장소의 제한을 받지 않고 쉽고 편리하게 이용할 수 있다.

(　　　　　　　)

🔍 관련 교과서 돋보기

대중 매체를 이용한 경제적 교류
• 인터넷, 스마트폰, 홈 쇼핑 등의 대중 매체를 이용하면 짧은 시간에 물건에 대한 정보를 얻을 수 있다.
• 대중 매체를 이용하면 시간과 장소의 제한을 받지 않고 쉽고 편리하게 물건을 사고팔 수 있다.

15 오늘날 경제 교류가 위와 같이 다양한 장소에서 이루어지고 있는 까닭은 무엇입니까? (　　　　)

① 문화가 발달했기 때문이다.
② 지역마다 언어가 다르기 때문이다.
③ 교통과 통신이 발달했기 때문이다.
④ 지역에서 생산되는 상품의 종류가 같기 때문이다.
⑤ 우리나라에서 저축을 하는 사람들이 증가하고 있기 때문이다.

◀ 서술형 ▶
16 위의 (가)와 같은 곳에서 상품을 구매할 때의 좋은 점은 무엇인지 쓰시오.

_____

_____

[17~18] 다음 글을 읽고 물음에 답하시오.

> 경상북도의 포항시와 청송군이 자매결연을 하고 축제교류, 관광 상품 개발 등을 통하여 활발하게 교류하기로 하였다. 포항시는 제철 산업과 수산업으로, 청송군은 국립 공원과 사과 생산지로 각각 유명한 지역이다. 포항시장은 "다양하고 폭넓은 교류를 통하여 청송과 포항이 함께 발전할 수 있도록 노력하겠다."라고 말하였다.

17 위 글과 관련 있는 경제적 교류의 모습은 무엇입니까? (　　　　)

① 시장을 이용한 경제적 교류
② 대중 매체를 이용한 경제적 교류
③ 지역 간 대표 자원의 경제적 교류
④ 문화 활동과 함께하는 경제적 교류
⑤ 촌락과 도시의 생산물에 따른 경제적 교류

◀ 서술형 ▶
18 위와 같은 경제적 교류를 통해 얻을 수 있는 것은 무엇인지 쓰시오.

_____

_____

19 우리나라의 각 지역과 지역을 대표하는 특산물이 바르게 짝지어진 것은 어느 것입니까? (　　　　)

① 강화-배　　　　② 천안-쌀
③ 횡성-곶감　　　④ 영덕-고추
⑤ 울릉도-오징어

20 지역의 대표 상품을 소개하는 방법으로 알맞지 않은 것은 어느 것입니까? (　　　　)

① 상품을 판매하는 누리집을 만든다.
② 상품을 소개하는 전단지를 만든다.
③ 상품의 특징을 표현한 광고지를 그린다.
④ 상품의 장점이 잘 드러나게 동영상을 만든다.
⑤ 다른 지역의 상품에 그려진 상표를 그대로 베껴서 사용한다.

3. ① 사회 변화로 나타난 일상생활의 모습

1 옛날과 오늘날 학교의 점심시간 모습입니다. 학생들이 점심 때 먹었던 것은 무엇인지 쓰시오.

(1) 옛날

(2) 오늘날

(   )   (   )

2 옛날과 오늘날의 교실 모습이 달라진 까닭으로 알맞은 것을 두 가지 고르시오. (,   )

① 학생 수가 늘어나고 있기 때문이다.
② 학생 수가 줄어들고 있기 때문이다.
③ 학생들의 생각이 똑같아 졌기 때문이다.
④ 지식을 활용할 수 있는 기술이 사라졌기 때문이다.
⑤ 정보를 활용할 수 있는 기술이 발달했기 때문이다.

3 사회 변화로 달라진 사람들의 생활 모습으로 알맞지 않은 것은 어느 것입니까? (   )

① 학교의 학년 당 학급 수가 많이 줄었다.
② 마을이나 거리에서 외국인을 볼 수 없게 되었다.
③ 다양한 나라의 음식을 파는 가게가 많아져 외국 음식을 손쉽게 맛볼 수 있다.
④ 할아버지, 할머니를 위한 노인 전문 병원과 요양원, 양로원 등이 많이 생겨났다.
⑤ 인터넷이나 스마트폰을 이용해 언제 어디서나 물건을 사거나 정보를 얻을 수 있다.

관련 교과서 돋보기

사회 변화
• 한 사회의 여러 분야에서 이미 있어 온 것들이 새롭게 바뀌고 사람들의 생활 모습이 달라지는 것을 사회 변화라고 한다.
• 사회 변화는 인구 변화, 과학과 기술의 발달, 다른 나라와의 교류, 제도 변화, 사람들의 생각 변화 등에 따라 발생한다.

4 태어나는 아이의 수가 줄어드는 현상을 무엇이라고 합니까? (   )

① 저출산   ② 고출산
③ 다문화   ④ 고령화
⑤ 세계화

[5~6] 다음 그래프를 보고 물음에 답하시오.

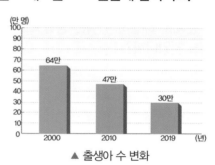

▲ 출생아 수 변화

서술형

5 위의 그래프를 보고 우리나라의 출생아 수는 어떻게 변화하고 있는지 쓰시오.

_____

_____

6 위 그래프와 같은 변화로 인해 발생하는 문제는 무엇인지 다음에서 찾아 기호를 쓰시오.

┌─────────────────────────────────┐
│ ㉠ 가족 구성원의 수가 늘어나고 있다. │
│ ㉡ 아이를 낳을 수 있는 병원이 줄어들고 있다. │
│ ㉢ 일을 할 수 있는 사람들이 점점 많아지고 있다. │
└─────────────────────────────────┘

(   )

7 전체 인구에서 노인 인구가 차지하는 비율이 늘어나는 현상을 무엇이라고 하는지 쓰시오.

(   )

8 고령화로 인해 달라진 일상생활 모습으로 알맞지 <u>않은</u> 것은 어느 것입니까? (   )

① 일하는 노인들이 증가하고 있다.
② 노인 전문 시설이 늘어나고 있다.
③ 노인과 관련된 산업이 발전하고 있다.
④ 노인들의 여가 활동 장소가 사라지고 있다.
⑤ 노인들을 위한 복지 제도가 마련되고 있다.

9 저출산 문제를 해결하기 위한 방법으로 알맞지 <u>않은</u> 것은 어느 것입니까? (   )

① 양육비 지원
② 육아 휴직 확대
③ 아동 수당 축소
④ 아이 돌봄 서비스 시행
⑤ 아이를 안전하게 키울 수 있는 시설 마련

10 다음 (   ) 안에 들어갈 알맞은 말을 쓰시오.

> 정보와 지식이 중요한 자원이 되어 사회가 발전해 나가는 데 중심 역할을 담당하는 현상을 (   )라고/이라고 한다.

(   )

서술형

11 정보화로 달라진 일상생활 모습입니다. 빈곳에 알맞은 내용을 써넣어 완성하시오.

> • 일기 예보를 못 봐서 날씨를 확인하지 못해 비를 맞았어요.
>   ⇨ 스마트폰으로 언제든지 오늘의 날씨를 확인할 수 있어요.
> • 버스가 언제 올지 몰라서 답답해요.
>   ⇨ _____
>   _____

12 학교에서 정보와 지식을 활용하는 모습과 가장 거리가 먼 것은 어느 것입니까? (   )

① 디지털 교과서를 활용해 공부한다.
② 과제에 필요한 자료를 인터넷으로 조사한다.
③ 학교 알리미 누리집에서 학교 소식을 살펴본다.
④ 수업 시간에 궁금한 점은 손을 들어 선생님께 여쭈어 본다.
⑤ 예약해 둔 책을 도서 대출 프로그램을 이용해 확인하고 빌린다.

13 다음에서 정보화로 인해 달라지고 있는 일상생활 모습으로 알맞은 것을 모두 찾아 기호를 쓰시오.

> ㉠ 은행에 직접 가서 돈을 송금한다.
> ㉡ 편지를 보내 친구에게 소식을 전한다.
> ㉢ 휴대 전화를 이용해 물건을 쉽게 산다.
> ㉣ 실시간으로 교통 정보를 얻어 빠르게 목적지에 도착한다.
> ㉤ 세계 곳곳에서 일어나는 일들은 다음 날 신문을 보고 안다.

(   )

14 오른쪽 그림과 관계 깊은 정보화 사회의 문제점은 무엇인지 쓰시오.

제 개인 정보가 유출되어 이상한 광고들이 많이 와요.

(   )

15 정보화 사회의 문제점을 해결할 수 있는 방법으로 알맞은 것에 ○표 하시오.

(1) 개인 정보가 새 나가지 않도록 조심한다.
( )

(2) 인터넷에서도 예의를 지키고 상대방을 존중한다.
( )

(3) 스마트폰과 컴퓨터는 사용 시간을 정해 사용한다.
( )

(4) 다른 사람의 창작물을 허락 없이 내려 받아 사용한다.
( )

16 다음 ㉠, ㉡에 들어갈 알맞은 말을 쓰시오.

> 우리는 다른 나라에서 만든 물건이나 다른 나라 문화를 주변에서 쉽게 볼 수 있다. 이러한 현상은 교통과 통신이 발달하면서 나라 사이에 사람이나 물건, 문화 등의 (㉠)이/가 활발하기 때문에 가능하다. 이처럼 세계 여러 나라가 정치, 경제, 사회, 문화 등 다양한 분야에서 서로 영향을 주고받으면서 가까워지고 있는 현상을 (㉡)라고/이라고 한다.

㉠ ( ) ㉡ ( )

17 생활 속에서 찾을 수 있는 세계화의 사례로 알맞지 않은 것은 어느 것입니까? ( )

① 다른 나라의 영화도 우리나라 영화관에서 쉽게 볼 수 있다.

② 우리나라 운동 경기에서 외국인 선수가 뛰는 모습을 볼 수 있다.

③ 세계 곳곳으로 진출하여 일하는 우리나라 사람들이 줄어들고 있다.

④ 쌀국수, 케밥 등 다른 나라 음식을 우리나라에서도 쉽게 먹을 수 있다.

⑤ 우리나라로 여행을 오거나 방학이나 휴가 때 해외 여행을 가는 사람들이 많다.

18 세계화가 우리 생활에 미치는 긍정적인 영향에는 '긍'이라 쓰고, 부정적인 영향에는 '부'라고 쓰시오.

(1) 다른 나라에서 만든 물건이나 음식을 쉽게 살 수 있다. ( )

(2) 서로 다른 문화를 이해하지 못해 갈등이 발생할 수 있다. ( )

(3) 세계 여러 나라의 다양한 문화를 쉽게 접하고 체험할 수 있다. ( )

(4) 다른 나라의 문화만 따르고 우리 문화를 소홀히 여겨 전통문화가 잊혀질 수 있다. ( )

〔서술형〕

19 다음 ●보기●를 보고 내가 생각하는 세계화란 무엇이며, 왜 그렇게 생각하는지 쓰시오.

> ━●보기●━
> **세계화란 축제이다.**
> 세계화가 여러 나라의 문화를 경험할 수 있는 축제를 열어 주는 셈이라고 생각하기 때문이다.

(1) 내가 생각하는 세계화

세계화란 ( )이다

(2) 그렇게 생각한 까닭: _____

_____

_____

20 세계화로 변화하는 사회에서 우리가 지녀야 할 태도로 바른 것을 두 가지 고르시오. (,)

① 다른 나라의 문화는 무시한다.

② 다른 나라의 문화를 존중한다.

③ 외국 문화는 무조건 옳다고 여긴다.

④ 우리 문화를 소중히 여기고 발전시킨다.

⑤ 전통 문화는 무시하고 다른 나라 문화는 떠받든다.

1 다음 ( ) 안에 들어갈 알맞은 말을 쓰시오.

> 사람들의 옷차림, 먹는 음식, 사는 집의 모습 등 사람들이 살아가는 생활 방식을 자세히 살펴보면 각 사회마다 공통된 모습을 찾을 수 있다. 이렇게 특정 지역이나 집단이 지닌 공통의 생활 방식을 (   )라고/이라고 한다.

(   )

관련 교과서 돋보기

문화의 의미

사람들이 사는 사회에는 그 사회 나름의 문화가 있다. 문화란 의식주, 언어, 종교 등 한 사회 구성원들이 가지고 있는 공통의 생활 방식을 말한다. 문화는 사는 지역뿐만 아니라 나이, 성별 등에 따라 다양하게 나타난다.

2 더운 지역에 살고 있는 사람들의 옷차림으로 알맞은 것에 ○표 하시오.

(1)

(2)

(   )　　　(   )

[3~4] 다음 사진을 보고 물음에 답하시오.

(가) 　　(나)

3 위의 사람들이 음식을 먹을 때 사용하는 도구는 무엇인지 알맞게 선으로 이으시오.

(1) (가) ・　　・㉠ 포크, 나이프

(2) (나) ・　　・㉡ 숟가락, 젓가락

서술형

4 앞의 (가), (나) 사람들이 음식을 먹을 때 사용하는 도구가 다른 까닭은 무엇인지 쓰시오.

_____

_____

5 우리 사회에서 볼 수 있는 다양한 문화의 모습과 가장 거리가 먼 것은 어느 것입니까? (   )

① 다양한 행사를 통해 여러 나라의 음악과 춤을 즐길 수 있다.
② 다양한 문화를 가진 사람들과 함께 일하고, 공부하며 살아간다.
③ 세계의 다양한 음식을 파는 가게들은 국제공항에 가야만 볼 수 있다.
④ 외국인 노동자들이 여러 분야의 일자리에서 일하며 우리나라 산업 발전에 이바지한다.
⑤ 기존에 쉽게 볼 수 없었던 종교와 관련된 건물에서 예배를 드리는 사람들을 볼 수 있다.

6 공정하지 못하고 한쪽으로 치우친 생각을 무엇이라고 합니까? (   )

① 고집　　　　② 평등
③ 차별　　　　④ 편견
⑤ 다수결

7 다음에서 설명하는 것은 무엇인지 쓰시오.

> 어떤 기준을 두어 대상을 구분하고 부당하게 대우하는 것을 말한다.

(   )

8 다음 ( ) 안에 들어갈 말로 알맞지 <u>않은</u> 것은 어느 것입니까? (   )

> 우리 사회에 서로 다른 인종, 종교, 문화가 공존하면서 여러 가지 문제가 발생하고 있다. (   ) 등이 다르다는 이유로 부당한 대우를 받는 사람들이 있다.

① 성별　　　　　② 언어
③ 날씨　　　　　④ 피부색
⑤ 출신 지역

[9~10] 다음 두 자료를 보고 물음에 답하시오.

9 위 (가)에 나타난 차별의 이유로 알맞은 것은 어느 것입니까? (   )

① 음식　　　　　② 교육
③ 재산　　　　　④ 옷차림
⑤ 사는 집

10 위 (나)를 통해 알 수 있는 사실은 어느 것입니까?
(   )

① 피부색이 가지는 편견을 나타내고 있다.
② 다른 나라의 언어를 배우는 것이 필요하다.
③ 종교가 다르다는 이유로 부당한 대우를 받고 있다.
④ 외국인은 말이 서툴더라도 놀리거나 무시하지 않아야 한다.
⑤ 피부색으로 사람을 차별하지 않고 능력으로 평가하고 있다.

11 다음 글의 알맞은 말에 ○표 하여 바르게 완성하시오.

> 남자만 또는 여자만 할 수 있다고 생각하거나, 남자에게 적합한 일 또는 여자에게 적합한 일이 따로 있다고 생각하는 것은 (나이 , 남녀)에 대한 차별의 모습이다.

·서술형·

12 편견과 차별이 지속되면 사회적으로 어떤 문제가 발생할 수 있는지 쓰시오.

_____

_____

13 다음에서 편견과 차별에 해당하는 것을 두 가지 찾아 기호를 쓰시오.

> • 디자이너 ○○ 씨는 ㉠ 살색, 흰색, 자주색, 검정색 등 다양한 색을 이용하여 ㉡ 우아함이 돋보이는 옷을 만들었다.
> • ㉢ 미모의 여의사 △△ 씨가 한 방송에 출연하여 겨울철에 감기를 ㉣ 예방하는 방법을 알려 주었다.

(　　　,　　　)

14 생활 속에서 발견할 수 있는 편견과 차별의 태도와 거리와 먼 것은 어느 것입니까? (   )

① 외국 사람들은 모두 영어를 잘 한다.
② 외모가 뛰어난 친구가 공부도 잘 한다.
③ 무거운 물건은 무조건 남자가 들어야 한다.
④ 여자는 얌전하고, 남자는 씩씩한 것이 좋다.
⑤ 회의를 할 때에는 말하는 친구의 이야기를 잘 들어야 한다.

15 다음 중 편견과 차별의 생각을 가진 친구는 누구인지 쓰시오.

규성   혜윤

(   )

🔍 관련 교과서 돋보기

우리 사회에서 볼 수 있는 편견과 차별의 모습
• 장애를 가지고 있어서 부당한 대우를 받는다.
• 남자만 또는 여자만 할 수 있는 일이 따로 있다고 생각한다.
• 나이, 임신 등을 이유로 일자리 지원을 거절하는 경우도 있다.

[16~17] 다음 그림을 보고 물음에 답하시오.

16 위 그림에서 운동 종목을 나누는 기준으로 생각하는 것은 무엇입니까? (   )

① 키   ② 성적
③ 학년   ④ 남녀
⑤ 사는 지역

• 서술형

17 위 그림에서 남학생들의 이야기를 들은 여학생들의 기분은 어떠하였을지 쓰시오.

_____

_____

18 편견과 차별이 없는 학급 만들기에서 나온 의견으로 알맞은 것에 ○표 하시오.

(1) 상대방의 입장에서 생각해야 한다.
(   )

(2) 나와 다른 생각을 가진 사람은 무시해야 한다.
(   )

(3) 한쪽으로 치우치지 않게 생각하려고 노력해야 한다.   (   )

(4) 서로의 문화를 배우고 이해하려는 노력을 해야 한다.   (   )

19 편견과 차별이 없는 사회를 만들기 위한 노력으로 알맞지 않은 것은 어느 것입니까? (   )

① 다양한 문화를 체험할 수 있는 자리를 마련한다.
② 편견과 차별 없이 능력을 발휘할 기회를 제공한다.
③ 편견이나 차별의 뜻이 담긴 말을 그대로 사용한다.
④ 법을 만들고 기관을 세워 편견과 차별을 없애려고 노력한다.
⑤ 편견이나 차별적인 생각을 바꾸고자 교육을 하거나 홍보를 한다.

20 다음 (   ) 안에 공통으로 들어갈 말을 쓰시오.

• 문화의 차이를 인정하고 이해하면 문화적 편견과 차별의 문제를 해결할 수 있다. 또한 우리의 문화가 소중하듯 다른 문화도 소중하다는 것을 알고, 서로의 다름을 인정하는 (   )을/를 존중하는 태도가 필요하다.
• (   )의 시작은 다름의 가치를 인정하고 소통하는 것이다. 우리 모두가 새로운 것, 나와 다른 것을 스스럼없이 받아들일 때 우리 사회는 더욱 풍요로운 사회가 될 것이다.

(   )

1 촌락에 대한 설명으로 알맞지 <u>않은</u> 것은 어느 것입니까? (   )

① 사람들이 많이 모여 산다.
② 자연환경을 이용하여 생활이 이루어진다.
③ 농사를 짓거나 고기잡이를 하면서 생활한다.
④ 계절이나 날씨에 따라 생활 모습이 달라진다.
⑤ 산, 나무, 바다 등의 자연 모습을 많이 볼 수 있다.

2 다음에서 촌락을 농촌, 어촌, 산지촌으로 구분하는 기준을 두 가지 고르시오.

┌─────────────────────────────┐
│ ㉠ 역사   ㉡ 면적   │
│ ㉢ 인구 수   ㉣ 자연환경   │
│ ㉤ 생산 활동   ㉥ 취미 활동   │
└─────────────────────────────┘

(,   )

3 다음 (   ) 안에 들어갈 알맞은 말을 쓰시오.

┌─────────────────────────────┐
│ 넓은 들에 있는 마을 사람들은 곡식이나 채소, │
│ 가축을 기르는 농업을 한다. 이처럼 농사짓는 땅 │
│ 을 이용하여 생산 활동을 하며 살아나는 곳을   │
│ (   )라고/이라고 한다.   │
└─────────────────────────────┘

(   )

4 다음과 같은 모습을 볼 수 있는 촌락에서 발달한 산업은 무엇인지 쓰시오.

(   )

[5~6] 다음 사진을 보고 물음에 답하시오.

5 위와 같은 자연환경과 생산 활동을 볼 수 있는 촌락은 어디인지 쓰시오.

(   )

6 위 **5**번 답의 촌락에서 볼 수 있는 모습으로 알맞은 것을 두 가지 고르시오. (,   )

①  ②
③  ④

▪서술형▪
7 도시에서 다음과 같은 모습을 볼 수 있는 까닭은 무엇 때문인지 쓰시오.

_____

_____

8 도시와 가장 거리가 먼 것은 무엇입니까? (　　　)

① 편리한 교통 　　　② 다양한 문화 시설
③ 많은 회사와 공장 　④ 깨끗하고 맑은 공기
⑤ 높은 건물과 넓은 도로

9 도시 사람들이 주로 하는 일이 <u>아닌</u> 것은 어느 것입니까? (　　　)

① 계단식 논에서 농사를 짓는다.
② 지하철로 승객을 태워다 준다.
③ 여러 사람에게 다양한 물건을 판다.
④ 회사에 있는 사무실에서 일을 한다.
⑤ 병원에서 아픈 사람을 치료하고 돌본다.

🔍 관련 교과서 돋보기

도시 사람들이 하는 일

　도시에는 다양한 공공 기관과 박물관, 공연장과 같은 문화 시설이 있다. 그래서 도시에는 사람들이 일할 수 있는 곳이 많고 일의 종류도 다양하다. 사람들은 회사나 공장에 다니고, 물건을 팔거나 공연을 하는 등의 다양한 일을 한다.

10 다음에서 설명하고 있는 우리나라의 도시는 어디인지 쓰시오.

• 우리나라의 수도이다.
• 우리나라에서 가장 많은 사람이 모여 살며, 도로, 철도 등 교통의 중심지이다.

(　　　　　　　)

11 촌락과 도시를 비교하는 방법으로 알맞지 <u>않은</u> 것은 어느 것입니까? (　　　)

① 다양한 지도 살펴보기
② 현장에 직접 찾아가 살펴보기
③ 인터넷이나 신문 기사 살펴보기
④ 지역을 잘 아는 분께 여쭈어보기
⑤ 문화재청 누리집 접속하여 살펴보기

・서술형・

12 촌락과 도시를 비교하려면 어떤 점을 살펴보아야 하는지 정리한 것입니다. 살펴보아야 할 내용을 두 가지 더 쓰시오.

• 무엇을 볼 수 있을까?
• 어떤 시설이 있을까?
• _____
• _____

[13~14] 다음 두 지역을 보고 물음에 답하시오.

(가)　　　　　　　(나)

13 위에서 촌락과 도시에 해당하는 지역은 어디인지 기호를 쓰시오.

촌락	도시

14 위 (가), (나)를 보고 촌락과 도시의 차이점을 비교한 것입니다. 그 내용으로 알맞지 <u>않은</u> 것은 어느 것입니까? (　　　)

① 도시에는 높은 건물이 많다.
② 촌락에는 사람들이 많이 산다.
③ 촌락에는 낮은 집들이 모여 있다.
④ 촌락은 자연환경을 이용한 산업이 발달했다.
⑤ 도시에는 지하철역, 버스 정류장 등 교통 시설이 많다.

[15~16] 다음 인구 변화 그래프를 보고 물음에 답하시오.

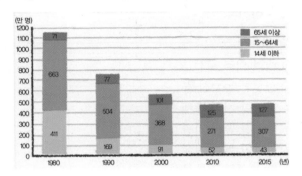

15 위 그래프와 같은 인구 구성의 변화를 나타내는 곳은 촌락과 도시 중 어디인지 쓰시오.

(   )

◆ 서술형 ◆

16 위의 인구 변화 그래프를 보고 알 수 있는 사실은 무엇인지 쓰시오.

_____

_____

17 촌락에서 오른쪽과 같은 품질 좋은 농수산물을 생산하는 까닭은 무엇입니까?

(   )

① 인구를 늘리기 위해서
② 소득을 높이기 위해서
③ 자연환경을 보호하기 위해서
④ 전통문화를 널리 알리기 위해서
⑤ 일손 돕기 봉사 활동을 하기 위해서

🔍 관련 교과서 돋보기

촌락의 어려움을 이겨 내는 방법
• 다양한 기계를 이용하여 일손 부족 문제를 해결하고 농수산물의 생산량을 늘린다.
• 기술 개발로 품질 좋은 농수산물을 생산하여 소득을 높이려고 노력한다.
• 폐교 등을 활용하여 문화 시설과 편의 시설을 늘린다.

18 도시에서 나타나는 어려움으로 알맞은 것에 ◯표 하시오.

(1) 집값이 비싸고 집을 구하기 어렵다.

(   )

(2) 도로에 차가 많아서 복잡하고 주차할 공간이 부족하다.   (   )

(3) 외국에서 값싼 농수산물이 들어와서 소득이 줄어들고 있다.   (   )

(4) 자동차나 공장에서 나오는 매연 때문에 공기 오염이 심각하다.   (   )

19 도시에서 발생하는 문제와 그 문제를 해결할 수 있는 방안을 알맞게 선으로 이으시오.

(1) 소음 문제 •   • ㉠ 경찰 순찰 강화

(2) 범죄 문제 •   • ㉡ 소음 방지 매트 깔기

(3) 교통 문제 •   • ㉢ 일회용품 사용 줄이기

(4) 쓰레기 문제 •   • ㉣ 버스 전용 차로제 실시

20 다음 빈칸에 공통으로 들어갈 말을 쓰시오.

> 살기 좋은 촌락과 도시를 만들려면 해결해야 할 여러 가지 문제가 있다. 이러한 문제들은 한 사람의 (　　　　)로는/으로는 해결할 수 없다. 많은 사람들과 여러 기관이 관심을 기울이고, 문제를 해결하려고 함께 (　　　　)해야 살기 좋은 촌락과 도시를 만들 수 있다.

(   )

1 다음 중 교류에 해당하지 <u>않는</u> 것은 어느 것입니까?
(   )

① 다른 지역으로 여행을 갔다.
② 이웃 나라와 첨단 기술을 주고받았다.
③ 시장에서 다른 지역에서 생산된 과일을 샀다.
④ 산에 혼자 살면서 다른 지역을 오고 가지 않았다.
⑤ 우리 지역에서 생산된 특산물을 다른 지역에 사는 친구에게 보내주었다.

2 다음 ( ) 안에 들어갈 말로 알맞지 <u>않은</u> 것은 어느 것입니까? (   )

> 사람들은 교류하며 살아간다. 지닌 물건이나 능력이 서로 다르기 때문이다. 촌락과 도시도 마찬가지이다. 촌락과 도시의 (   ) 등이 다르기 때문에 교류가 필요하다.

① 기술   ② 문화
③ 인권   ④ 생산물
⑤ 자연환경

🔍 **관련 교과서 돋보기**

교류의 필요성
지역마다 생산되는 물건이 다르다. 그래서 우리 지역에서 생산된 것들이 다른 지역에서 팔리고, 다른 지역에서 생산된 것들이 우리 지역에서 팔린다. 또 사람들은 공부나 일을 하려고 다른 지역을 오가기도 한다.

3 다음은 지역과 지역 간에 무엇을 교류하고 있는 모습입니까? (   )

① 문화   ② 물건
③ 봉사   ④ 서비스
⑤ 취업 활동

[4~6] 촌락과 도시의 특징을 나타낸 다음 ●보기●를 보고 물음에 답하시오.

> ●보기●
> ㉠ 대형 의료 시설
> ㉡ 신선한 농수산물
> ㉢ 다양한 지역 축제
> ㉣ 다양한 공공 기관
> ㉤ 다양한 문화 시설
> ㉥ 잘 보존된 전통문화

4 위 ●보기●에서 촌락의 특징과 도시의 특징은 무엇인지 찾아 기호를 쓰시오..

(1) 촌락의 특징	(2) 도시의 특징

5 다음 사진과 관계 깊은 촌락의 특징을 위 ●보기●에서 찾아 기호를 쓰시오.

(   )

6 서현이 어머니께서 도시를 찾는 이유와 관계 깊은 것을 위 ●보기●에서 찾아 기호를 쓰시오.

대형 종합 병원에서 건강 검진을 받으러 가요.

검진표

(   )

7 도시 사람들이 촌락에 가는 까닭으로 알맞지 <u>않은</u> 것은 어느 것입니까? ( )

① 아름다운 자연을 즐기기 위해서
② 촌락의 체험 활동에 참여하기 위해서
③ 백화점에서 필요한 물건을 사기 위해서
④ 지역 축제에 참여하여 문화를 경험하기 위해서
⑤ 잘 보존된 전통문화와 깨끗한 자연환경을 체험하기 위해서

8 다음과 같은 체험 활동을 할 수 있는 촌락은 어디인지 쓰시오.

( )

서술형

9 촌락에서 지역 축제를 개최하면 촌락 사람들에게는 어떤 좋은 점이 있는지 쓰시오.

_____

_____

10 촌락 사람들이 도시를 찾는 까닭을 <u>잘못</u> 이야기한 친구는 누구인지 쓰시오.

• **혜나**: 연극 공연을 보러 도시에 간다.
• **지애**: 백화점이나 대형 할인점을 이용하려고 도시에 간다.
• **준혁**: 깨끗한 자연환경 속에서 여유로운 생활을 체험하기 위해 도시로 간다.

( )

[11~12] 다음 신문기사를 읽고 물음에 답하시오.

○○ 신문　　　　20○○년 ○○월 ○○일

부산광역시, 명절 앞두고 농축산물 직거래 장터 열어

　부산광역시는 명절을 앞두고 시청 앞에서 농축산물 직거래 장터를 열었다. 직거래 장터를 열면 중간 상인을 거치지 않기 때문에 촌락 사람들은 더 높은 가격에 농축산물을 팔 수 있고, 도시 사람들은 농축산물을 저렴한 가격에 살 수 있다.
　부산광역시 관계자는 "앞으로 촌락과 도시 사람들에게 도움이 되는 직거래 장터를 자주 열겠다."라고 말하였다.

11 위 신문기사에서는 도시와 촌락이 무엇을 통해 교류하고 있는지 쓰시오.

( )

12 위와 같이 촌락과 도시가 교류를 했을 때의 좋은 점은 무엇인지 쓰시오.

(1) 촌락 사람: _____

_____

(2) 도시 사람: _____

_____

13 다음 ㉠, ㉡에 들어갈 알맞은 말을 쓰시오.

　촌락과 도시의 사람들은 자연환경과 인문환경을 이용해 지역의 문화를 체험할 수 있는 행사를 열어 다른 지역 사람들과 교류한다. 관광객들은 즐거운 (㉠)을/를 하고 지역 사람들은 자기 지역을 알리면서 (㉠)을/를 올리기도 한다.

㉠ ( )　㉡ ( )

14 촌락과 도시의 교류를 알 수 있는 자료를 찾아보려고 합니다. 자료를 찾는 방법을 잘못 이야기한 친구는 누구인지 쓰시오.

> • 수영: 시청이나 도청 누리집에서 우리 지역이 어느 지역과 교류하는지 알아볼거야.
> • 영민: 촌락과 도시가 자매결연을 하여 교류하는 경우를 인터넷이나 뉴스에서 찾아볼거야.
> • 효연: 우리 고장이 외국에 어떻게 소개되었는지 책자와 기록물을 찾아볼거야.

( )

🔍 관련 교과서 돋보기

촌락과 도시의 교류 사례를 조사하는 방법
• 인터넷 조사: 우리 지역의 교류 사례를 검색한다.
• 문헌 조사: 기록물이나 우리 지역 홍보 책자 등을 찾아본다.
• 면담: 지역 교류에 대해 잘 아는 분께 여쭈어본다.

• 서술형 •

15 도시 사람들이 농촌 봉사 활동에 참여하면 어떤 좋은 점이 있는지 쓰시오.

_____

_____

16 촌락과 도시의 시설 이용을 통한 교류 모습입니다. 알맞지 않은 내용을 찾아 기호를 쓰시오.

> 촌락에 사는 사람들은 ㉠ 병원이나 박물관, 대형 경기장 등과 같은 다양한 시설이나 공공 기관을 이용하려고 도시를 찾는다. 도시에 사는 사람들은 ㉡ 깨끗한 자연환경 속에서 여가 생활을 누릴 수 있는 촌락의 시설을 이용한다.
> 도시의 병원이나 문화·복지 시설, 촌락의 휴양 시설 등을 이용하는 사람이 늘어나면서 ㉢ 도시와 촌락의 교류는 더욱 감소하고 있다.

( )

17 다음 ( ) 안에 들어갈 알맞은 말을 쓰시오.

> 촌락에 사는 사람들과 도시에 사는 사람은 다양한 방법으로 교류하며 살아간다. 이러한 교류를 통해 부족한 것들을 채워주면서 ( ) 하며 살아간다.

( )

18 촌락에 사는 사람들과 도시에 사는 사람들의 교류 모습과 거리가 먼 것은 무엇입니까? ( )

① 주말농장　　　　② 체험 학습
③ 해외 여행　　　　④ 문화 공연
⑤ 직거래 장터

19 촌락과 도시가 교류하는 모습을 보고, 생각하거나 느낀 점을 바르게 이야기한 친구는 누구인지 쓰시오.

촌락과 도시에 사는 사람들은 교류하지만 서로에게는 큰 도움이 되지 않아.

교류를 통해 다양한 환경을 경험하고, 서로에게 관심을 가질 수 있어.

윤기　　　　상화

( )

20 교류에 대한 설명으로 맞으면 ○표, 맞지 않으면 ✕표 하시오.

(1) 촌락과 도시는 상호 의존한다. ( )
(2) 우리는 살면서 필요한 모든 것을 한 지역에서 얻을 수 있다. ( )
(3) 촌락과 도시는 교류하며 서로의 부족한 부분을 보완할 수 있다. ( )

1 다음 ( ) 안에 들어갈 알맞은 말을 쓰시오.

> 사람들은 생활에 필요한 것을 만들기도 하고 다른 사람이 만든 것을 이용하기도 하면서 살고 있다. 이렇게 사람들이 생활하는 데 필요한 여러 가지 것을 만들고 이용하는 것과 관련된 모든 활동을 ( )라고/이라고 한다.

( )

2 가족의 하루에서 경제활동 모습을 찾았습니다. 그 사례로 알맞지 <u>않은</u> 것은 어느 것입니까? ( )

① 가족이 함께 장을 본다.
② 가족이 함께 영화관에서 영화를 관람한다.
③ 누나는 제과점에서 빵을 만드는 일을 한다.
④ 동생은 공원에서 친구들과 술래잡기를 한다.
⑤ 부모님께서는 과수원에서 사과를 수확하여 파신다.

🔍 관련 교과서 돋보기

다양한 경제 활동의 모습
• 과일을 산다.   • 물고기를 잡는다.
• 버스를 탄다.   • 자동차를 만든다.
• 진료를 받는다.   • 물건을 배달한다.

3 다음과 같은 선택의 문제가 발생하는 까닭은 무엇입니까? ( )

① 부모님이 주신 용돈이 많기 때문이다.
② 경제활동을 하는 사람들이 적기 때문이다.
③ 사람들이 쓸 수 있는 자원이 많기 때문이다.
④ 자신이 원하는 것을 모두 가질 수 있기 때문이다.
⑤ 자신이 쓸 수 있는 돈이나 자원이 한정되어 있기 때문이다.

4 선택의 문제에 대한 설명으로 알맞은 것은 어느 것입니까? ( )

① 선택의 문제는 시간과는 관련이 없다.
② 집 안에서는 선택의 문제를 겪지 않는다.
③ 생산 활동을 할 때에만 선택의 문제를 겪는다.
④ 무엇을 선택하는지는 사람에 따라 다를 수 있다.
⑤ 선택의 문제가 발생하는 까닭은 자원이 무한하기 때문이다.

5 희소성에 대한 설명으로 알맞은 것에 ○표 하시오.

(1) 경제 활동에서 선택의 문제가 일어나는 까닭이 된다. ( )
(2) 사람들이 원하는 것을 모두 가질 수 있는 상태를 말한다. ( )
(3) 경제 활동에 필요한 자원의 종류와 양은 시대와 장소에 따라 다르기 때문에 자원의 희소성도 이에 따라 달라진다. ( )

〈서술형〉

6 경제생활에서 현명한 선택이 필요한 까닭은 무엇인지 쓰시오.

_____

_____

7 다음 ( ) 안에 들어갈 가장 알맞은 말은 무엇입니까? ( )

> 경제생활에서 현명한 선택을 하기 위해서는 관련된 ( )을/를 수집하고 분석해야 한다.

① 자원   ② 단어
③ 기술   ④ 정보
⑤ 문제점

8 다음 중 현명한 선택을 한 친구는 누구인지 쓰시오.

빵만 사려고 했었는데, 너무 많이 사버렸네.

사려는 물건의 가격과 필요성을 꼭 따져봐야 해.

문철   채린

(   )

9 현명한 선택을 하기 위한 방법입니다. 알맞지 <u>않은</u> 것을 찾아 기호를 쓰시오.

> 물건의 정보를 수집한 뒤에는 ㉠ 물건을 비교, 평가하기 위한 선택 기준을 세운다. ㉡ 사람마다 중요하게 생각하는 것이 같기 때문에 선택 기준 또한 같을 수 있다. 따라서 ㉢ 여러 가지를 고려하여 자신이 중요하게 생각하는 선택 기준을 찾아야 한다.

(   )

[10~11] 윤미가 만든 선택 기준표를 보고 물음에 답하시오.

선택 기준	가방	운동화	티셔츠
내가 가진 돈으로 살 수 있는가?	○	○	○
지금 당장 필요한 것인가?	○		△
디자인이 만족스러운가?	△	×	○
나에게 도움이 되는 특징이 있는가?	○	×	△
총점	11점	7점	10점

○: 그렇다(3점), △: 보통이다(2점), ×: 아니다(1점)

10 위의 선택 기준표를 보고 윤미가 어느 물건을 사는 것이 현명한 선택인지 쓰시오.

(   )

11 윤미가 물건을 비교, 평가하기 위해 활용한 선택 기준이 <u>아닌</u> 것은 어느 것입니까? (   )

① 디자인이 만족스러운가?
② 지금 당장 필요한 것인가?
③ 내가 가진 돈으로 살 수 있는가?
④ 친구들이 많이 쓰고 있는 것인가?
⑤ 나에게 도움이 되는 특징이 있는가?

12 다음에서 설명하는 것은 무엇인지 쓰시오.

> • 사람들이 생활하는 데 필요한 물건을 만들거나 생활을 편리하고 즐겁게 해 주는 일을 제공하는 활동을 말한다.
> • 빵집에서 빵을 만드는 활동, 옷 가게에서 옷을 파는 활동 등이 여기에 해당한다.

(   )

13 다음 중 소비 활동에 해당하는 것은 어느 것입니까? (   )

① 신문을 배달한다.
② 텔레비전을 만든다.
③ 사과 농사를 짓는다.
④ 홈 쇼핑에서 옷을 구입한다.
⑤ 공원에서 강아지와 산책을 한다.

14 생산과 소비에 대한 설명으로 알맞지 <u>않은</u> 것은 어느 것입니까? (   )

① 생산과 소비는 공통점이 있다.
② 생산보다 소비가 더 중요하다.
③ 생산하지 않으면 소비할 수 없다.
④ 소비를 하지 않으면 생산할 필요가 없다.
⑤ 물건을 사고팔 때처럼 생산 활동과 소비 활동이 함께 이루어질 때도 있다.

[15~16] 다음 모습을 보고 물음에 답하시오.

(가)

▲ 건물 짓기

(나)

▲ 물고기 잡기

(다)

▲ 자동차 만들기

(라)

▲ 버스 운전하기

15 위에서 생활에 필요한 것을 만드는 활동은 무엇인지 모두 고르시오.

(   )

16 위의 (라)와 같은 종류의 생산 활동이 <u>아닌</u> 것은 어느 것입니까? (   )

① 공연하기   ② 물건 팔기
③ 가축 기르기   ④ 옷 디자인하기
⑤ 환자 진료하기

17 사람들이 직접 만나지 않고 물건을 사고파는 시장을 두 가지 고르시오. (,   )

① 백화점   ② 전통 시장
③ 할인 매장   ④ 온라인 쇼핑
⑤ 텔레비전 홈 쇼핑

 서술형

18 다음 그림의 민수가 생일 선물을 사지 못한 까닭은 무엇인지 쓰시오.

 할아버지께서 주신 용돈으로 친구들과 피자도 사 먹고 수현이 생일 선물도 사야지.

 수현이 생일인데 돈이 부족해 선물을 살 수 없네. 지난번에 받은 용돈을 아껴쓸 걸.

슬기   민수

19 집에서 오른쪽과 같은 가계부를 쓰는 까닭은 무엇입니까? (   )

① 소비를 늘리기 위해서
② 저축을 줄이기 위해서
③ 집에서 물건을 주문하기 위해서
④ 소득을 마음대로 사용하기 위해서
⑤ 알뜰하게 살림살이를 꾸려 나가기 위해서

🔍 관련 교과서 돋보기

현명한 소비 생활을 하는 방법
• 물건을 살 때에는 선택 기준을 세우고, 그 기준에 알맞은 물건을 고른다.
• 가계부를 써서 무엇에 돈을 쓰는지 알고, 돈을 쓸 때 계획을 세우는 습관을 기른다.

20 상점을 직접 방문하여 물건의 정보를 얻으면 어떤 점이 좋습니까? (   )

① 시간과 노력이 적게 든다.
② 물건을 직접 비교할 수 있다.
③ 상품의 장단점을 자세히 알 수 있다.
④ 자신이 주문한 물건과 다른 물건이 오는 경우가 있다.
⑤ 상품을 사용해 본 다른 소비자의 의견을 살펴볼 수 있다.

[1~2] 교실에서 볼 수 있는 다양한 물건을 보고 물음에 답하시오.

1 위 교실에 있는 물건 중 가방은 어느 곳에서 왔습니까? ( )

① 중국
② 베트남
③ 인도네시아
④ 대구광역시
⑤ 부산광역시

서술형

2 위의 그림을 통해 알 수 있는 사실은 무엇인지 쓰시오.

_____

_____

3 상품의 생산지와 관련된 정보를 찾는 방법으로 알맞은 것에 ○표 하시오.

(1) 상품을 홍보하는 광고지에서 찾아볼 수 있다.
( )
(2) 시장이나 가게에 안내된 가격 표지판을 보고 알 수 있다.
( )
(3) 상품을 판매하는 누리집의 상품 소개에서 찾아볼 수 있다.
( )

🔍 **관련 교과서 돋보기**

할인 매장에 있는 상품의 생산지를 알아보는 방법
• 상품 포장지에 있는 상품 정보를 살펴본다.
• 스마트폰으로 정보 무늬(QR) 코드를 찍어 확인한다.
• 상품 광고 전단지를 살펴보거나 누리집을 검색하여 확인한다.

4 오른쪽은 상품과 관련된 정보를 찾는 방법 중 무엇을 이용한 것인지 쓰시오.

( )

5 다음 ( ) 안에 들어갈 알맞은 말을 쓰시오.

사람들은 자신이 사는 지역에서 많이 생산되는 물건은 다른 지역에 팔고, 부족한 물건은 다른 지역에서 가지고 온다. 이처럼 경제적 이익을 얻으려고 물건, 기술, 정보 등을 주고받는 모든 활동을 ( )라고/이라고 한다.

( )

6 경제적 교류가 필요한 까닭으로 알맞지 **않은** 것은 어느 것입니까? ( )

① 지역마다 자연환경이 다르기 때문이다.
② 지역 사람들의 여가 활동이 다르기 때문이다.
③ 지역마다 가지고 있는 자원이 다르기 때문이다.
④ 상품을 생산하는 기술과 노동력이 다르기 때문이다.
⑤ 우리 지역에서 만들 수 없는 제품을 다른 지역에서 만들기 때문이다.

7 경제적 교류를 했을 때의 좋은 점을 정리한 것입니다. 바르지 **않은** 내용을 찾아 기호를 쓰시오.

각 지역은 경제적 교류를 통해 ㉠ 경제적 이익은 얻지 못하지만, ㉡ 기술 협력과 문화 교류를 통해 더 편리한 생활을 할 수 있다. 또한 ㉢ 지역 간에 여러 소식과 정보를 주고받으며 더욱 가깝게 지낼 수 있다.

( )

[8~9] 다음 그림을 보고 물음에 답하시오.

8 위 그림의 (가) 지역과 (나) 지역에서 많이 생산되는 물건은 무엇인지 쓰시오.

(가) 지역	(나) 지역

9 위의 (가), (나) 지역 중 다음과 같은 교류 모습을 나타내는 곳은 어디인지 쓰시오.

> 우리 지역에서 많이 생산되는 자동차를 다른 지역에 팔고, 우리 지역에서 생산되지 않는 해산물을 다른 지역에서 사들여 온다.

( )

10 다음과 관계 깊은 지역 간 교류의 모습은 무엇인지 •보기•에서 찾아 쓰시오.

┌─ 보기 ─────────────────────┐
물자 교류   기술 교류   문화 교류
└────────────────────────────┘

( )

11 지역 간 경제적 교류의 사례 중 하나입니다. 다음과 관계 깊은 것은 무엇입니까? ( )

① 홈 쇼핑 　　　　 ② 자매결연
③ 무역 박람회 　　 ④ 직거래 장터
⑤ 대형 할인점

12 옛날에 경제적 교류가 주로 이루어졌던 장소는 어디입니까? ( )

① 서당 　　　　　 ② 시장
③ 궁궐 　　　　　 ④ 놀이터
⑤ 할인 매장

13 지역 간 교류 사례를 조사하는 방법을 친구들이 발표하고 있습니다. ( ) 안에 들어갈 말을 쓰시오.

> • 규리: 인터넷에서 우리 지역과 다른 지역의 대표 상품이 교류되는 모습을 조사해 보자.
> • 은채: 지역 공공 기관의 ( )와/과 신문 기사에서 우리 지역의 경제 교류 사례를 찾아보는 방법도 있어.

( )

14 시장을 이용한 경제적 교류 모습과 거리가 먼 것은 어느 것입니까? ( )

① 홈 쇼핑 　　　　 ② 도매 시장
③ 전통 시장 　　　 ④ 할인 매장
⑤ 직거래 장터

• 서술형 •

15 다음과 같은 대중 매체를 이용하여 물건을 샀을 때의 좋은 점은 무엇인지 쓰시오.

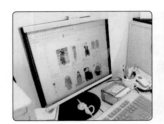 

_____

_____

[16~17] 다음 자료를 읽고 물음에 답하시오.

○○ 신문　　　　20○○년 ○○월 ○○일

광주광역시 – 서울특별시, 도시 철도 발전에 힘 모은다

　광주광역시와 서울특별시는 '도시 철도 건설'에 관한 업무 협약을 맺고, 그동안 쌓아 온 도시 철도 건설의 기술과 정보를 교환하기로 하였다. 또한 인적 자원을 교류하고 기술 수준을 높이기 위해 협력하기로 하였다.

　관계자는 이번 협약 체결이 두 지역의 도시 철도가 함께 발전할 수 있는 기회가 될 것이라고 말하였다.

– 연합 뉴스, 2019. 4. 23. –

---

16 위 자료와 관계 깊은 교류 모습은 무엇인지 다음에서 찾아 기호를 쓰시오.

> ㉠ 지역들이 생산물을 교류하는 모습
> ㉡ 지역들이 기술이나 자원을 교류하는 모습
> ㉢ 문화, 관광과 함께하는 경제적 교류의 모습

(　　　　)

17 위 자료와 같은 교류를 통해 두 지역 사람들이 얻는 이로움은 무엇입니까? (　　　)

① 지역 문제가 사라질 것이다.
② 지역 소득이 많이 감소할 것이다.
③ 지역에 내리는 비의 양이 많아질 것이다.
④ 안전하고 편리하게 철도를 이용하게 될 것이다.
⑤ 지역에서 생산되는 농산물의 양이 늘어날 것이다.

[18~19] 다음 자료를 보고 물음에 답하시오.

18 위의 자료를 보고 충청북도 충주의 대표적인 특산물은 무엇인지 쓰시오.

(　　　　　　　)

19 위의 자료를 보고 알 수 있는 사실을 바르게 이야기한 친구는 누구인지 쓰시오.

> 다른 나라의 지역과 자매결연을 맺고 문화적 교류를 활발하게 하고 있어.

사랑

> 특산물을 중심으로 다른 지역과 활발하게 경제적 교류를 하고 있어.

소망

(　　　　　　　)

🔍 **관련 교과서 돋보기**

특산물을 통한 경제적 교류
• 우리나라의 각 지역에는 그 지역을 대표하는 특산물이 있다.
• 우리 지역을 포함한 여러 지역들은 각 지역의 대표 상품 (특산물)을 중심으로 다른 지역과 경제적 교류를 한다.

---

20 다음 ( ) 안에 들어갈 알맞은 말을 쓰시오.

> 각 지역은 경제적 교류로 서로 부족한 것을 나누고 필요한 부분을 채워주며 함께 성장하고 (　　　)해 나간다.

(　　　　　　　)

1 다음 일기는 1980년대와 2020년대 중 어느 때의 생활 모습을 나타낸 것인지 쓰시오.

> 아침에 자명종의 알람이 울려 잠에서 깼다. 언니와 동생들을 깨워 학교에 갈 준비를 부랴부랴 마치고 학교에 갔다. 우리 반은 60명인데 오늘 교실에 첫 번째로 도착했다. 3교시는 사회 수업이 었는데, 선생님께서 수업 마무리 시간에 칠판에 내용 정리를 해 주셔서 내용을 이해하기 쉬웠다.

(   )

관련 교과서 돋보기

2020년대의 일기 내용(예)
• 아침에는 스마트폰의 알람이 울려 잠에서 깬다.
• 사회 수업 시간에는 인터넷을 이용해 동영상을 보며 생생하게 수업을 한다.
• 학교 수업을 마친 후에는 친구와 함께 피자를 먹으러 간다.

2 옛날과 오늘날의 교실 모습을 바르게 비교한 것에 ○표 하시오.

(1) 옛날에는 지금보다 교실에 학생이 적었다.

(   )

(2) 오늘날에는 교실에 텔레비전과 컴퓨터가 있다.

(   )

(3) 오늘날에는 디지털 교과서를 이용하여 공부하기도 한다. (   )

3 오른쪽 자료를 통해 알 수 있는 우리 사회의 변화 모습은 무엇입니까? (   )

① 다문화 가정이 늘어나고 있다.
② 다른 나라 음식을 손쉽게 맛볼 수 있다.
③ 의료 기술과 생활 수준이 높아졌다.
④ 노인 전문 병원과 요양원 등이 많이 생겨났다.
⑤ 인터넷이나 스마트폰을 이용해 언제 어디서나 물건을 사거나 정보를 얻을 수 있다.

4 다음 ㉠, ㉡에 들어갈 알맞은 말을 쓰시오.

> (㉠)란/이란 태어나는 아이의 수가 줄어드는 현상을 말하고, (㉡)란/이란 전체 인구 중 노인 인구가 차지하는 비율이 점점 높아지는 현상을 말한다.

㉠ (   ) ㉡ (   )

[5~6] 다음 신문기사를 읽고 물음에 답하시오.

새싹 신문　　　　20△△년 △△월 △△일

> 통계청에 따르면, 1990년에 약 479만 명이던 초등학생 수는 2020년에 약 272만 명으로 줄어들었다. 2020년에는 신입생이 0명인 초등학교가 전국에 115곳이나 있었다.
> 학생 수의 감소는 전국 대부분 지역에서 뚜렷하게 나타나고 있다. 이에 따라 문을 닫거나 없어지는 학교가 늘어나고 있다.

5 위의 빈곳에 들어갈 신문 기사의 제목으로 알맞은 것은 어느 것입니까? (   )

① 초등학생 수가 줄고 있다
② 일을 하는 노인이 늘어나고 있다
③ 초등학생의 여가 시간이 줄어들고 있다
④ 초등학생의 건강 상태가 나빠지고 있다
⑤ 촌락에서 도시로 전학가는 초등학생이 많아지고 있다

6 위와 같은 사회 변화와 가장 관계 깊은 현상은 무엇입니까? (   )

① 저출산　　　　② 전문화
③ 다문화　　　　④ 고령화
⑤ 세계화

[7~8] 다음 그래프를 보고 물음에 답하시오.

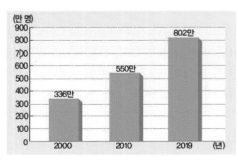

▲ 65세 이상 인구 변화

7 위 그래프를 보고 알 수 있는 사실은 무엇입니까?
( )

① 초등학교 수가 계속 늘고 있다.
② 0~14세 인구가 계속 줄고 있다.
③ 유소년층 인구가 계속 늘고 있다.
④ 노인 인구가 계속 증가하고 있다.
⑤ 65세 이상 인구가 계속 감소하고 있다.

◆서술형◆

8 위 그래프와 같이 우리 사회가 점점 고령화되는 까닭
은 무엇 때문인지 쓰시오.

_____

_____

9 다음과 같은 일이 일어나는 이유는 어떤 현상 때문인지
●보기●에서 낱말을 세 개 뽑아 문장을 완성하시오.

"요즘 집 근처에 경로당이나 노인 복지관이 생
겨서 우리 같은 노인이 참여할 수 있는 문화 프
로그램이 많아졌어요. 저는 요즘 노인 복지관에
서 요리를 배워요."

●보기●
저출산	고령화	줄어드는
늘어나는	노인 인구	출생아 수

( )가 (   )
(   ) 현상 때문이다.

10 고령화 문제를 해결하는 방법으로 알맞은 것을 두 가
지 고르시오. (,   )

① 아이들의 교육비를 지원한다.
② 다자녀 가구를 위한 혜택을 늘린다.
③ 노인들을 위한 의료 서비스를 늘린다.
④ 노인 전문 병원 등의 전문 시설을 없앤다.
⑤ 노인들이 사회 활동을 할 수 있도록 지원한다.

11 다음 (   ) 안에 공통으로 들어갈 말을 쓰시오.

정보 통신 기술의 발달로 지식과 정보가 생활
의 중심이 되는 (   ) 사회로 변화하고 있
다. (   )로/으로 사람들은 원하는 정보를
쉽고 빠르게 얻게 되어 생활이 편리해졌다. 또한
정보와 지식을 활용하여 새로운 자료를 만들고
다른 사람들과 공유할 수 있게 되었다.

(   )

12 정보화로 인해 변화한 사람들의 생활 모습과 거리가
먼 것은 어느 것입니까? (   )

① 영화관에서 무인 기계를 이용해 영화표를 산다.
② 인터넷 뉴스로 전 세계 소식을 실시간으로 접한다.
③ 교통 지도 책자를 보고 모르는 길도 쉽게 찾아
간다.
④ 애플리케이션으로 음식을 주문하면 로봇이 음식
을 배달해 준다.
⑤ 스마트 홈서비스로 집 안에 있는 가전기기를 마음
대로 켜고 끈다.

13 다음에서 설명하고 있는 정보화 사회의 문제점은 무
엇인지 쓰시오.

다른 사람이 만든 창작물을 허락 없이 사용하
면 창작물을 만든 사람에게 손해를 끼친다.

(   )

14 정보화 사회에서 나타나는 문제점을 해결하려면 개인 뿐만 아니라 사회의 노력도 필요합니다. 다음에서 사회의 노력에 해당하는 것을 찾아 기호를 쓰시오.

> ㉠ 내 정보가 유출되지 않도록 제대로 관리한다.
> ㉡ 인터넷과 스마트폰의 올바른 사용 습관을 기른다.
> ㉢ 사이버 공간에서 일어나는 문제를 줄일 수 있도록 법과 제도를 만든다.

( )

15 사이버 예절 규칙을 만들려고 합니다. 들어갈 내용으로 알맞지 <u>않은</u> 것은 어느 것입니까? ( )

① 잘못된 정보를 퍼뜨리지 않는다.
② 불법으로 자료를 내려 받지 않는다.
③ 주소나 전화번호를 공개 게시판에 올린다.
④ 다른 사람의 자료를 허락 없이 활용하지 않는다.
⑤ 다른 사람에게 상처가 되는 말을 사용하지 않는다.

⬩서술형⬩

16 다음과 같은 정보화의 문제점을 해결할 수 있는 방법은 무엇인지 쓰시오.

_____

_____

17 세계 여러 나라가 다양한 분야에서 서로 교류하고 영향을 주고받으며 가까워지는 것을 무엇이라고 하는지 쓰시오.

( )

18 세계화가 우리 생활에 끼친 영향을 바르지 <u>않게</u> 이야기한 친구는 누구입니까? ( )

① 지혜: 세계의 다양한 문화를 경험할 수 있어.
② 경원: 세계 여러 나라 사람들이 우리나라에 오고 있어.
③ 소라: 다른 나라의 운동 경기에 뛰는 우리나라 선수를 볼 수 있어.
④ 우진: 다른 나라의 전통 음식을 우리나라에서는 쉽게 먹을 수 없어.
⑤ 태주: 다른 나라에서 만든 다양한 물건을 우리나라에서도 살 수 있어.

19 다음 자료는 세계화의 긍정적인 영향과 부정적인 영향 중 무엇과 관계 깊은지 쓰시오.

> **우리 고유의 문화가 사라진다**
> 우리는 일상생활에서 한복을 입는 사람보다 청바지를 입는 사람을 쉽게 볼 수 있다. 세계 여러 나라 사람들도 우리처럼 청바지를 많이 입는다. 이처럼 세계화로 강한 힘을 가진 문화의 영향력이 커지면, 각 나라의 고유한 문화가 점점 사라질 수 있다.

( )

20 사회 변화로 나타나는 문제점과 그 대처 방법입니다. 알맞은 것끼리 선으로 이으시오.

(1) 저출산 • • ㉠ 양육 지원

(2) 고령화 • • ㉡ 개인 정보 강화

(3) 정보화 • • ㉢ 다른 문화 존중

(4) 세계화 • • ㉣ 노인 복지 제도 강화

3. ② 다양한 문화에 대한 이해와 존중

1 다음 중 문화에 대한 설명으로 알맞은 것을 두 가지 고르시오. (,)

① 문화가 없는 지역도 있다.
② 세계 여러 나라의 문화는 똑같다.
③ 사람들의 생각과 행동에 영향을 미치지 않는다.
④ 좋아하는 음식을 먹는 일도 문화라고 할 수 있다.
⑤ 사람들이 오랜 시간을 함께 생활하면서 만들어지고 전해져 내려온 것이다.

2 다음 중 문화에 해당하는 것을 모두 찾아 기호를 쓰시오.

㉠ 생일에는 미역국을 먹고 선물을 주고받는다.
㉡ 등굣길에 만난 친구와 선생님께 인사를 한다.
㉢ 겨울에는 가족이나 이웃이 모여 김장을 한다.
㉣ 방과 후 하굣길에 친구와 떡볶이를 즐겨 먹는다.

( )

[3~4] 다음 두 집을 보고 물음에 답하시오.

▲ 물 위에 지은 집(미얀마)

▲ 이동식 천막집(몽골)

3 미얀마에서 물 위에 집을 짓는 까닭은 무엇입니까? ( )

① 추위를 피하기 위해서
② 더위를 피하기 위해서
③ 이동을 쉽게 하기 위해서
④ 소식을 빠르게 전하기 위해서
⑤ 가축을 기르고 사냥을 하기 위해서

서술형

4 앞의 두 집을 보고 알 수 있는 사실은 무엇인지 쓰시오.

관련 교과서 돋보기

문화에 따라 다른 생활 모습
- 옷차림이 지역의 날씨에 따라 다르다.
- 음식을 먹을 때 사용하는 도구가 먹는 음식에 따라 다르다.
- 사는 집의 모양이 자연환경과 생활 모습에 따라 다르다.

5 각 나라의 문화를 이해하고자 할 때 살펴봐야 할 것으로 알맞지 않은 것은 어느 것입니까? ( )

① 면적 ② 의식주
③ 놀이 모습 ④ 먹는 음식
⑤ 명절이나 축제

6 다음 ( ) 안에 들어갈 알맞은 말을 쓰시오.

우리 주변에는 특별한 이유 없이 종교, 언어, 피부색, 출신 지역이 다른 사람을 부정적으로 생각하는 사람들이 있다. 이처럼 공정하지 못하고 한쪽으로 치우친 의견이나 생각을 ( )라고/이라고 한다.

( )

7 다음 중 편견에 해당하지 않는 것은 어느 것입니까? ( )

① 키가 크면 달리기를 잘한다.
② 남자는 요리를 잘하지 못한다.
③ 음식을 골고루 먹으면 건강하다.
④ 뚱뚱하면 행동이 민첩하지 않다.
⑤ 성적이 좋으면 다른 일도 잘한다.

8 다음 ( ) 안에 공통으로 들어갈 말을 쓰시오.

> 정당한 이유 없이 어떤 기준을 두어 특정 사람이나 집단을 다르게 대우하는 것을 ( ) 라고/이라고 한다. ( )은/는 편견에서 비롯될 때가 많다.

( )

🔍 관련 교과서 돋보기

편견과 차별
• 서로 다른 문화가 함께하는 사회에서 어느 하나의 기준으로만 다른 문화를 판단한다면 갈등이나 문제가 생길 수 있다.
• 공정하지 못하고 한쪽으로 치우친 생각을 편견이라고 한다.
• 편견을 가지고 대상을 구별하고 다르게 대우한다면 차별이 생길 수 있다.

[9~10] 다음 그림을 보고 물음에 답하시오.

(가)   (나)

9 위의 (가), (나)에서 볼 수 있는 차별은 무엇인지 다음 ●보기●에서 골라 기호를 쓰시오.

> ─● 보기 ●─
> ㉠ 남녀에 대한 차별   ㉡ 나이에 대한 차별
> ㉢ 장애에 대한 차별   ㉣ 외모에 대한 차별

(가) ( )   (나) ( )

● 서술형 ●

10 위의 모습을 참고하여 내가 경험했던 차별에는 무엇이 있었는지 예를 들어 쓰시오.

_____

_____

11 다음 고민 쪽지와 관계 깊은 차별의 모습은 무엇인지 알맞은 말을 쓰시오.

> **고민 쪽지**
> 저는 한국에서 태어났어요.
> 그런데 사람들이 제 외모만
> 보고 자꾸 어느 나라에서
> 왔냐고 물어봐요. 가끔은
> 피부색이 다르다고
> 놀리는 친구도 있어요

( )에 대한 차별

[12~13] 다음 글을 읽고 물음에 답하시오.

> 점심시간에 급식으로 동태찌개와 나물, 장조림, 김치가 나왔다. 친구들은 기대에 찬 얼굴로 급식을 받았다. 그런데 몽골에서 온 친구는 급식을 받으면서 당황해하고 표정이 좋지 않았다.
> 선생님: 어디 아프니?
> 몽골 친구: 저는 동태찌개를 받지 않으면 안될까요?
> 선생님: 왜 그러니?
> 몽골 친구: 몽골에는 바다가 없어서 저는 생선 요리를 먹어 본 적이 없어요. 그래서 생선의 가시와 비늘이 무서워요.
> 아이 1: 너 먹기 싫어서 거짓말하는 것 아니야?

12 몽골에서 온 친구가 동태찌개를 받지 않으려고 한 까닭은 무엇입니까? ( )

① 점심시간이 짧기 때문에
② 다른 반찬들을 많이 먹기 위해서
③ 몽골에서는 점심을 먹지 않기 때문에
④ 생선 요리를 먹어 본 적이 없기 때문에
⑤ 종교적인 믿음으로 생선을 먹지 않기 때문에

● 서술형 ●

13 반 친구로서 몽골에서 온 친구의 어려움을 해결해 줄 수 있는 방법은 무엇일지 생각하여 쓰시오.

_____

_____

14 다음 ( ) 안에 들어갈 알맞은 말을 쓰시오.

> 사회에서 차별이 지속되면 차별받는 사람은 일상생활에 어려움을 느끼게 된다. 또한, 사회적으로 (   )이/가 나타나 사회의 발전이 늦어질 수 있다.

(   )

15 외국인 친구가 우리 학급에 전학을 왔습니다. 외국인 친구를 대하는 태도로 알맞은 것에 ○표 하시오.

(1) 나와 너무 다르니까 다른 점을 놀린다.
(   )
(2) 어떤 친구인지 잘 모르니까 모른 척한다.
(   )
(3) 어려움을 겪는 일이 없는지 살펴보고 배려해 준다. (   )
(4) 우리 학급에서 생활하면서 알아야 할 것을 소개해 준다. (   )

16 편견과 차별을 없애기 위해 학급 규칙을 만들 때의 바람직한 태도를 두 가지 고르시오. (,   )

① 이해   ② 무시
③ 배려   ④ 무관심
⑤ 고정 관념

17 편견과 차별을 없애려고 노력하는 기관은 어디입니까? (   )

① 기상청   ② 국립 국어원
③ 국가 인권 위원회   ④ 국립 중앙 박물관
⑤ 식품 의약품 안전처

[18~19] 다음 자료를 보고 물음에 답하시오.

살색   →   살구색

18 위 자료를 보고 ( ) 안에 공통으로 들어갈 알맞은 말은 무엇입니까? (   )

> 편견이나 차별의 뜻이 담긴 (   )을/를 바꾸도록 노력하고, 사람들이 새롭게 바뀐 (   )을/를 사용할 수 있도록 알려 준다.

① 표현   ② 음식
③ 종교   ④ 생김새
⑤ 다문화

19 위 자료와 같이 크레파스의 살색을 살구색으로 바꾸어 부르기로 한 까닭은 무엇입니까? (   )

① 사람마다 종교가 다르기 때문에
② 크레파스의 길이가 다르기 때문에
③ 사람의 피부색이 다양하기 때문에
④ 아이들의 교육비가 늘어나기 때문에
⑤ 크레파스의 색깔 수를 늘릴 수 있기 때문에

20 다른 문화를 대할 때의 태도로 바르지 <u>않은</u> 것은 어느 것입니까? (   )

① 다른 문화도 우리 문화처럼 존중해야 한다.
② 나와 다른 사람, 다른 문화도 이해하려고 노력한다.
③ 자신이 가진 생각이나 문화를 다른 사람에게 강요하지 않는다.
④ 세계의 다양한 문화 중 더 좋은 문화부터 순서를 정해 다른 태도로 대한다.
⑤ 다른 문화를 올바르게 이해하려면 그 문화가 만들어진 배경을 이해해야 한다.

1회   1. ① 촌락과 도시의 특징   1~3쪽

1 촌락   2 (2) ○   3 ③   4 산지촌   5 ①, ②   6 (1) ⓒ (2) ⓒ (3) ⓒ   7 (1) 어촌 (2) 산지촌 (3) 농촌   8 도시   9 ③   10 ⓒ   11 ②, ④   12 ③   13 ③   14 ③   15 부산광역시   16 ②, ⑤   17 예 젊은 사람들이 일자리를 찾아 도시로 떠나면서 촌락의 인구가 줄어들었기 때문이다.   18 (1) ○ (3) ○ (4) ○   19 ①   20 예 버스가 빠르게 다닐 수 있도록 버스 전용 차로를 만든다. 승용차 요일제를 실시한다.

● 풀이

1 자연환경을 주로 이용하여 살아가는 지역을 통틀어 촌락이라고 합니다.

2 넓은 들을 이용하여 생산 활동을 하는 곳을 농촌이라고 합니다. (1)은 어촌의 생산 활동입니다.

4 산에서 나무를 가꾸어 베거나 버섯을 재배하는 임업을 하는 곳은 산지촌입니다.

5 촌락에서는 계절과 날씨에 따라 하는 일과 생활 모습이 달라집니다.

6 농촌에서는 비닐하우스에서 채소 재배하기, 어촌에서는 소금 생산하기, 산지촌에서는 산나물 채취하기 등의 모습을 볼 수 있습니다.

7 촌락은 자연환경과 인문환경, 사람들이 주로 하는 일 등에서 공통점과 차이점이 있습니다.

8 많은 사람이 모여 살고 사회·경제·문화 활동의 중심이 되는 곳을 도시라고 합니다.

9 도시에는 높은 건물이 많고, 연립 주택과 아파트 등이 있습니다.

10 캠핑장이나 스키장에서 일하는 사람들은 산지촌에서 많이 볼 수 있습니다.

11 도시에서는 다양한 공공 기관과 의료 시설, 문화 시설을 많이 볼 수 있습니다.

12 도시는 오랫동안 자연스럽게 만들어지기도 하고 새롭게 계획하여 만들어지기도 하면서 계속 변화합니다.

13 세종특별자치시는 새롭게 계획하여 만든 도시로, 행정 기관이 모여 있는 우리나라의 행정 중심지입니다.

15 전라남도 진도군은 작은 항구로 단독 주택과 낮은 건물들이 많고, 좁은 도로에 차가 많지 않습니다.

16 촌락과 도시 사람들은 마을을 이루며 살고 있고, 자연환경과 더불어 살아간다는 공통점이 있습니다.

17 도시가 발달하면서 젊은 사람들이 일자리를 찾아 이동했고 이에 따라 촌락에는 여러 가지 문제가 발생했습니다.

18 촌락에서는 기술 개발로 품질 좋은 농수산물을 생산하여 소득을 높이려고 노력하고 있습니다.

20 이밖에도 대중교통을 이용하고 자동차 함께 타기 운동 등을 실시합니다.

1회   1. ② 함께 발전하는 촌락과 도시   4~6쪽

1 교류   2 ③   3 (1) ○ (3) ○   4 ②, ④   5 ④   6 예 생활에 필요한 물건을 쉽게 구하지 못해 생활이 힘들어질 것이다.   7 생산   8 ③   9 ④, ⑤   10 현진   11 예 촌락의 특색 있는 문화를 체험해 볼 수 있다.   12 ②   13 ①   14 ①, ③, ⑤   15 예 도시 사람들의 소득을 높여 주고 도시의 경제 활동을 더욱 활발하게 해 준다.   16 ③   17 ④, ⑤   18 ④   19 주말농장   20 자매결연

● 풀이

2 ③은 다른 지역을 오고 가면서 다양한 물건, 문화, 기술 등을 주고받지 않기 때문에 교류라고 할 수 없습니다.

3 우리가 생활하는 데 필요한 것을 어느 한 지역에서만 구할 수는 없습니다. 때문에 교류를 통해 필요한 것을 얻습니다.

4 산지촌에서 생산되는 우유와 버섯은 교류를 통해 다른 지역으로 이동하여 팔립니다.

5 도시에 사는 사람들은 어촌에서 생산되어 도시로 이동한 생선을 시장에서 삽니다.

7 지역마다 생산되는 물건이 다르기 때문에 교류를 합니다.

8 지역마다 자연환경, 생산물, 기술, 문화 등이 다르기 때문에 교류가 이루어집니다.

9 ①은 어촌, ②는 도시, ③은 산지촌에서 할 수 있는 체험입니다.

10 촌락에서는 도시 사람들이 촌락 생활을 체험하고 여가를 즐길 수 있도록 체험 마을과 체험 활동을 만들고 있습니다.

11 촌락에서는 자연환경과 특산물을 활용해 지역 축제

를 열고 있습니다.

12 문화 공연을 보려고 문화 시설이 있는 곳에 가는 것은 촌락 사람들이 도시에 가는 까닭입니다.

13 촌락에서는 관광 산업을 발전시켜 지역의 전통과 문화를 알리고자 노력합니다.

15 촌락 사람들이 도시의 여러 가지 시설을 이용하기 때문에 도시 사람들도 소득을 얻습니다.

16 우리 시·도를 나타내는 지도로는 촌락과 도시의 교류 모습을 살펴보기가 어렵습니다.

17 농수산물 직거래 장터를 열면 도시 사람들과 촌락 사람들 모두에게 이익이 됩니다.

19 도시와 촌락 사람들은 주말농장을 통한 교류, 체험 학습을 통한 교류, 문화 공연을 통한 교류를 통해 부족한 것을 채우고 상호 의존하며 살아갑니다.

20 자매결연은 어떤 지역이나 단체가 다른 지역이나 단체와 서로 밀접한 관계를 맺는 일을 말합니다.

1회   2. ① 경제활동과 현명한 선택   7~9쪽

1 경제활동   **2** ①, ②   **3** 민준   **4** 예 분식집에서 돈가스를 먹을 것인지 김밥을 먹을 것인지 고민하고 있다.   **5** ②   **6** 희소성   **7** ④   **8** 현명   **9** (2) ○
10 ㄹ → ㄷ → ㄴ → ㅁ → ㄱ   **11** ④   **12** ④
13 ③, ⑤   **14** ①, ②   **15** ②   **16** ②   **17** 예 생활을 편리하고 즐겁게 해 주는 활동이다.   **18** ①   **19** (가)   **20** ②, ④

풀이

1 사람들이 생활에 필요한 여러 가지 것을 만들거나 파는 것, 사는 것과 관련된 모든 활동을 경제활동이라고 합니다.

3 우리가 원하는 것은 많지만, 그것들을 모두 가질 수는 없습니다. 쓸 수 있는 돈과 시간 등의 자원이 부족하기 때문입니다.

4 제시된 그림에서는 친구들이 돈가스와 김밥 중 어느 음식을 먹을 것인지 고민하고 있습니다.

5 시험 성적은 자신이 선택할 수 있는 선택의 문제라고 할 수 없습니다.

6 희소성은 사람들이 원하는 것은 많으나 그것을 모두 가질 수 없는 상태를 말합니다.

7 친척들이 오기 편하도록 거리만 생각하고 장소를 정했는 데 음식 맛이나 직원들의 친절 등이 부족했습니다.

9 선택을 할 때에는 자신의 선택이 꼭 필요한 것인지도 고려해야 합니다.

10 현명한 선택을 하기 위해서는 가장 먼저 사고 싶은 물건이 무엇인지 생각해 봐야 합니다.

11 현명한 선택을 하기 위해서는 필요성, 가격, 품질 등을 미리 꼼꼼하게 따져 보고 자신에게 가장 알맞은 것을 골라야 합니다.

12 사려는 물건의 가격, 디자인, 특징 등의 정보는 광고 보기, 상점 방문하기, 인터넷 검색하기, 주변 사람에게 여쭈어보기 등의 방법으로 얻을 수 있습니다.

13 실내화는 가격이 가장 싸고 밑바닥이 고무로 되어 있어 미끄러지지 않는다는 장점이 있습니다.

14 소비는 생산한 것을 사서 쓰거나 서비스를 이용하는 활동을 말합니다.

16 ①, ③은 생활을 편리하고 즐겁게 해 주는 활동이고, ④, ⑤는 생활에 필요한 것을 만드는 활동입니다.

17 병원 진료하기, 머리 손질하기, 물건 배달하기 등은 우리의 생활을 편리하고 즐겁게 해 주는 활동입니다.

18 현명한 소비 생활을 하기 위해서는 선택 기준을 정해 물건을 사고, 소득의 일부를 저축하며, 물건의 가격과 정보를 확인해야 합니다.

19 상점을 방문하면 필요한 물건을 직접 살펴볼 수 있고 궁금한 점도 물어볼 수 있습니다.

20 인터넷을 검색하면 여러 제품의 가격을 비교해 볼 수 있습니다.

1회   2. ② 교류하며 발전하는 우리 지역   10~12쪽

1 ⑤   **2** (라)   **3** ⑤   **4** ④   **5** (2) ○   **6** ④   **7** 경제적 교류   **8** 민호   **9** ①   **10** 예 자신의 지역에서 많이 생산되는 물건은 다른 지역에 팔고, 부족한 물건은 다른 지역에서 들여 온다.   **11** ③   **12** 상품
13 ⑤   **14** (나)   **15** ③   **16** 예 시장이나 매장을 이용하면 물건의 품질을 직접 확인하고 살 수 있다.
17 ③   **18** 예 각 지역은 경제적 협력을 통하여 경제적인 이익을 얻을 수 있다.   **19** ⑤   **20** ⑤

풀이

1 시장이나 대형 할인점에 가면 여러 상품이 어디에서 왔는지 자세히 알 수 있습니다.

2 생산지를 보면 (가), (나), (다)는 외국에서 생산되어 우리나라에 들어왔음을 알 수 있습니다.

3 시장이나 대형 할인점의 다양한 상품들은 생산되는 지역이 매우 다양합니다.

4 디지털 영상 지도를 이용하면 우리 지역의 위치를 알 수 있지만 상품이 어디에서 왔는지는 알 수 없습니다.

5 (1)은 광고지를 보고 상품의 생산지를 확인하는 방법이고, (2)는 누리집에서 상품 소개를 검색하여 생산지를 알아보는 방법입니다.

6 ㉠은 우리나라의 여러 지역에서 온 상품이고, ㉡은 다른 나라에서 들여 온 상품입니다.

8 지역마다 자연환경, 자원, 기술 수준 등이 다르기 때문에 대표적으로 생산하는 상품들이 다릅니다.

9 명호가 살고 있는 지역은 겨울에도 따뜻한 날씨를 이용하여 감귤을 재배하는 곳입니다.

10 제시된 자료의 두 지역은 경제적인 이익을 얻기 위해 서로 물건을 교류하고 있습니다.

11 제시된 내용은 지역 간의 기술 협력으로 더 나은 상품을 개발하고 있는 모습입니다.

14 대중 매체는 인터넷, 텔레비전, 스마트폰, 신문, 잡지 등 많은 사람에게 대량으로 사실이나 정보를 전달하는 수단을 말합니다.

15 오늘날에는 교통과 통신이 발달함에 따라 경제적 교류가 이루어지는 장소와 방법이 점차 다양해지고 있습니다.

16 (가)는 시장을 이용한 경제적 교류 모습입니다. 전통시장이나 할인 매장 등에 가면 물건의 품질을 직접 확인하고 살 수 있습니다.

17 각 지역은 지역에서 생산되는 물건뿐만 아니라 대표 자원, 물건을 생산하는 기술 등을 이용하여 교류하기도 합니다.

18 지역 간 대표 자원의 경제적 교류를 통하여 우리 지역의 기술과 물건을 다른 지역에 소개할 수 있습니다.

19 강화는 약쑥, 천안은 호두과자, 횡성은 한우, 영덕은 대게가 지역을 대표하는 특산물입니다.

20 전단지, 누리집, 광고, 광고지, 동영상, 상품 개발 등을 통해 우리 지역의 대표 상품을 널리 알릴 수 있습니다.

---

1 (1) 도시락 (2) 급식　　**2** ②, ⑤　　**3** ②　　**4** ①　　**5** ㉔ 출생아 수가 예전에 비해 점점 줄어들고 있다.　　**6** ㉡　　**7** 고령화　　**8** ④　　**9** ③　　**10** 정보화　　**11** ㉔ 정류장에 설치된 도착 정보 안내기를 보면 버스가 언제 도착할지 알 수 있어요.　　**12** ④　　**13** ㉢, ㉣　　**14** 개인 정보 유출　　**15** (1) ○ (2) ○ (3) ○　　**16** ㉠ 교류 ㉡ 세계화　　**17** ③　　**18** (1) 긍 (2) 부 (3) 긍 (4) 부　　**19** (1) ㉔ 비빔밥 (2) ㉔ 여러 재료가 섞여 맛을 내는 비빔밥처럼 세계화도 여러 나라가 서로 문화와 도움을 주고받으며 발전하기 때문이다.　　**20** ②, ④

풀이

1 옛날 학교에서는 점심시간에 집에서 싸온 도시락을 먹었지만 오늘날에는 학교에서 점심시간에 급식을 먹습니다.

2 옛날과 오늘날의 교실 모습이 달라진 까닭은 학생 수가 줄어들고 있고, 지식과 정보를 활용할 수 있는 과학 기술이 발달했기 때문입니다.

3 오늘날에는 우리 생활 주변에서 예전보다 외국인을 자주 볼 수 있게 되었습니다.

4 최근 우리 사회에서는 태어나는 아이의 수가 점점 줄어드는 저출산 현상이 나타나고 있습니다.

6 아이를 적게 낳는 저출산으로 인해 가족 구성원의 수가 줄어들고 있으며, 경제 활동을 할 수 있는 사람들도 점점 줄어들고 있습니다.

7 노인 인구는 늘어나는데 아이의 수는 줄어들면서 전체 인구 중에서 노인 인구의 비율이 높아지는 고령화 현상이 나타나고 있습니다.

8 고령화로 인해 노인 인구가 늘어나면서 노인 전문 시설과 복지 제도가 늘어나고 있습니다. 또한 노인 관련 산업이 발전하고 여가 활동을 할 수 있는 장소도 많아지고 있습니다.

9 아이를 낳고 기르는 데 드는 비용을 지원하기 위해서는 아동 수당을 확대해야 합니다.

11 예전에는 새로운 정보를 얻으려고 텔레비전을 봤지만 오늘날에는 컴퓨터와 스마트폰으로 새로운 정보를 빠르게 볼 수 있습니다.

12 학교에서 정보와 지식을 활용하는 모습에는 인터넷 자료 조사, 디지털 교과서, 학교 누리집, 학교 기상 정보 시스템, 학교 알리미, 도서 대출 프로그래 등이

14 비밀번호나 전화번호 같은 개인 정보가 유출되면 사생활을 보호받지 못합니다.

15 다른 사람의 창작물은 반드시 저작자의 허락을 받고 사용해야 합니다.

16 교통과 통신이 발달하면서 세계 여러 나라들이 다양한 분야에서 교류하고 가까워지는 것을 세계화라고 합니다.

17 세겨 여러 나라가 활발하게 교류하면서 우리나라 사람들이 다른 나라로 진출하여 일하는 사례들이 많아지고 있습니다.

19 세계화에 대해 자신이 생각하는 모습과 그렇게 생각한 까닭을 정리하여 씁니다.

20 세계화로 변화하는 사회에서 우리는 다른 나라의 문화를 존중하는 한편 우리 문화를 소중히 여기고 잘 지키며 발전시켜야 합니다.

8 우리 사회에는 성별, 언어, 피부색, 종교, 사는 지역이 다르다는 이유로 부당한 대우를 받는 사람들이 있습니다.

9 (가) 그림을 보면 이슬람교를 믿는 친구가 히잡을 쓰고 있는 모습을 다른 사람들이 이상하게 여기고 있습니다.

10 피부색이 어두운 외국인이 성적은 더 좋지만 피부색이 밝은 외국인이 영어를 더 잘 가르칠 것이라는 편견을 가지고 있습니다.

11 남자에게 적합한 일이 따로 있고, 여자에게 적합한 일이 따로 있다고 생각하는 것은 남녀 차별에 해당합니다.

12 우리 사회에서 편견과 차별이 지속되면 사회 분위기도 나빠질 것입니다.

13 살색은 피부색으로 구분하고 차별하는 모습이고, 미모의 여의사에는 의사를 남성 중심으로 보는 편견이 담겨 있습니다.

15 남자가 울면 안된다는 말에는 성별(남녀)에 대한 편견과 차별의 내용이 담겨 있습니다.

16 남학생은 축구, 여학생은 피구를 하는 것이 좋겠다는 것은 남녀를 기준으로 한 편견과 차별의 모습입니다.

17 축구 경기에 참여하고 싶은 여학생들은 축구를 못할까봐 속상했을 것입니다.

18 나와 다른 생각이나 문화를 가진 사람도 존중하고 배려해야 편견과 차별이 없는 학급을 만들 수 있습니다.

19 편견과 차별이 없는 세상을 만들기 위해 기관과 법을 만들고 관련된 용어를 바꾸는 등 많은 노력을 기울이고 있습니다.

1회   3. ② 다양한 문화에 대한 이해와 존중   16~18쪽

1 문화   **2** (2) ○   **3** (1) ⓒ (2) ⓙ   **4** 예 지역에 따라 발달한 음식이 다르고, 그 음식을 먹기 편하도록 도구가 발달했기 때문이다.   **5** ③   **6** ④   **7** 차별   **8** ③   **9** ④   **10** ①   **11** 남녀   **12** 예 사람들이 자신의 능력을 제대로 발휘하지 못해 사회의 발전이 늦어진다.   **13** ⓙ, ⓒ   **14** ⑤   **15** 혜윤   **16** ④   **17** 예 친구들이 자신을 무시하는 것 같아 화가 많이 났을 것이다.   **18** (1) ○ (3) ○ (4) ○   **19** ③   **20** 문화 다양성

풀이

2 (1)은 추운 지역에 사는 사람들이 추위를 막기 위해 털옷을 입은 모습입니다.

3 (가), (나) 모두 음식을 먹을 때 도구를 이용한다는 공통점은 있지만 지역이나 음식의 특징에 따라 사용하는 도구가 다릅니다.

4 밥과 국, 반찬을 먹는 우리나라에서는 숟가락과 젓가락을 사용하지만 고기와 수프를 먹는 나라에서는 포크와 나이프를 주로 사용합니다.

5 우리 주변에서 세계의 다양한 음식을 파는 가게를 쉽게 찾을 수 있습니다.

2회   1. ① 촌락과 도시의 특징   19~21쪽

1 ①   **2** ②, ⑩   **3** 농촌   **4** 어업   **5** 산지촌   **6** ①, ④   **7** 예 도시에 많은 사람들이 모여 살기 때문이다.   **8** ④   **9** ①   **10** 서울특별시   **11** ⑤   **12** 예 건물들은 어떤 모습일까? 사람들은 주로 어떤 일을 할까?   **13** · 촌락−(나) · 도시−(가)   **14** ②   **15** 촌락   **16** 예 촌락의 전체 인구에서 65세 이상 노인의 수가 차지하는 정도가 커지고 있다.   **17** ②   **18** (1) ○ (2) ○ (4) ○   **19** (1) ⓒ (2) ⓙ (3) ② (4) ⓒ   **20** 노력

2회   1. ② 함께 발전하는 촌락과 도시   22~24쪽

15 도시 사람들이 농촌 봉사 활동에 참여하면 촌락의 사람들과도 친밀하게 지내면서 농수산물 직거래나 여가 활동 등의 교류를 좀 더 활발하게 할 수 있습니다.

16 도시에 있는 문화·의료 시설, 촌락의 휴양 시설 등을 이용하는 사람이 늘면서 도시와 촌락의 교류는 더욱 활발해지고 있습니다.

17 상호 의존은 상대가 되는 이쪽과 저쪽 모두가 서로에게 의지하는 것을 말합니다.

18 촌락에 사는 사람들과 도시에 사는 사람들은 다양한 방법으로 교류하며 살아갑니다.

20 교류를 통해 부족하거나 필요한 것을 다른 지역에서 얻고 있습니다.

2회 2. ① 경제활동과 현명한 선택 25~27쪽

1 경제활동 2 ④ 3 ⑤ 4 ④ 5 (1) ○ (3) ○
6 ⑨ 잘못된 선택은 돈이나 자원을 낭비하지만 현명한 선택은 돈과 자원을 절약하며 만족감을 주기 때문이다. 7 ④ 8 채린 9 ㉡ 10 가방 11 ④
12 생산(생산 활동) 13 ④ 14 ② 15 (가), (다)
16 ③ 17 ④, ⑤ 18 ⑨ 용돈을 아끼지 않고 사고 싶은 것을 샀기 때문이다. 19 ⑤ 20 ②

풀이

1 경제활동은 생활에 필요한 여러 가지 것을 만들고 사용하는 것과 관련된 모든 활동을 말합니다.

2 친구들과 술래잡기를 하는 것은 생활에 필요한 것을 만들고 사용하는 것과는 관련이 없습니다.

4 선택의 문제는 경제활동을 하는 모든 사람에게 일어나며, 무엇을 선택하는지는 사람에 따라 다를 수 있습니다.

5 사람들의 필요나 욕구에 비해 돈이나 자원이 부족한 상태를 희소성이라고 합니다.

6 현명한 선택을 하면 자신에게 알맞은 물건을 골라 큰 만족감을 얻을 수 있을 뿐만 아니라 자원을 절약할 수 있습니다.

7 현명한 선택을 하기 위해서는 관련된 정보를 수집하고 분석해야 합니다.

9 사람마다 중요하게 생각하는 것이 다르기 때문에 선택 기준 또한 다를 수 있습니다.

10 선택의 기준에서 얻은 점수를 더한 총점이 가방이 가장 높으므로 가방을 사는 것이 가장 큰 만족감을 얻을 수 있는 현명한 선택입니다.

11 제시된 자료의 선택 기준표를 살펴보았을 때 '친구들이 많이 쓰고 있는가?'의 내용은 선택 기준으로 제시되어 있지 않습니다.

12 생활에 필요한 것을 만들거나 사람들이 필요로 하는 것을 제공하는 것을 생산이라고 합니다.

13 ①~③은 생산 활동에 속하고, ⑤는 여가 활동에 해당합니다.

14 생산을 하지 않으면 물건이 만들어지지 않기 때문에 소비를 할 수 없으며, 소비가 없으면 생산 활동이 이루어지지 않습니다.

15 (나)는 생활에 필요한 것을 자연에서 얻는 활동이고, (라)는 생활을 즐겁고 편리하게 해 주는 활동입니다.

16 가축 기르기는 생활에 필요한 것을 자연에서 얻는 활동입니다.

17 온라인 쇼핑은 스마트폰이나 컴퓨터를 이용해 인터넷으로 다양한 상품을 비교하여 살 수 있으며, 텔레비전 홈 쇼핑은 가정에서 텔레비전 방송으로 상품 정보를 보고 상품을 살 수 있습니다.

18 민수는 용돈을 계획 없이 사용했기 때문에 친구의 생일 선물을 살 수 없습니다.

20 상점을 방문하면 판매원에게 직접 궁금한 것을 물어볼 수 있으며, 물건을 직접 비교해 보고 살 수 있습니다.

2회 2. ② 교류하며 발전하는 우리 지역 28~30쪽

1 ③ 2 ⑨ 다양한 지역에서 온 상품이 교실에서 사용되고 있다. 3 (1) ○ (3) ○ 4 정보 무늬(QR 코드) 5 경제적 교류 6 ② 7 ㉠ 8 (가) 지역─해산물 (나) 지역─자동차 9 (나) 지역 10 문화 교류 11 ④ 12 ② 13 누리집 14 ① 15 ⑨ 시간과 장소의 제한을 받지 않고 쉽고 편리하게 물건을 살 수 있다. 16 ㉡ 17 ④ 18 사과 19 소망 20 발전

풀이

1 교실에 있는 물건 중 가방은 인도네시아, 물병은 중국, 옷은 베트남, 공책은 경기도 파주시, 지우개는 부산광역시에서 생산되었습니다.

2 우리 주변의 상품들은 우리 지역뿐만 아니라 다양한 지역과 나라에서 생산되어 들어옵니다.

3 상품의 생산지는 시장이나 가게에 안내된 원산지 표지판을 보고 알 수 있습니다.

5 우리 주변에서 다른 지역으로부터 온 다양한 상품들을 볼 수 있는 까닭은 지역 간에 경제적 교류가 이루어지기 때문입니다.

7 경제 교류를 통해 각 지역은 경제적 이익을 얻을 수 있습니다.

8 (가) 지역은 바다가 가까이 있어 해산물이 많이 잡히고, (나) 지역은 자동차를 만드는 기술이 뛰어나 자동차를 많이 생산하고 있습니다.

9 (가) 지역은 지역에서 많이 생산되는 해산물을 다른 지역에 팔고, 지역에서 생산할 수 없는 자동차를 다른 지역에서 사들여 오고 있습니다.

10 지역 간의 문화 교류로 각 지역이 가진 문화를 다른 지역 사람들에게 알리고 다른 지역 사람들은 다양한 문화를 경험할 수 있습니다.

11 직거래 장터에서 지역의 특산물과 상품을 팔아 경제적 이익을 얻을 수 있습니다.

12 옛날에는 시장에서 경제적 교류가 활발하게 이루어졌습니다.

14 홈 쇼핑은 대중 매체를 이용한 경제적 교류 모습입니다.

15 인터넷이나 스마트폰, 홈 쇼핑을 이용하여 물건을 살 때에는 부풀리거나 잘못된 정보가 있는지도 꼼꼼하게 살펴야 합니다.

16 제시된 자료는 광주광역시와 서울특별시가 인적 자원과 기술을 교류한 사례입니다.

17 인적 교류를 통해 기술 수준이 높아져 사람들은 더욱 더 안전하고 편리하게 도시 철도를 이용할 수 있게 될 것입니다.

19 제시된 지역 특산물 지도를 보면 우리나라의 여러 지역이 자기 지역을 대표하는 특산물을 내세워 활발하게 경제적 교류를 한다는 사실을 알 수 있습니다.

20 경제적 교류를 통해 여러 지역은 서로 나누고 채우며 함께 발전하고 성장하고 있습니다.

1 1980년대   **2** (2) ◯ (3) ◯   **3** ⑤   **4** ㉠ 저출산 ㉡ 고령화   **5** ①   **6** ①   **7** ④   **8 예** 의료 기술이 발달하고 생활 수준이 높아져 사람들이 오래 살 수 있게 되었기 때문이다.   **9** 노인 인구, 늘어나는, 고령화   **10** ③, ⑤   **11** 정보화   **12** ③   **13** 저작권 침해   **14** ㉢   **15** ③   **16 예** 인터넷이나 스마트폰의 사용 시간을 정한 다음 그 시간에만 사용한다.   **17** 세계화   **18** ④   **19** 부정적인 영향   **20** (1) ㉠ (2) ㉣ (3) ㉡ (4) ㉢

풀이

1 1980년대에는 한 반의 학생 수가 많았고, 칠판에 글씨를 쓰면서 수업을 했습니다.

2 옛날에는 교실에 학생이 많았고, 텔레비전이나 컴퓨터가 없었습니다. 또한 종이로 된 책으로만 공부를 했습니다.

4 오늘날에는 저출산 현상이 점점 더 심해지고 있을 뿐만 아니라 노인 인구가 계속 늘어나는 고령화 현상도 점점 심각해지고 있습니다.

5 제시된 신문 기사는 초등학생 수가 점점 감소하고 있다는 내용을 담고 있습니다.

6 저출산으로 인해 학생 수가 점점 줄어들면서 초등학생의 수도 줄고 있습니다.

7 제시된 그래프를 보면 65세 이상 인구가 점점 늘어나고 있습니다.

8 평균 수명이 늘어나면서 전체 인구에서 노인이 차지하는 비중이 커지고 있습니다.

10 고령화에 대비하기 위해 노인을 위한 복지 제도를 마련하고 일하기를 원하는 노인들이 일할 수 있도록 지원합니다.

11 정보화란 사회가 발전하는 데 정보가 중요한 자원이 되어 사회가 크게 변화하는 것입니다.

12 오늘날에는 길도우미를 통해 실시간으로 교통 정보를 얻어 모르는 길도 쉽게 찾아 갈 수 있습니다.

13 불법 다운로드 등을 통해 저작권 침해가 발생하면 창작물을 만든 사람은 노력에 대한 평가를 제대로 받지 못하고 손해를 보게 됩니다.

14 사회는 사람들이 누구나 쉽게 정보를 이용할 수 있도록 지원하고, 인터넷을 올바르게 사용하도록 교육해

야 합니다. 또한 사이버 범죄를 예방하기 위한 법과 제도를 정비해야 합니다.

15 주소나 전화번호를 공개 게시판에 올리면 개인 정보가 유출되어 문제가 발생할 수 있습니다.

17 오늘날에는 교통·통신의 발달로 사람, 상품, 서비스, 문화 등의 국가 간 교류가 늘어나고 있습니다.

18 세계화를 통해 국가 간의 교류가 활발해지면서 다른 나라의 전통 음식도 우리나라에서 쉽게 먹을 수 있게 되었습니다.

19 세계화로 문화 교류가 늘어나면서 서로 다른 문화를 이해하지 못해 갈등이 발생하거나, 한 사회의 고유한 전통문화가 점점 사라지기도 합니다.

20 사회 변화로 달라진 생활 모습을 잘 이해하고, 사회 변화로 나타나는 문제점도 함께 해결하려고 노력해야 합니다.

6 나와 다르고 익숙하지 않은 것에 대한 공정하지 못하고 한쪽으로 치우친 생각을 편견이라고 합니다.

9 (가)는 직원을 뽑는데 장애가 있다는 이유로 부당하게 대우하는 모습이고, (나)는 남녀가 하는 일이 따로 있다고 생각하는 모습입니다.

11 제시된 고민 쪽지에는 외모와 피부색으로 인해 부당한 대우를 받는 친구의 고민이 담겨 있습니다.

12 바다가 없는 몽골에서 생선 요리를 먹어본 적이 없기 때문에 생선의 가시와 비늘을 무서워하고 있습니다.

13 바다가 없는 몽골의 음식 문화에 대해 이해해야 합니다. 생선을 계속 권하거나 먹지 않는다고 비난해서는 안 됩니다.

14 편견과 차별의 문제는 사람들 사이에 갈등을 일으키고 함께 살아가는 것을 어렵게 할 것입니다.

15 외국인 친구를 편견 없이 대하고 학급에 잘 적응할 수 있도록 도와 줍니다.

16 학급 구성원 모두를 위한 학급 규칙의 바탕에는 존중, 배려, 이해, 서로 입장에서 이해하기 등이 있어야 합니다.

17 국가 인권 위원회에서는 사회적 편견과 차별을 없애기 위한 제도를 만들고 시행하고 있습니다.

18 편견과 차별이 없는 세상을 만들기 위해 살색이라는 단어 대신 살구색으로 표현하였습니다.

19 사람의 피부색은 다양하기 때문에 특정 색상을 살색이라고 말하는 것은 편견이 들어가 있는 잘못된 표현입니다.

20 세계의 다양한 문화는 그 문화대로 소중한 의미를 가지므로 어느 문화가 더 좋다고 말할 수 없습니다.

2회   3. ② 다양한 문화에 대한 이해와 존중   34~36쪽

1 ④, ⑤   **2** ㉠, ㉢   **3** ②   **4 예** 사는 집의 모양은 자연환경과 생활 모습에 따라 달라진다.   **5** ①   **6** 편견   **7** ③   **8** 차별   **9** (가) ㉢ (나) ㉠   **10 예** 왼손잡이라서 물건을 사용할 때 불편한 점이 많았다. **11** 외모(피부색)   **12** ④   **13 예** 몽골의 음식 문화에 대해 이해하고 다른 반찬을 더 많이 먹을 수 있도록 도와 준다.   **14** 갈등   **15** (3) ◯ (4) ◯   **16** ①, ③   **17** ③   **18** ①   **19** ③   **20** ④

• 풀이 •

1 문화는 비슷한 것도 있고 다른 것도 있으며, 문화에 따라 사람들의 생각과 행동이 다릅니다.

2 특정 지역이나 집단이 지닌 공통의 생활 방식을 문화라고 합니다.

3 날씨가 더운 미얀마에서는 더위를 피하기 위해서 물 위의 집에서 생활합니다.

4 집을 짓고 사는 것은 어느 지역이나 비슷하지만 사는 집의 모양이나 집을 짓는 재료는 자연환경과 생활 모습에 따라 다릅니다.

5 의식주, 인사 방법, 종교, 명절이나 축제, 언어, 음악, 놀이 모습 등을 살펴보면 그 나라의 문화를 이해할 수 있습니다.

완벽 분석 종합평가

사회

선생님이 강력 추천하는

개념 PLUS
단원평가

사회

정답과 풀이

4·2

3~4학년군

교육의 길잡이·학생의 동반자
(주)교학사

1 촌락과 도시의 생활 모습

1 촌락과 도시의 특징

개념을 확인해요

1 촌락　2 농업　3 바다　4 자연환경　5 인
터넷　6 도시　7 건물　8 도로　9 일자리
10 교통　11 자연환경　12 촌락　13 인구
14 기계　15 귀촌　16 도시　17 과태료　18
안전　19 신문　20 관심

개념을 다져요

1 논, 바다　2 ②　3 건우　4 ③　5 ⑤　6
④　7 ㉠ 늘어나고 ㉡ 줄어들고　8 ④

풀이

1 농촌, 어촌, 산지촌처럼 자연환경을 이용하여 살아
가는 지역을 촌락이라고 합니다.

2 산지촌은 산에서 나무를 베거나 산나물을 캐는 일
등 임업을 하는 곳입니다. ①, ③은 어촌, ④는 농촌
에서 생산 활동을 하는 모습입니다.

3 도시에는 크고 작은 도로가 연결되어 있고 버스나
지하철 등의 교통 시설이 많습니다.

> **더 알아볼까요!**
>
> **도시 사람들이 하는 일**
> • 공공 기관에서 일합니다.
> • 시장에서 물건을 팔거나 음식을 만들어 팝니다.
> • 공장에서 물건을 만듭니다.

4 ③은 어촌에서 많이 볼 수 있는 모습입니다.

5 디지털 영상 지도를 이용하면 고장의 모습과 위치를
쉽게 알 수 있습니다.

6 전라남도 해남군과 울산광역시는 모두 바닷가에 위
치하고 있고 사람들이 마을을 이루며 살고 있습니다.

7 촌락의 인구 변화 그래프를 보면 촌락의 노인 인구
가 빠르게 늘어난 반면에 촌락의 어린이 인구가 급
격하게 줄고 있습니다.

8 도시 문제를 해결하기 위해서는 가까운 거리는 걷거
나 대중교통을 이용해야 합니다.

1회 실력을 쌓아요

1 촌락　2 ㈎, ㈑　3 ③　4 예 산에서 나무를
베거나 산나물을 캔다.　5 (1)—㉢, (2)—㉠, (3)—㉡
6 ①, ⑤　7 ㉡, ㉢, ㉤　8 ②　9 ㉠　10 ①,
⑤　11 ⑤　12 ⑤　13 연우　14 예 점점 줄
어들게 되었다.　15 ④　16 귀촌　17 ②　18
쓰레기 문제　19 ①　20 ③

풀이

1 촌락은 자연환경을 주로 이용하여 살아가기 때문
에 계절이나 날씨에 따라 생활 모습이 달라집니
다.

2 바다를 이용하여 생산 활동을 하는 곳을 어촌이
라고 합니다. ㈏는 농촌, ㈐는 산지촌의 모습입니
다.

3 농촌에는 넓은 들이 펼쳐져 있어 주로 농사를 짓
고, 채소와 과일을 재배합니다.

4 산지촌은 산에서 나무를 베거나 산나물을 캐는
일 등 임업을 하는 곳입니다.

5 논과 밭에서 곡식이나 채소를 기르는 일을 농업,
바다에서 고기를 잡거나 기르고, 김과 미역을 따
는 일 등을 어업, 산에서 나무를 베거나 산나물을
캐는 일 등을 임업이라고 합니다.

6 직접 찾아가서 현장을 조사하거나 지역을 잘 아
는 분께 촌락에 대하여 알고 싶은 것이나 궁금한
것에 대해서 여쭈어 볼 수 있습니다.

7 ㉠ 도시는 버스나 지하철과 같은 교통 시설이 발
달했고, ㉣ 다양한 일자리가 있습니다.

8 도시에는 많은 사람들이 회사나 공장에 다니거나
물건이나 음식을 팔며 편리한 생활을 도와주는
일을 합니다. ②는 농촌 사람들이 하는 일입니다.

9 우리나라의 수도인 서울은 도로 · 철도 교통의 중
심지입니다.

10 도시는 주로 교통이 발달하여 사람과 물건 이동
이 편리한 곳에 위치해 있고, 회사나 공장이 있어
일자리가 많은 곳에도 도시가 발달합니다.

11 도시를 선택하여 도시의 특징을 조사할 때에는
무엇을 볼 수 있는지 살펴보고, 어떤 교통 시설과
어떤 산업이 발달했는지를 살펴봅니다.

12 촌락과 도시의 사람들 모두 자연환경을 다양한

방법으로 이용하고 있습니다.

13 촌락에는 높은 건물이 많지 않으나, 도시에는 높은 건물이 많습니다.

14 촌락은 도시보다 살기 불편하고 소득이 줄어들어 인구가 줄어들고 있습니다.

15 촌락에서는 품질 좋은 농수산물을 생산함으로써 소득을 높이고자 노력하고 있습니다.

16 최근에는 귀촌을 하는 사람들이 많아지면서 도시에서 촌락으로 이사하는 사람들이 늘어나고 있습니다.

17 우리나라는 전체 인구 중 도시에 사는 인구가 매우 많아 여러 가지 문제가 발생하고 있습니다.

18 ○○시에서는 늘어나는 쓰레기로 인해 쓰레기 문제가 발생하고 있습니다.

19 개인은 쓰레기를 줄이려고 노력하고 발생된 쓰레기는 분리배출 합니다.

20 촌락과 도시 중 하나를 선택하고 살기 좋은 촌락과 도시의 조건을 정리한 후 역할극하기, 만화 그리기, 신문 만들기 중 하나를 선택하여 촌락이나 도시의 모습을 표현합니다.

2회 실력을 쌓아요
17~19쪽

1 ③ **2** 농촌 **3** ③, ⑤ **4** ② **5** (1) ○ **6** ④ **7** 도시 **8** 예 높은 건물이 많고, 크고 작은 도로가 연결되어 있다. **9** ③, ④ **10** ⑤ **11** ⓒ **12** (가) **13** ② **14** 예 일손이 부족하여 농사를 짓거나, 어업 활동을 하는데 힘이 든다. **15** ② **16** (2) ○ **17** ② **18** (2) ○ **19** ④ **20** 소영

풀이

1 농촌, 어촌, 산지촌처럼 자연환경을 주로 이용하여 살아가는 지역을 촌락이라고 합니다.

2 농촌에는 넓은 들판이 펼쳐져 있고, 강이나 하천을 볼 수 있습니다.

3 ③정미소는 수확한 벼를 찧는 작업을 하는 곳이고, ⑤비닐하우스는 과일이나 채소를 기르는 곳입니다.

4 어촌에서는 바다에서 고기를 잡거나 기르고, 김과 미역을 따는 일 등을 합니다.

5 산지촌은 산에서 나무를 베거나 산나물을 캐는 일 등 임업을 하는 곳입니다.

6 제주시 구좌읍은 고기잡이 외에도 바다를 다양하게 이용하고 있으며, 어촌이지만 농촌처럼 밭이나 비닐하우스도 많습니다.

7 도시에는 많은 사람이 모여 살고 있습니다.

8 도시는 인구가 밀집되어 있어 높은 건물이 많고, 사람들이 이동하기 편리하도록 교통 수단이 발달했습니다.

9 도시에는 물건이나 음식을 만들어 팔거나, 다양한 서비스를 제공하는 곳들이 많습니다. ①과 ②는 산지촌, ⑤는 농촌에서 주로 하는 일입니다.

10 도시는 주로 교통이 발달하여 사람과 물건 이동이 편리한 곳에 위치하며, 세종특별자치시처럼 새롭게 계획하여 만들어진 도시도 있습니다.

11 여자어린이와 남자어린이는 조사하고 싶은 도시를 선택하고 있습니다.

12 (나) 울산광역시의 도시 모습은 큰 항구가 있고, 높은 건물이 많으며, 큰 배들이 있습니다.

13 두 지역 모두 바닷가에 있으며, 사람들이 마을을 이루며 살고 있습니다.

14 촌락 사람들이 일자리를 찾아 도시로 이동하면서 촌락에서는 일손 부족 문제를 겪고 있습니다.

15 ② 촌락에서 농사를 지을 때 농약과 화학 비료를 많이 사용하면 환경이 오염됩니다.

16 귀촌은 도시에 살던 사람들이 촌락으로 삶의 터전을 옮기는 것을 말합니다.

17 우리나라는 도시 인구가 많아지면서 여러 가지 도시 문제가 발생하고 있습니다.

18 쓰레기 문제를 해결하고자 이웃들과는 쓰레기 줄이기 홍보 활동에 함께 참여합니다.

19 도시 문제를 해결하기 위해 법을 만들어 어린이들을 보호하는 일은 정부에서 하는 일입니다.

20 공장에서 나오는 대기 오염을 줄이는 시설을 만들어 살기 좋은 도시를 만들기 위해 노력합니다.

1회 탐구 서술형 평가

1 (1) 예 농촌, 어촌, 산지촌처럼 자연환경을 주로 이용하여 살아가는 지역이다.
(2) ㉠ 농업, 예 논과 밭에서 곡식이나 채소를 기른다. ㉡ 어업, 예 바다에서 고기를 잡거나 기르고, 김과 미역을 딴다. ㉢ 임업, 예 산에서 나무를 베거나 산나물을 캔다.
2 (1) 세종특별자치시
(2) 예 주로 교통이 발달하여 사람과 물건 이동이 편리한 곳에 위치해 있다. 회사나 공장이 있어 일자리가 많은 곳에 있다.
3 (1) 예 생활에 필요한 많은 시설이 촌락과 도시에 있다. 촌락과 도시 모두 자연환경과 더불어 살아간다.
(2) 예 촌락은 도시보다 사람들이 적게 살며, 도시에는 사람들이 많이 산다.
4 (1) ㉠ 도시에서 촌락으로, ㉡ 늘어나고
(2) 예 귀촌을 하려는 사람들이 촌락에 잘 적응하며 살 수 있도록 적극적으로 지원하고, 촌락 생활에 관련된 다양한 정보를 제공한다.

풀이 ▶

1 (1) 촌락은 자연을 배경으로 생활이 이루어지는 곳입니다.
(2) 논과 밭에서 곡식이나 채소를 기르는 일을 농업, 바다에서 고기를 잡거나 기르고 김과 미역을 따는 일을 어업, 산에서 나무를 베거나 산나물을 캐는 일 등을 임업이라고 합니다.

상	촌락의 종류와 특징을 설명할 수 있습니다.
중	촌락의 종류와 특징에 대해 일부 잘못 알고 있습니다.
하	촌락의 종류와 특징에 대해 설명하지 못합니다.

2 (1) 세종특별자치시는 처음부터 계획하여 만들어진 도시입니다.
(2) 도시는 정치의 중심이 되는 곳, 교통 시설이 발달한 곳, 산업이 발달한 곳, 처음부터 계획하여 만들어진 곳에 위치하고 있습니다.

상	도시의 특징을 설명할 수 있습니다.
중	도시의 특징을 일부 잘못 알고 있습니다.
하	도시의 특징에 대해 설명하지 못합니다.

3 (1) 조사한 지역의 촌락과 도시는 모두 바닷가에 위치하고 있습니다.
(2) 촌락은 자연환경을 이용한 산업이 발달했고, 도시는 물건을 만들거나 편리한 생활을 도와주는 산업이 발달했습니다.

상	촌락과 도시의 공통점과 차이점을 설명할 수 있습니다.
중	촌락과 도시의 공통점과 차이점을 일부 잘못 알고 있습니다.
하	촌락과 도시의 공통점과 차이점을 설명하지 못합니다.

4 (1) 귀촌을 하는 사람들이 많아지면서 도시에서 촌락으로 이사하는 사람들이 늘어나고 있습니다.
(2) 귀촌을 지원하기 위해 지역 사회나 정부에서는 귀촌 상담 센터를 열어 귀촌과 관련된 정보를 제공합니다.

상	촌락 문제를 해결하기 위한 다양한 노력을 설명할 수 있습니다.
중	촌락 문제를 해결하기 위한 다양한 노력을 일부 잘못 알고 있습니다.
하	촌락 문제를 해결하기 위한 노력을 설명하지 못합니다.

22~23쪽

1 (1) ㉡

(2) 예 촌락의 위치를 쉽게 알 수 있다. 촌락의 전체적인 모습과 자세한 모습을 비교해 볼 수 있다.

2 (1) 예 많은 사람, 높은 건물, 교통 시설

(2) 예 높은 건물이 많고, 이동하는 사람도 많다. 크고 작은 도로가 연결되어 있고 교통 수단이 발달했다.

3 (1) 예 일손이 부족하여 농사짓기가 어렵다. 외국에서 값싼 농수산물이 들어오면서 촌락에 사는 사람들의 수입이 줄어들었다.

(2) 예 다양한 기계를 이용하여 일손 부족 문제를 해결한다. 촌락에서는 품질 좋은 농수산물을 생산하여 소득을 높인다. 문화 시설이나 편의 시설을 늘린다.

4 ㉠ 예 쓰레기를 줄이려고 노력하고 발생된 쓰레기는 분리배출한다. ㉡ 예 다른 사람들도 쓰레기를 줄일 수 있도록 캠페인을 한다. ㉢ 예 쓰레기를 분리배출할 수 있는 시설을 만들고, 이를 지키지 않을 경우 과태료를 내게 한다.

풀이

1 (1) 직접 가서 현장을 조사하면 촌락의 모습을 생생하게 볼 수 있습니다.

(2) 검색창에 찾고자 하는 장소를 입력하면 지도에서 촌락의 위치를 찾을 수 있고, 촌락의 전체적인 모습과 자세한 모습을 알 수 있습니다.

상	촌락을 조사하는 방법과 특징을 설명할 수 있습니다.
중	촌락을 조사하는 방법과 특징을 일부 잘못 알고 있습니다.
하	촌락을 조사하는 방법과 특징을 설명하지 못합니다.

2 (1) 도시에서는 많은 사람들, 높은 건물, 교통 · 편의 · 상업 시설, 공공 기관, 공장 등을 볼 수 있습니다.

(2) 도시에는 많은 사람이 모여 살기 때문에 높은 건물이 많고, 사람들이 편리하게 이용할 수 있는 시설이 잘 갖추어져 있습니다.

상	도시의 경관을 보고 그 특징을 설명할 수 있습니다.
중	도시의 특징에 대해 일부 잘못 알고 있습니다.
하	도시의 경관을 보고 그 특징을 설명하지 못합니다.

3 (1) 촌락에서는 인구 부족, 고령화, 소득 감소, 교통 · 문화 · 의료 시설 등의 부족과 같은 다양한 문제가 발생하고 있습니다.

(2) 촌락 문제를 해결하기 위해 농기계를 사용하여 농사를 짓고, 새로운 품종이나 농사 방법을 개발하여 가격 경쟁력을 갖춥니다.

상	촌락의 문제점과 해결 방안을 설명할 수 있습니다.
중	촌락의 문제점과 해결 방안을 정확하게 설명하지 못합니다.
하	촌락의 문제점과 해결 방안을 전혀 설명하지 못합니다.

4 쓰레기 문제를 해결하기 위해 개인은 쓰레기를 분리배출하고, 이웃들과는 쓰레기 줄이기 홍보 활동에 함께 참여하며, 정부는 쓰레기를 분리배출할 수 있는 시설을 곳곳에 만듭니다.

상	도시 문제를 해결할 수 있는 다양한 노력을 알고 있습니다.
중	도시 문제를 해결할 수 있는 방안을 일부 잘못 알고 있습니다.
하	도시의 문제점과 해결 방안을 전혀 설명하지 못합니다.

❷ 함께 발전하는 촌락과 도시

25쪽

개념을 확인해요

1 교류 2 지역 3 촌락 4 지역 축제 5 의료 6 직거래 7 여가 8 자매결연 9 도시 농업 10 상호 의존

개념을 다져요

26~27쪽

1 교류 2 (2) ○ 3 ④ 4 ③ 5 ② 6 ① 7 ②, ⑤ 8 혜나

풀이

1 지역마다 생산물, 기술, 문화 등이 다르기 때문에 교류가 이루어집니다.
2 (1)은 다른 지역에서 생산되는 물건을 구하는 모습입니다.
3 도시 사람들은 소금 만들기 체험을 하며 어촌 생활을 체험할 수 있습니다.
4 ③은 도시 사람들이 농촌에 가서 참여하는 활동입니다.
5 도시 사람들은 농수산물 직거래 장터에서 믿을 수 있는 싱싱한 농수산물을 싼 값으로 살 수 있습니다.
6 도시 사람들은 자연환경을 활용한 여가 활동을 하기 위해 촌락에 사는 사람들과 교류를 합니다.

더 알아볼까요!

지역 축제를 통한 교류
• 축제 기간에 많은 사람이 모여서 경제 활동을 더욱 활발하게 만들 수 있습니다.
• 다양한 놀이 문화나 체험 활동을 즐길 수 있습니다.
• 자기 고장의 자랑거리를 널리 알릴 수 있습니다.

7 도시 사람들은 농수산물, 원료, 깨끗한 자연환경을 촌락으로부터 얻습니다.
8 촌락과 도시에 사는 사람들은 서로 부족한 것들을 채워 주면서 상호 의존하고 있습니다.

1회 실력을 쌓아요

28~30쪽

1 ㉠ 2 ② 3 ① 4 ⑤ 5 ①, ② 6 ②
7 예 깨끗한 자연환경 속에서 여유로운 생활을 체험하기 위해서이다. 8 (1) (가) (2) (나) 9 ① 10 ④ 11 예 촌락 사람들이 주변의 상점들도 이용하기 때문에 도시의 경제 활동을 더욱 활발하게 해 준다. 12 ④ 13 ② 14 정빈 15 ①, ② 16 도시 농업 17 예 민준이네 가족은 신선한 제철 농산물을 얻고, 민들레 마을 주민들은 일손을 도움 받거나 농산물을 판매하여 수익을 얻는다. 18 ④ 19 ② 20 ⑤

풀이

1 농촌에서는 도시에서 경험하기 어려운 고구마 캐기 체험 등을 할 수 있습니다.
2 사람들이 오고 가거나 물건, 문화, 기술 등을 서로 주고받는 것을 교류라고 합니다.
3 물건이나 음식을 만들기 위해 필요한 재료를 구하거나, 공부나 여행, 문화를 알리고자 다른 지역이나 나라에 가는 것은 교류의 모습입니다.
4 지역마다 생산되는 물건이 다르기 때문에 교류가 이루어집니다.
5 지역마다 생산물, 기술, 문화 등이 다르기 때문에 교류가 이루어집니다.
6 현장 체험 학습으로 어촌에 가서 소금 만들기, 갯벌 체험 등 다양한 체험 활동을 할 수 있습니다.
7 여가 활동을 통해 도시 사람들은 도시에서는 접하기 어려운 깨끗한 자연을 즐길 수 있습니다.
8 촌락에서는 자연환경이나 특산품을 이용한 지역 축제를 마련하여 도시 사람들이 찾아와 여가를 즐길 수 있게 합니다.
9 도시 사람들이 축제에 참여하는 동안 촌락에 있는 식당이나 상점, 숙박 시설을 많이 이용하기 때문에 촌락의 경제에 도움을 줍니다.
10 촌락 사람들은 의료 시설을 이용하거나 공연 관람, 장보기 등을 하려고 도시로 이동합니다. ④는 도시 사람들이 촌락의 자연환경을 이용하는 모습입니다.
11 병원이나 문화 시설을 이용하는 촌락 사람들이 늘어나기 때문에 도시의 경제 활동이 더욱 활발

해집니다.

12 농수산물 직거래 장터를 열면 도시 사람들은 믿을 수 있는 싱싱한 농수산물을 싼값으로 살 수 있고, 촌락 사람들은 중간 상인을 거치지 않고 농수산물을 판매하기 때문에 더 비싼 값에 팔 수 있습니다.

13 촌락에서 낚시, 등산, 야영을 하며 여가를 보내는 사람이 많습니다.

14 촌락의 자랑거리인 자연환경이나 전통문화를 널리 알려서 고장에 대한 자긍심을 높일 수 있습니다.

15 도시 사람들이 농촌에 가서 하는 봉사 활동에는 일손 돕기, 공연 활동, 의료 봉사 등이 있습니다.

16 도시 농업에 참여하면 농약을 뿌리지 않은 무공해 채소를 직접 길러 먹을 수 있고, 녹색식물을 키워 도시의 공기를 맑게 하는 효과가 있습니다.

17 민준이네 가족과 민들레 마을은 사람과 물건을 교류하면서 서로 의존하고 있습니다.

18 촌락과 도시가 서로 교류하면서 상호 의존하는 관계입니다.

19 ② 공책은 도시에서 만들어 내는 공산품입니다.

20 촌락과 도시는 서로의 필요에 의해 다양한 사람과 물건이 오고 갑니다.

2회 실력을 쌓아요
31~33쪽

1 (1) X (2) X (3) ○ **2** ⑤ **3** ⓔ 다른 지역을 오고 가면서 다양한 물건, 문화, 기술 등을 주고 받지 않기 때문이다. **4** ② **5** ④ **6** ②, ③ **7** ③ **8** ② **9** ④ **10** ⑤ **11** ② **12** (라) **13** ④ **14** 준하 **15** ⓔ 촌락의 축제에 참여해 지역의 전통문화를 체험하는 등의 다양한 경험을 할 수 있다. **16** ① **17** ② **18** (2) ○ **19** ⓔ 사람과 물건을 교류하면서 서로 의존하고 있다. **20** ②, ④

풀이

1 민준이네와 이모네 가족은 촌락과 도시를 오고 가면서 서로 만나 필요한 것을 얻습니다.

2 사람들은 서로 다른 지역을 오고 가면서, 다양한 물건을 주고받습니다.

3 사람들이 오고 가거나 물건, 문화, 기술 등을 서로 주고받는 것을 교류라고 합니다.

4 다른 지역에서 생산된 것들은 우리 지역에 들어와 팔고, 공부나 일을 하기 위해 다른 지역으로 이동하기도 합니다.

5 지역이나 나라 간에 각자의 문화를 알리기 위해서 교류를 하기도 합니다.

6 지역마다 생산물, 기술, 문화 등이 다르기 때문에 교류가 이루어집니다.

7 도시 사람들은 바다를 이용하여 생산 활동을 하는 어촌에서 소금 만들기 체험을 할 수 있습니다.

8 최근 촌락에서는 도시 사람들이 촌락 생활을 체험하고 즐길 수 있는 체험 마을이 늘어나고 있습니다.

9 촌락에서는 관광 산업을 발달시켜 지역의 전통과 문화를 도시 사람들에게 알리고 있습니다.

10 전라남도 진도군에서 열리는 신비의 바닷길 축제는 촌락의 자연환경을 이용한 지역 축제입니다.

11 ② 지역 축제를 열면 도시 사람들이 많이 와서 촌락의 물건을 사고 음식을 사 먹게 되므로 소득이 늘어납니다.

12 촌락 사람들은 도시로 이동하여 의료 시설을 갖춘 대형 종합 병원을 이용할 수 있습니다.

13 촌락의 사람들은 도시에 세워진 문화 시설이나 대형 종합 병원을 이용하면서 주변의 상점들도 이용하기 때문에 도시의 경제 활동을 더욱 활발하게 해 줍니다.

14 촌락 사람들은 중간 상인을 거치지 않고 농수산물을 판매하기 때문에 더 비싼 값에 팔 수 있습니다.

15 도시 사람들이 촌락에서 열리는 축제에 참여하면 그 지역의 전통문화를 체험하거나 특산품을 구매할 수 있고, 도시에서 접하기 어려운 새로운 경험을 할 수 있습니다.

16 도시 사람들이 농촌에 가서 할 수 있는 봉사 활동에는 일손 돕기, 공연 활동, 의료 봉사 등이 있습니다.

17 ② 도시 농업에 참가하면 농약을 뿌리지 않은 무공해 채소를 직접 길러 먹을 수 있습니다.

18 촌락과 도시는 서로의 필요에 의해 다양한 사람과 물건이 오고 갑니다.

19 촌락과 도시에 사는 사람들은 서로 부족한 것들

을 채워 주면서 상호 의존하고 있습니다.

20 원료, 농수산물, 깨끗한 자연환경은 촌락에서 농촌으로 이동하는 것입니다.

1회 탐구 서술형 평가

34~35쪽

1 (1) ㉡ (2) ⑩ 지역마다 생산되는 물건이 다르기 때문이다. 각자의 문화를 알리기 위해서이다.
2 (1) 여가 (2) ⑩ 도시에서는 접하기 어려운 깨끗한 자연을 즐길 수 있기 때문이다.
3 (1) ㉡ (2) ㉠ ⑩ 싱싱한 농수산물을 싸게 구매할 수 있다. ㉡ ⑩ 중간 상인을 거치지 않고 농수산물을 판매하기 때문에 더 비싼 값에 팔 수 있다.
4 ⑩ 촌락 사람들은 도시의 편의 시설과 문화 시설을 이용하고, 도시 사람들은 농수산물과 원료를 촌락으로부터 얻는다.

풀이

1 (1) 사람이 오고 가거나 물건, 문화, 기술 등을 서로 주고받는 것을 교류라고 합니다.
(2) 지역마다 생산물, 기술, 문화 등이 다르기 때문에 교류가 이루어집니다.

상	교류의 뜻과 필요성을 설명할 수 있습니다.
중	교류의 뜻과 필요성을 정확하게 설명하지 못합니다.
하	교류의 뜻과 필요성에 대해 전혀 설명하지 못합니다.

2 (1) 자연환경을 이용한 여가 활동에는 등산, 캠핑, 낚시, 천문대 견학 활동 등이 있습니다.
(2) 도시 사람들은 깨끗한 자연환경에서 여유로운 생활을 체험하려고 촌락을 찾습니다.

상	촌락과 도시 간 상호 의존 관계를 이해하고 있습니다.
중	촌락과 도시 간 상호 의존 관계를 일부 이해하고 있습니다.
하	촌락과 도시 간 상호 의존 관계를 전혀 이해하지 못합니다.

3 (1) 촌락의 지역 축제에 참여해 지역의 전통문화를 체험하는 등 다양한 경험을 할 수 있습니다.
(2) 도시 사람들은 농수산물 직거래 장터에서 믿을 수 있는 싱싱한 농수산물을 싸게 살 수 있고, 촌락 사람들은 경제적인 이익을 얻을 수 있습니다.

상	촌락과 도시의 사람들이 어떻게 도움을 주고받는지 설명할 수 있습니다.
중	촌락과 도시의 사람들이 어떻게 도움을 주고받는지 정확하게 설명하지 못합니다.
하	촌락과 도시의 사람들이 어떻게 도움을 주고받는지 전혀 설명하지 못합니다.

4 촌락과 도시는 서로의 필요에 의해 다양한 사람과 물건이 오고 갑니다.

상	촌락과 도시가 서로 교류하면서 상호 의존하고 있는 사례를 제시할 수 있습니다.
중	촌락과 도시가 서로 교류하면서 상호 의존하고 있는 사례를 일부 제시할 수 있습니다.
하	촌락과 도시가 서로 교류하면서 상호 의존하고 있는 사례를 전혀 제시하지 못합니다.

1회 단원 평가 연습

36~38쪽

1 (1) 어촌 (2) 농촌   **2** ②, ⑤   **3** ⑤   **4** 승주
5 ㉠, ㉢, ⑩   **6** ④   **7** ⑩ 촌락에는 높은 건물이 많지 않으나, 도시에는 높은 건물이 많다.   **8** ④
9 ②   **10** ⑩ 쓰레기를 분리배출한다.   **11** ①
12 교류   **13** ⑤   **14** ②   **15** ⑩ 여가를 즐겁고 보람 있게 보낼 수 있다.   **16** ①, ②   **17** 농수산물 직거래 장터   **18** ④   **19** ②   **20** ⑤

풀이

1 바다를 이용하여 생산 활동을 하는 곳을 어촌이라고 하고, 농사짓는 땅을 이용하여 생산 활동을 하는 곳을 농촌이라고 합니다.

2 산지촌에서는 산에서 나무를 베거나 산나물을 캐는 일을 합니다.

3 촌락의 모습을 조사하기 위해 지역을 답사하거나 지역의 어른과 면담하고, 지역을 소개한 자료와 인터넷을 이용합니다.

정답과 풀이 **7**

4 도시에는 많은 사람들이 회사에 다니거나 다양한 서비스를 제공하는 일을 합니다.

5 도시는 주로 교통이 발달하고 일자리가 많은 곳에 위치해 있으며, 처음부터 계획하여 만들어진 도시도 있습니다.

6 도시의 특징을 조사하려면 무엇을 볼 수 있는지, 사람들이 주로 어떤 일을 하며 살고 있는지, 어떤 교통 시설이 있는지, 인구는 얼마인지, 사람들이 이동할 때 무엇을 주로 이용하는지를 알아봅니다.

7 이밖에도 촌락은 자연환경을 이용한 산업이 발달했고, 도시는 물건을 만들거나 편리한 생활을 도와주는 산업이 발달했습니다.

8 도시가 발달하면서 촌락 사람들이 일자리를 찾아 도시로 이동하면서 촌락의 인구는 점점 줄어들게 되었습니다.

9 도시에 살던 사람들이 농촌이나 어촌, 산지촌으로 삶의 터전을 옮기는 것을 귀촌이라고 합니다.

10 쓰레기 문제를 해결하기 위해 쓰레기를 함부로 버리지 않고 쓰레기를 종류별로 분리배출합니다.

11 ① 쓰레기 문제를 해결하기 위해 일회용품의 사용을 줄입니다.

12 사람, 물건, 문화, 기술 등을 서로 주고받는 것을 교류라고 합니다.

13 지역마다 자연환경이 달라서 생산되는 물건이 다르기 때문에 교류가 이루어집니다.

14 현장 체험 학습으로 농촌에 가면 고구마 캐기, 치즈 만들기 등 다양한 체험 활동을 할 수 있습니다.

15 도시 사람들은 지역 축제에 참여해 지역의 전통 문화를 체험하는 등의 다양한 경험을 할 수 있습니다.

16 촌락 사람들은 의료 시설을 이용하거나 공연 관람, 장보기 등을 하려고 도시로 이동하기도 합니다.

17 농수산물 직거래 장터를 열면 도시 사람들은 믿을 수 있는 싱싱한 농수산물을 싼값으로 살 수 있습니다.

18 기업이나 학교에서는 촌락의 마을과 자매결연을 하여 일손 돕기 봉사 활동을 하기도 합니다.

19 민준이네 가족은 민들레 마을로부터 나물, 홍시, 토란, 고구마, 땅콩 등의 농산물을 받고 있습니다.

20 민준이네 가족과 민들레 마을 주민들은 사람과 물건을 교류하면서 상호 의존하고 있습니다.

2회 단원 평가 기출
39~41쪽

1 ⑤   **2** ①, ⑤   **3** 예 바다에서 고기잡이를 한다.   **4** ③   **5** 교통   **6** ⑤   **7** ⓛ   **8** ③   **9** 예 귀촌 상담 센터를 열어 귀촌과 관련된 정보를 제공한다.   **10** ②   **11** ③   **12** (1) ○   **13** ②   **14** ㉠, ㉢   **15** ⑤   **16** 지역 축제   **17** 예 의료 시설을 갖춘 대형 종합 병원을 이용한다.   **18** ④   **19** ⑤   **20** ㉠ 촌락 ㉡ 도시

풀이

1 농촌, 어촌, 산지촌처럼 자연환경을 주로 이용하여 살아가는 지역을 촌락이라고 합니다.

2 촌락의 모습을 조사하는 방법에는 지역을 잘 아는 분께 여쭈어보기, 현장 조사하기, 인터넷 이용하기, 지역을 소개한 자료 살펴보기 등이 있습니다.

3 고기잡이 외에도 마을 곳곳에 밭이나 비닐하우스가 있어 농사를 짓기도 합니다.

4 도시에는 높은 건물이 많으며, 크고 작은 도로가 연결되어 있고 버스나 지하철과 같은 교통 시설이 발달했습니다. ③은 산지촌에서 볼 수 있는 모습입니다.

5 서울특별시, 부산광역시 등과 같이 교통이 편리한 곳에 도시가 위치해 있습니다.

6 인터넷 지도는 확대와 축소 기능이 있어 도시의 위치와 주변까지 자세히 살펴볼 수 있습니다.

7 ㉠은 낮은 집들이 모여 있고 작은 항구가 있습니다.

8 촌락은 도시보다 살기 불편하고 소득이 줄어들어 인구가 줄어들고 있습니다.

9 지역 사회에서는 귀촌을 하려는 사람들이 촌락에 잘 적응하며 살 수 있도록 적극적으로 지원하고 있습니다.

10 차들이 학교 앞 작은 도로를 씽씽 달려 교통 문제가 발생하기도 합니다.

11 어린이들이 학교 주변을 살피면서 위험한 곳을 조사해 마을 안전 지도에 표시하면 교통 문제를 해결할 수 있습니다.

12 (2) 학교에서 다른 지역으로 체험 학습을 가는 것은 우리 지역과 다른 지역 사람들이 오가는 교류의 모습입니다.

13 지역마다 자연환경, 생산물, 기술, 문화 등이 다

르기 때문에 교류가 이루어집니다.

14 촌락 사람들은 도시 사람들과 교류를 하기 위해 농촌 체험 마을, 어촌 체험 마을 등을 운영하고, 지역의 특성을 살린 축제를 열어 도시 사람들이 즐길 수 있게 합니다.

15 도시에서는 접하기 어려운 깨끗한 자연환경에서의 여가 활동을 촌락과의 교류를 통해 누릴 수 있습니다.

16 도시 사람들이 축제에 참여하는 동안 촌락에 있는 식당이나 상점, 숙박 시설 등을 많이 이용하기 때문에 촌락의 경제에 도움을 줍니다.

17 촌락 사람들은 첨단 의료 시설을 갖춘 대형 종합 병원을 이용하기 위해 도시로 이동합니다.

18 촌락에서는 축제 기간 동안 사람들이 많이 모여 도시처럼 경제활동이 활발하게 이루어질 수 있습니다.

19 도시 농업에 참가하면 식물을 기르면서 생명의 소중함을 체험할 수 있고, 농업의 중요성을 깨닫고 농촌 사람들의 마음을 이해하는 계기가 되기도 합니다.

20 도시는 농수산물이나 원료를 촌락으로부터 얻고, 촌락은 도시의 문화 시설과 편의 시설을 이용합니다.

3회 단원 평가 실전
42~44쪽

1 ② **2** ㉠ 농업 ㉡ 어업 ㉢ 임업 **3** ⑩ 직접 찾아가서 현장을 조사한다. **4** ② **5** ③ **6** 동훈 **7** ①, ⑤ **8** ⑩ 다양한 기계를 이용하여 일손 부족 문제를 해결한다. **9** ④ **10** (1) ㉡ (2) ㉠ (3) ㉢ **11** (2) ○ **12** 교류 **13** ② **14** 어촌 **15** ⑩ 도시 사람들에게 필요한 물품을 팔거나 서비스를 제공하여 소득을 올릴 수 있다. **16** ③ **17** ④ **18** 도시 농업 **19** ② **20** 혜인

풀이

1 ②는 산지촌 사람들이 주로 하는 일입니다

2 농촌 사람들은 농업, 어촌 사람들은 어업, 산지촌 사람들은 임업을 하며 생활합니다.

3 직접 찾아가서 촌락을 조사하면 촌락의 실제 모습을 생생히 볼 수 있습니다.

4 도시에는 많은 사람이 모여 살고 있습니다.

5 도시에는 많은 사람들이 회사나 공장에 다니고, 물건이나 음식을 팔며 편리한 생활을 도와주는 일을 합니다. ③은 어촌 사람들이 갯벌에서 조개를 캐는 모습입니다.

6 도시는 주로 교통이 발달하여 사람과 물건 이동이 편리한 곳에 위치해 있습니다.

7 촌락과 도시의 공통점과 차이점을 알아보려면 교통 시설을 이용하는 모습, 발달한 산업의 모습, 사람들이 사는 집의 모양, 땅을 이용하는 방법 등을 비교해 봅니다.

8 농기계를 이용하여 농사를 지으면 농사지을 때 사람이 많이 필요하지 않아 일손 부족 문제를 해결할 수 있습니다.

9 쓰레기 매립장에 들어오는 쓰레기가 많아 쓰레기 문제가 발생하고 있습니다.

10 쓰레기 문제와 같은 도시 문제를 해결하려면 개인, 이웃, 정부의 참여와 실천이 요구됩니다.

11 ⑴은 역할극을 하며 살기 좋은 촌락과 도시에 대해 서로 이야기하는 모습입니다.

12 지역마다 생산되는 물건과 기술이 다르고, 각자의 문화를 알리기 위해서 교류를 합니다.

13 ② 목장에서 다양한 체험을 하며 촌락의 자연환경을 체험할 수 있습니다.

14 어촌에 가면 소금 만들기 체험, 갯벌 체험 등을 할 수 있습니다.

15 도시 사람들이 축제에 참여하는 동안 촌락에 있는 식당이나 상점, 숙박 시설을 많이 이용하기 때문에 촌락의 경제에 도움을 줍니다.

16 촌락 사람들은 의료 시설을 이용하거나 공연 관람, 장보기 등을 하려고 도시로 이동합니다. ③은 도시 사람들이 촌락으로 이동하는 경우입니다.

17 도시 사람들이 농촌 봉사 활동에 참여하면 봉사를 통해 보람과 긍지를 느끼며 마음이 따뜻해집니다.

18 최근에는 도시 농업을 좀 더 활성화하려고 상자 텃밭을 무료로 나눠 주거나, 채소 기르는 방법을 가르쳐 주는 활동을 하고 있습니다.

19 도시 사람들은 원료와 농수산물을 촌락으로부터

얻고, 촌락 사람들은 도시의 편의 시설, 문화 시설을 이용합니다.

20 촌락과 도시에 사는 사람들은 서로 부족한 것들을 채워 주면서 상호 의존하고 있습니다.

---

2 필요한 것의 생산과 교환

1 경제 활동과 현명한 선택

개념을 확인해요
47~49쪽

1 경제	**2** 선택	**3** 한정	**4** 희소성	**5** 가격
6 자원	**7** 정보	**8** 인터넷	**9** 의견	**10** 필요성
11 생산	**12** 소비	**13** 자연	**14** 편리	
15 운반	**16** 한정	**17** 가게부	**18** 기준	**19** 정보
20 광고				

개념을 다져요
50~51쪽

1 (1) ○   **2** 희소성   **3** ㉠ 수집 ㉡ 분석   **4** ㉡
5 ③   **6** ②   **7** 혜인   **8** ④

풀이

1 선택의 문제는 경제 활동을 하는 모든 사람에게 발생하며, 무엇을 선택하는지는 사람에 따라 다를 수 있습니다.

> **더 알아볼까요!**
>
> **선택의 문제가 일어나는 이유**
> • 돈이 부족하기 때문입니다.
> • 시간이 부족하기 때문입니다.
> • 내가 하고 싶은 것과 다른 사람이 하고 싶은 것이 겹치기 때문입니다.

2 희소성은 사람들이 원하는 것은 많으나, 그것을 충분히 제공할 수 없는 상태를 말합니다.

3 현명한 선택을 하기 위해 갖고 싶은 물건의 정보를 수집하고 분석해 봅니다.

4 ㉡ 최신 휴대 전화는 모양이 예쁘고 빠른 속도로 인터넷과 게임을 할 수 있습니다.

5 생산이란 생활에 필요한 물건을 만들거나 사람들이 필요로 하는 것을 제공하는 것입니다.

6 생활에 필요한 것을 만드는 활동에는 자동차 만들기, 건물 짓기, 과자 만들기 등이 있습니다. ①과 ④는 생활을 편리하고 즐겁게 해 주는 활동이고, ③은 생활에 필요한 것을 자연에서 얻는 활동입니다.

7 현명한 소비 생활을 하려면 선택 기준을 세워 물건을 사고, 물건의 가격과 정보를 확인합니다.

8 물건의 정보를 얻는 방법에는 인터넷 검색하기, 신문 광고 보기, 광고지 보기, 텔레비전 광고 보기, 상점 방문하기, 주변 사람들의 경험 듣기 등이 있습니다.

1회 실력을 쌓아요
52~54쪽

1 ⑤   **2** ③   **3** ④   **4** (1) 예원   **5** 예 사람이 쓸 수 있는 돈이나 자원은 한정되어 있으므로 원하는 것을 모두 가질 수 없기 때문이다.   **6** ⑤
7 ⑤   **8** (가)   **9** ①, ⑤   **10** ④   **11** ㉠ 생산 ㉡ 소비   **12** ①   **13** ②   **14** ㉠, ㉡, ㉢   **15** ③
16 우진   **17** ④   **18** ①   **19** 예 값싸고 품질이 좋은 물건을 살 수 있다.   **20** ③

풀이

1 사람들은 살아가는 데 필요하거나 원하는 것을 얻으려고 경제 활동을 합니다.

2 사람들이 원하는 것에 비해 돈이나 시간 등 자원이 한정되어 있기 때문에 우리가 하고 싶은 것을 다할 수 없습니다.

3 제시된 그림의 어린이들은 돈이 부족하기 때문에 어떤 음식을 사 먹을지 고민하고 있습니다.

4 선택의 문제는 경제 활동을 하는 모든 사람에게 발생하며, 무엇을 선택하는지는 사람에 따라 다를 수 있습니다.

5 경제 활동에서 선택의 문제가 일어나는 이유는 바로 희소성 때문입니다.

6 여행 계획을 짤 때에는 날씨, 가격, 거리, 숙소의 청결, 주변 식당 등을 고려해서 신중하게 선택해야 합니다.

7 잘못된 선택은 돈이나 자원을 낭비하지만, 현명한 선택은 돈과 자원을 절약하며 자신에게 만족감을 줍니다.

8 (가) 휴대 전화를 가지면 가격이 저렴하다는 좋은 점이 있습니다.

9 최신 휴대 전화를 구입했을 때 좋은 점은 모양이 예쁘고, 인터넷 속도가 빠르며, 지문 인식을 할 수 있다는 점입니다.

10 물건을 살 때 최종적으로 필요성, 가격, 환경, 품질 등을 고려해서 현명한 선택을 해야 합니다.

11 생산과 소비는 모두 경제 활동이고, 얼마만큼 생산하고 소비할지 선택해야 합니다.

12 ①은 소비 활동의 모습입니다.

13 자동차 만들기와 건물 짓기는 생활에 필요한 것을 만드는 활동입니다. ①, ③은 생활에 필요한 것을 자연에서 얻는 활동이고, ④,⑤는 생활을 편리하고 즐겁게 해 주는 활동입니다.

14 ⓒ은 생활에 필요한 것을 만드는 활동이고, ⓔ은 생활에 필요한 것을 자연에서 얻는 활동입니다.

15 신발이 우리에게 오기까지 일어나는 생산 활동에는 신발 디자인하기, 신발 만들기, 신발 포장하기, 신발 운반하기 등이 있습니다. ③은 소비 활동입니다.

16 다양한 생산 과정을 거쳐 생활에 필요한 물건들이 우리에게 옵니다.

17 현명한 소비 생활을 하려면 집안 살림의 수입이나 지출을 적는 가계부를 씁니다.

18 쓸 수 있는 돈이 한정되어 있기 때문에 계획을 세워 꼭 필요한 곳에만 돈을 씁니다.

19 물건을 사기 전에 어디에서 사는 것이 좋은지, 물건의 가격과 품질은 어떠한지 등 필요한 정보를 찾아 활용하면 필요한 물건을 현명하게 살 수 있습니다.

20 인터넷 검색으로 정보를 찾으면 여러 제품의 가격을 비교할 수 있고 상품을 사용해 본 다른 소비자의 의견을 살펴볼 수 있습니다.

2회 실력을 쌓아요
55~57쪽

1 혜림　**2** 선택　**3** ⑤　**4** 희소성　**5** ②　**6** 예 가격, 거리, 시설, 숙소의 청결, 주변 식당, 날씨 등을 고려해야 한다.　**7** ①, ③　**8** ⑤　**9** (1) ○ (2) ○　**10** 예 물건을 살 때는 최종적으로 필요성, 가격, 환경, 품질 등을 고려해서 현명한 선택을 해야 한다.　**11** 민정　**12** ⊙ 소비 ⓒ 생산　**13** ④　**14** ①, ②　**15** (나) → (다) → (라) → (가)　**16** ④　**17** 예 가정의 살림살이가 어려워져서 필요한 물건을 못 사거나 하고 싶은 일을 못하게 된다.　**18** ⑤　**19** ④　**20** ④

풀이 ▶

1 경제 활동이란 생활에 필요한 여러 가지 것들을 만들어 내고, 이것들을 사고파는 것과 관련된 모든 일을 말합니다.

2 우리는 생활 속에서 여러 가지 크고 작은 선택을 합니다.

3 사람이 쓸 수 있는 돈이나 자원은 한정되어 있기 때문에 선택의 문제에 항상 부딪치게 됩니다.

4 희소성은 사람들이 원하는 것은 많으나, 그것을 충분히 제공할 수 없는 상태를 말합니다.

5 선택할 때에는 나의 선택이 꼭 필요한 것인지, 이 선택으로 내가 얻을 수 있는 편리함이나 즐거움은 어떤 것들이 있는지 고려해야 합니다.

6 재준이네 가족이 다시 여행 계획을 짠다면 현명한 선택을 하고자 노력해야 하고, 여러 가지 것들을 고려해서 신중하게 선택해야 합니다.

7 현명한 선택을 하면 돈과 자원을 절약해 큰 만족감을 얻을 수 있습니다.

8 (가) 휴대 전화는 가격이 저렴하고, (나) 휴대 전화는 모양이 예쁘고 빠른 속도로 인터넷과 게임을 할 수 있으며, (다) 가방은 가방을 어깨에 메도 아프지 않고 주머니가 많다는 좋은 점이 있습니다.

9 사람이 쓸 수 있는 돈이나 자원은 한정되어 있으므로 원하는 것을 모두 가질 수는 없기 때문에 현명한 선택이 필요합니다.

10 현명한 선택을 하기 위해서는 올바른 선택 기준을 세우고, 선택하고자 하는 것들이 기준에 잘 맞는지 꼼꼼하게 살펴보아야 합니다.

정답과 풀이

11 물건을 사고팔 때처럼 생산 활동과 소비 활동이 함께 이루어질 때도 있습니다.

12 생활에 필요한 물건을 만들거나 사람들이 필요한 것을 제공하는 것을 생산이라고 하고, 생산한 것을 쓰는 것을 소비라고 합니다.

13 ④는 생활을 편리하고 즐겁게 해 주는 활동입니다.

14 ③, ④는 생활에 필요한 것을 만드는 활동이고, ⑤는 생활에 필요한 것을 자연에서 얻는 활동입니다

15 신발이 우리에게 오기까지에는 필요한 재료 얻기 → 신발 만들기 → 신발 운반하기 → 신발 판매하기의 과정을 거칩니다.

16 ㈐는 생활에 필요한 것을 만드는 활동입니다. ①과 ⑤는 생활을 편리하고 즐겁게 해 주는 활동이고, ②와 ③은 생활에 필요한 것을 자연에서 얻는 활동입니다.

17 쓸 수 있는 돈이 한정되어 있기 때문에 현명한 소비 생활이 필요합니다.

18 현명한 소비 생활을 하기 위해 소득의 일부를 저축합니다.

19 물건을 사기 전에 어디에서 사는 것이 좋은지, 물건의 가격과 품질은 어떠한지 등 필요한 정보를 찾아 활용하면 값싸고 품질이 좋은 물건을 살 수 있습니다.

20 상점을 방문하면 판매원에게 궁금한 것을 물어볼 수 있으며 물건을 직접 비교할 수 있습니다.

1회 탐구 서술형 평가
58~59쪽

1 (1) ㉠ 예 돈가스를 먹을지 김밥을 먹을지 고민한다. ㉡ 예 어떤 색깔의 운동화를 살지 고민한다. ㉢ 예 버스를 기다릴지 택시를 탈지 고민한다

(2) 예 사람이 쓸 수 있는 돈이나 자원은 한정되어 있으므로 원하는 것을 모두 가질 수는 없기 때문이다.

2 (1) 현명한 선택

(2) 선택할 때에는 나의 선택이 꼭 필요한 것인지, 이 선택으로 내가 얻을 수 있는 편리함이나 즐거움은 어떤 것들이 있는지 고려해야 한다.

3 (1) 예 신발 공장에서 고무, 가죽, 천 등 재료를 사용해서 신발을 만든다.

(2) 예 신발이 우리 손에 오기까지 여러 가지 생산 활동이 이루어진다.

4 예 꼭 필요한 곳에만 돈을 사용한다. 살 물건을 비교한다. 돈을 어디에 썼는지 용돈 기입장에 적어 둔다.

풀이

1 (1) 우리는 생활 속에서 여러 가지 크고 작은 선택을 합니다.

(2) 경제 활동에서 이렇게 선택의 문제가 일어나는 이유는 희소성 때문입니다.

상	선택의 문제가 일어나는 이유를 설명할 수 있습니다.
중	선택의 문제가 일어나는 이유를 일부 잘못 알고 있습니다.
하	선택의 문제가 일어나는 이유를 전혀 설명하지 못합니다.

2 (1) 잘못된 선택은 돈이나 자원을 낭비하지만, 현명한 선택은 돈과 자원을 절약하며 자신에게 만족감을 줍니다.

(2) 사람이 쓸 수 있는 돈이나 자원은 한정되어 있으므로 원하는 것을 모두 가질 수는 없기 때문입니다.

상	현명한 선택이 필요한 까닭과 고려해야 할 점을 알고 있습니다.
중	현명한 선택이 필요한 까닭을 일부 설명할 수 있습니다.
하	현명한 선택이 필요한 까닭을 전혀 설명하지 못합니다.

3 (1) 신발이 우리에게 오기까지에는 신발을 만들 때 필요한 원료 구하기 → 신발 만들기 → 신발 운반하기 → 신발 판매하기의 과정을 거칩니다.
(2) 하나의 물건이 우리 손에 오기까지에는 다양한 생산 활동을 거칩니다.

상	신발이 우리에게 오기까지 일어나는 여러 가지 생산 활동을 설명할 수 있습니다.
중	신발이 우리에게 오기까지의 과정을 일부 설명할 수 있습니다.
하	신발이 우리에게 오기까지의 과정을 전혀 알지 못합니다.

4 현명한 소비 생활을 하기 위해 계획을 세워 용돈을 쓰고, 물건을 살 때에는 가격과 품질 등을 비교합니다.

상	현명한 소비 생활을 하기 위한 방법을 설명할 수 있습니다.
중	현명한 소비 생활에 대해 일부 알고 있습니다.
하	현명한 소비 생활에 대해 전혀 알지 못합니다.

1 (1) 예 숙소를 자세히 알아보지 않고 여행을 떠났기 때문이다.
(2) 예 여행을 떠나기 전에 미리 숙소의 가격, 거리, 시설 등을 알아본다.
2 예 중저가 휴대 전화를 사 달라고 한다. 지금 나에게 꼭 필요하고 저렴한 가방을 사 달라고 한다.
3 (1) ① ㉠, ㉣ ② ㉢, ㉤ ③ ㉡, ㉥
(2) 예 생산 활동을 하지 않으면 물건을 살 수 없기 때문이다.
4 ㉠ 예 여러 제품의 가격을 한눈에 비교할 수 있고, 다른 소비자의 의견을 알 수 있다.
㉡ 예 신문, 라디오, 텔레비전 광고 등에서 상품의 특성과 품질 등 여러 가지 정보를 얻을 수 있다.
㉢ 예 판매원에게 궁금한 것을 물어볼 수 있으며 물건을 직접 비교할 수 있다.
㉣ 예 상품을 사용한 주변 사람들에게 물어보면 가격, 품질, 상품의 장단점을 자세히 알 수 있다.

풀이

1 (1) 서영이네 가족은 거리만 확인하고 숙소를 선택해서 여행을 즐겁게 하지 못했습니다.
(2) 서영이네 가족은 현명한 선택을 하기 위해 숙소의 가격, 거리, 시설 등을 고려해야 합니다.

상	현명한 선택을 하지 못한 사례를 살펴보고 선택이 필요한 이유를 설명할 수 있다.
중	선택이 필요한 이유를 정확하게 제시하지 못합니다.
하	현명한 선택이 필요한 이유를 전혀 제시하지 못합니다.

2 이밖에도 원래 사고 싶었던 최신 휴대 전화를 사 달라고 하거나, 중저가 휴대 전화와 가방을 합쳐도 최신 휴대 전화보다 저렴하니 두 개를 같이 사 달라고 한다는 등의 의견을 제시합니다.

상	현명한 선택을 하는 방법을 알고 의견을 제시할 수 있습니다.
중	현명한 선택을 하는 방법에 대해 일부 의견을 제시할 수 있습니다.
하	현명한 선택을 하는 방법을 전혀 제시하지 못합니다.

3 (1) 생산 활동은 생활에 필요한 것을 자연에서 얻는 활동, 생활에 필요한 것을 만드는 활동, 생활을 편리하고 즐겁게 해 주는 활동으로 나눌 수 있습니다.

(2) 하나의 생산 활동이 다른 생산 활동에 영향을 주기 때문에 생산 활동이 중요합니다.

상	생산의 뜻과 생산 활동의 종류를 설명할 수 있습니다.
중	생산의 뜻과 생산 활동의 종류를 일부 잘못 알고 있습니다.
하	생산의 뜻과 생산 활동의 종류를 전혀 알지 못합니다.

4 물건의 정보를 얻는 방법에는 인터넷 검색하기, 신문 광고 보기, 광고지 보기, 텔레비전 광고 보기, 매장에 방문하기, 주변 사람의 경험 듣기가 있습니다.

상	현명한 소비 생활을 하기 위해서 정보를 활용하는 방법을 알고 있습니다.
중	현명한 소비 생활을 하기 위해서 정보를 활용하는 방법을 일부 알고 있습니다.
하	현명한 소비 생활을 하기 위해서 정보를 활용하는 방법을 전혀 알지 못합니다.

2 교류하며 발전하는 우리 지역

개념을 확인해요
63~65쪽

1 표기   2 생산   3 품질 인증   4 누리집   5 QR   6 경제적 교류   7 자연환경   8 정보 9 특산물   10 기술   11 기업   12 시장   13 대중 매체   14 통신   15 경제적   16 지역 17 생산물   18 자연환경   19 박람회   20 광고

개념을 다져요
66~67쪽

1 ⑤   2 ③   3 경제적 교류   4 ④   5 ④ 6 ②   7 ①   8 준우

풀이 ▶

1 우리 주변의 많은 상품이 어디에서 왔는지 조사하려면 대형 할인점의 광고지를 확인합니다.

2 나라마다 자연환경이 다르기 때문에 상품의 교류가 이루어집니다.

3 개인, 지역, 국가 간의 경제적 교류는 사는 곳의 자연환경과 생산 기술, 자원 등이 다르기 때문에 발생합니다.

4 지역 간에 유용한 정보 교환, 지역의 특산물을 통한 경제적 이익, 더 나은 상품 개발, 지역 간의 화합을 위해 경제적 교류가 필요합니다.

더 알아볼까요!

지역 간에 경제적 교류를 하는 까닭
• 지역의 특산물을 소개해 경제적 이익을 얻을 수 있기 때문입니다.
• 다른 지역과 협력해 더 나은 상품을 개발할 수 있기 때문입니다.
• 지역 주민의 생활이 편리하게 하고 지역 간의 화합을 가져오기 때문입니다.
• 상품을 소개하고 교류하면서 화합해 각 지역의 경제적 이익을 키울 수 있기 때문입니다.

5 경제적 교류를 하는 대상은 개인, 기업, 지역, 국가 등 다양합니다.

6 인터넷과 스마트폰으로 물건을 구입하는 방법은 대중 매체를 이용한 경제적 교류입니다.

7 ② 보성은 녹차, ③ 마늘은 서산, ④ 오징어는 울릉도, ⑤ 통영은 나전칠기가 지역을 대표하는 상품입니다.

8 전단지, 누리집, 광고지를 활용해 우리 지역의 대표 상품을 널리 소개할 수 있습니다.

1 ⑤   2 규성   3 ②   4 QR 코드   5 ㉠ 우리나라의 여러 지역에서 온 상품 ㉡ 다른 나라에서 온 상품   6 ②   7 경제적 교류   8 포도   9 (1) ○   10 ②   11 ④   12 ③   13 ①   14 ㉡, ㉢   15 ①   16 ⑤   17 ③   18 ⑤   19 ②   20 예 대표 상품을 중심으로 다양한 지역과 경제 활동이 활발하게 이루어지고 있다.

풀이 ▶

1 대형 할인점에는 다양한 상품이 어디에서 왔는지 여러 가지 방법으로 표기되어 있습니다.

2 우리 지역에서 생산되지 않은 상품은 우리나라의 여러 지역이나 다른 나라에서 옵니다.

3 제시된 자료는 국가별 완구, 운동용품 수입 현황을 나타낸 통계 자료입니다.

4 QR 코드는 가로 세로 격자무늬에 다양한 정보를 담고 있는 코드를 말합니다.

5 우리 주변의 상품을 우리나라의 여러 지역에서 온 상품과 다른 나라에서 온 상품으로 나누어 표로 정리하였습니다.

6 우리 지역과 자연환경이 다르고 제품을 생산하는 기술과 노동력이 달라 우리 지역에서 만들 수 없는 제품을 다른 지역에서는 만들기 때문입니다.

7 지역들은 경제적 교류를 통해 이익을 얻을 수 있습니다.

8 재준이네 지역은 포도를 판매하여 경제적 이익을 얻고 있습니다.

9 (2)는 재준이네 지역이 얻은 이점입니다.

10 다양한 경제적 교류를 통해 각 지역들은 서로 좋은 영향을 미칠 수 있습니다.

11 농업 기술을 교류하면 더 나은 농산물을 개발할 수 있습니다.

12 ①은 국가와 국가, ②는 지역과 지역, ④는 개인과 기업 간에 경제적 교류를 하는 모습입니다.

13 옛날에는 주로 시장에서 경제적 교류를 활발하게 했지만, 오늘날에는 교통과 통신의 발달로 다양한 장소에서 여러 가지 방법으로 경제적 교류를 하고 있습니다.

14 ㉠, ㉢은 대중 매체를 이용해 상품을 구매할 때의 단점이고, ㉣은 대형 시장을 이용한 경제적 교류를 할 때의 장점입니다.

15 교통의 발달로 다른 지역의 대형 시장에 가서 직접 물건을 살 수 있습니다.

16 경제적 교류는 문화, 기술, 운동 경기 등과 함께 더욱 활발히 이루어지기도 합니다.

17 어촌에서는 생선, 조개, 김, 소금 등이 생산되고, 산지촌에서는 목재, 버섯, 약초, 산나물이 생산되며, 도시의 공장에서는 자동차, 기계 부품 등이 생산됩니다.

18 우리 지역의 대표 상품을 다른 지역에 홍보하거나 다른 지역의 상품을 우리 지역에 들여오기 위해 알아보는 사람들의 모습을 볼 수 있습니다.

19 ② 김은 완도 지역의 대표 상품입니다.

20 대표 상품을 중심으로 지역 간에 활발한 경제 활동이 이루어지고 있습니다.

1 (나), (다), (라)   2 ①   3 ①, ③   4 ㉡   5 ㉠ 조사 방법 ㉡ 조사 결과   6 예 지역과 나라의 경제 발전에 도움이 되기 때문이다.   7 ①   8 ㉠, ㉢, ㉣   9 예 다른 지역의 경제 소식 등 여러 가지 유용한 정보를 주고받을 수 있다.   10 재호   11 ⑤   12 (1) ○   13 대중 매체   14 ②   15 ㉠ 도시 ㉡ 농촌   16 ③   17 ①, ③   18 예 우리 지역의 대표 상품을 다른 지역에 홍보하거나 다른 지역의 상품을 우리 지역에 들여오기 위해서이다.   19 (1) ㉢ (2) ㉠ (3) ㉡   20 ③

풀이 ▶

1 (나) 과자는 영국, (다) 오렌지는 미국, (라) 옷은 베트남에서 왔습니다.

2 ① KC 마크는 공통 안전 기준에 적합한 상품에만 부착되어 있습니다.

3 이밖에도 품질 인증 표시 확인하기, 대형 할인점의 광고지 확인하기, 누리집에서 상품 소개 검색하기, 상품 정보 확인하기 등을 통해 우리 주변의 상품이 어디에서 왔는지 알아봅니다.

4 ㉠은 누리집에서 상품 소개를 검색하는 방법입니다.

5 주제, 조사 방법, 조사 일시와 장소, 조사 결과가 들어가도록 발표 자료를 작성합니다.

6 자기 지역의 풍부한 상품은 다른 지역에 팔고, 자기 지역에서 생산할 수 없거나 부족한 물건은 다른 지역에서 사 오면서 지역 간에 상호 의존합니다.

7 재준이가 사는 지역에서는 질 좋은 포도를 생산하고, 영희가 사는 지역에서는 재준이가 사는 지역의 포도를 이용해 다양한 상품을 만들어 판매하여 서로에게 경제적 이익을 주고 있습니다.

8 개인이나 지역이 경제적 이익을 얻기 위해 물건, 기술, 정보 등을 서로 주고받는 것을 경제적 교류라고 합니다.

9 상품 전시회를 통해 지역의 여러 가지 상품을 널리 알려 경제적인 이익을 얻을 수 있습니다.

10 경제적 교류는 경제적 이익을 넘어 지역 간의 화합과 발전을 가져옵니다.

11 경제적 교류를 하는 대상은 개인, 기업, 지역, 국가 등 다양합니다.

12 옛날에는 주로 시장에서 경제적 교류를 활발하게 했지만, 오늘날에는 교통과 통신의 발달로 다양한 장소에서 여러 가지 방법으로 경제적 교류를 하고 있습니다.

13 대중 매체를 통해 경제적으로 교류하는 방법에는 인터넷, 스마트폰, 홈 쇼핑 등에서 물건을 구매하는 방법이 있습니다.

14 전통 시장, 대형 할인점, 도소매 시장, 특산물 시장에서 물건을 사고파는 것은 대형 시장을 이용한 경제적 교류입니다.

15 도시의 공장에서는 컴퓨터, 자동차, 기계 부품 등이 생산되며, 농촌에서는 쌀, 과일, 감자, 옥수수 등이 생산됩니다.

16 우리가 먹는 음식은 도시, 농촌, 어촌, 산지촌 등 여러 지역의 생산물로 만들어집니다.

17 ②, ④, ⑤는 산지촌에서 생산됩니다.

18 박람회에서는 우리 지역의 대표 상품을 다른 지역에 홍보하거나 다른 지역의 상품을 우리 지역에 들여오기 위해 알아보는 사람들의 모습을 볼 수 있습니다.

19 지역의 대표 상품을 중심으로 다양한 지역과 경제 활동이 활발하게 이루어지고 있습니다.

20 지역의 대표 상품을 소개하는 전단지, 누리집, 광고, 광고지, 상표를 만들어 봅니다.

1회 탐구 서술형 평가
74~75쪽

1 (1) ⑩ 우리 주변의 상품들이 어디에서 왔는지 조사해 보기

(2) ⑩ 지역과 나라의 경제 발전에 도움이 되기 때문이다.

2 ⑩ 다른 지역의 경제 소식 등 여러 가지 유용한 정보를 주고받을 수 있다. 지역의 특산물을 소개하거나 지역을 홍보해 경제적 이익을 얻을 수 있다.

3 ㉠ ⑩ 빠른 시간 내에 상품의 특징과 내용을 보고 구매할 수 있다. 다양한 상품들을 살펴볼 수 있다.

㉡ ⑩ 광고 상품과 실제 상품이 다른 경우가 있다. 구매한 물건의 성능이 좋지 않은 경우가 있다.

4 (1) ㉠ 쌀 ㉡ 오징어 ㉢ 김

(2) ⑩ 다양한 지역과 경제 활동이 활발하게 이루어지고 있다.

풀이

1 (1) 대형 할인점의 여러 상품을 조사하여 우리 주변의 상품들이 어디에서 왔는지 조사합니다.

(2) 우리 지역과 자연환경이 다르고 제품을 생산하는 기술과 노동력이 달라 우리 지역에서 만들 수 없는 제품을 다른 지역에서는 만들어 상품의 교류가 이루어집니다.

상	우리 주변에 있는 상품이 어디에서 왔는지 조사할 수 있습니다.
중	상품이 어디에서 왔는지 조사 방법을 일부 알고 있습니다.
하	상품이 어디에서 왔는지 조사 방법을 전혀 알지 못합니다.

2 다양한 경제적 교류를 통해 지역들은 서로 간에 좋은 영향을 미칠 수 있습니다.

3 대중 매체를 통해 장소나 시간에 관계없이 상품의 정보를 얻을 수 있지만, 시간이 지나서야 물건을 받을 수 있다는 단점이 있습니다.

4 ⑴ 각 지역의 풍부한 생산물을 중심으로 경제적 교류가 이루어집니다.
⑵ 각 지역을 대표하는 자원, 상품, 특산물을 살펴볼 수 있는 지도를 보면서 대표 상품을 중심으로 다양한 지역과 경제 활동이 활발하게 이루어지고 있음을 알 수 있습니다.

1 ⑴ 예 각 상품이 어디에서 왔는지 표시되어 있다.
⑵ 예 품질 인증 표시를 확인한다. 대형 할인점의 광고지를 확인한다. 누리집에서 상품 소개를 검색한다.
2 ㉠ 예 지역의 생산물을 팔고 지역을 홍보하는 데 도움을 얻었다.
㉡ 예 질 좋은 생산물로 다양한 상품을 만들 수 있게 되었다.
3 예 지역의 기술이나 상품을 소개할 수 있다. 각 지역들은 서로 협력해 경제적 이익을 얻는다. 다양한 지역이나 다른 나라와 경제적으로 협력하는 기회로 발전한다.
4 ⑴ 박람회
⑵ 예 우리 지역의 대표 상품을 다른 지역에 홍보하거나 다른 지역의 상품을 우리 지역에 들여오기 위해 알아보는 사람들의 모습을 볼 수 있다.

풀이

1 ⑴ 대형 할인점에는 다양한 상품이 어디에서 왔는지 여러 가지 방법으로 표기되어 있습니다.
⑵ 이밖에도 통계 자료를 분석, 상품 정보 확인, QR 코드 스캔 등을 통해 주변의 상품이 어디에서 왔는지 조사합니다.

2 재준이가 사는 지역에서는 질 좋은 포도를 생산하고, 영희가 사는 지역에서는 재준이가 사는 지역의 포도를 이용해 다양한 상품을 만들어 판매합니다.

상 | 지역이 경제적 교류로 얻는 이점을 알고 있습니다.

중 | 지역이 경제적 교류로 얻는 이점을 일부 설명할 수 있습니다.

하 | 지역이 경제적 교류로 얻는 이점을 전혀 설명하지 못합니다.

3 지역 간 대표 자원의 경제 교류를 통해 우리 지역의 기술과 물건을 다른 지역에 소개할 수 있습니다.

상 | 지역의 다양한 경제적 교류를 설명할 수 있습니다.

중 | 지역의 다양한 경제적 교류 방법을 일부 알고 있습니다.

하 | 지역의 다양한 경제적 교류 방법을 전혀 알지 못합니다.

4 (1) 박람회는 우리 지역을 대표하는 상품을 다른 지역에 소개하고 파는 곳입니다.
(2) 우리 지역의 대표 상품을 다른 지역에 홍보하거나 다른 지역의 상품을 우리 지역에 들여오기 위해 박람회가 열립니다.

상 | 지역을 대표하는 상품을 다른 지역에 소개하는 방법을 알고 있습니다.

중 | 지역을 대표하는 상품을 다른 지역에 소개하는 방법을 정확하게 알지 못합니다.

하 | 지역을 대표하는 상품을 다른 지역에 소개하는 방법을 설명하지 못합니다.

1회 단원 평가 (연습)   78~80쪽

1 ⑤   **2** 희소성   **3** ②   **4** ②, ③   **5** 예 모양이 예쁘고 빠른 속도로 인터넷과 게임을 할 수 있다.   **6** 소비   **7** ④   **8** ④   **9** ④   **10** 예 여러 제품의 가격을 한눈에 비교할 수 있고, 다른 소비자의 의견을 알 수 있다.   **11** ⑤   **12** ③, ④   **13** 재호   **14** 경제적 교류   **15** 예 기술 협력으로 더 나은 상품을 개발할 수 있다.   **16** ①, ②   **17** ㄱ, ㄴ, ㄹ   **18** ④   **19** (1) ○ (2) ○   **20** ⑤

풀이

1 선택의 문제는 경제 활동을 하는 모든 사람에게 발생하며, 무엇을 선택하는지는 사람에 따라 다를 수 있습니다.

2 사람이 쓸 수 있는 돈이나 자원은 한정되어 있으므로 원하는 것을 모두 가질 수는 없기 때문에 선택의 문제에 부딪치며, 경제 활동에서 선택의 문제가 일어나는 이유는 바로 희소성 때문입니다.

3 여행을 떠나기 전에는 미리 숙소의 가격, 거리, 시설 등을 자세히 알아보고 비교해야 합니다.

4 학용품을 고를 때에는 학용품의 내구성, 가격, 디자인 등을 고려해야 합니다.

5 최신 휴대 전화를 구입했을 때 좋은 점은 게임, 인터넷 속도가 빠르고, 지문 인식을 할 수 있다는 점입니다.

6 생산한 것을 쓰는 것을 소비라고 합니다.

7 ①과 ⑤는 생활에 필요한 것을 만드는 활동이고, ②와 ③은 생활에 필요한 것을 자연에서 얻는 활동입니다.

8 ④는 신발을 만들 때 필요한 원료인 고무액, 가죽 등을 구하는 모습입니다.

9 현명한 소비 생활을 하기 위해 돈을 어디에 썼는지 알아보고 돈의 사용 계획을 세울 수 있는 가계부를 씁니다.

10 인터넷 검색으로 정보를 찾으면 여러 제품의 가격을 비교할 수 있고 상품을 사용해 본 다른 소비자의 의견을 살펴볼 수 있습니다.

11 대형 할인점의 광고지를 확인하면 상품의 원산지를 조사할 수 있습니다.

12 대형 할인점의 여러 상품을 조사하여 우리 주변의 상품들이 어디에서 왔는지 조사합니다.

13 우리 지역과 자연환경이 다르고 제품을 생산하는 기술과 노동력이 달라 우리 지역에서 만들 수 없는 제품을 다른 지역에서는 만들기 때문에 상품의 교류가 이루어집니다.

14 재준이가 살고 있는 지역과 영희가 살고 있는 지역이 경제적으로 교류하면서 서로에게 경제적 이익을 주고 있습니다.

15 지역 간에 농업 기술을 교류하면서 새로운 상품을 개발해 많은 이익을 얻을 수 있습니다.

16 옛날에는 주로 시장에서 경제적 교류를 활발하게

했지만, 오늘날에는 교통과 통신의 발달로 다양한 장소에서 여러 가지 방법으로 경제적 교류를 하고 있습니다.

17 대중 매체를 통해 경제적 교류를 하는 방법에는 인터넷, 스마트폰, 홈 쇼핑에서 물건을 구매하는 방법 등이 있습니다.

18 도시와 촌락, 촌락과 촌락 사이에는 다양한 경제적 교류가 이루어지고 있습니다.

19 ③ 지역마다 자연환경과 기술 수준이 달라서 생산되는 물건이 다릅니다.

20 한지는 전주, 대게는 영덕, 모시는 서천, 화문석은 강화도를 대표하는 상품입니다.

2회 단원 평가 기출

81~83쪽

1 ① **2** ⓒ **3** 예 잘못된 선택은 돈이나 자원을 낭비하지만, 현명한 선택은 돈과 자원을 절약하며 자신에게 만족감을 주기 때문이다. **4** ④ **5** (가) **6** ③ **7** ⓛ, ⓒ **8** ④ **9** ①, ② **10** 예 가격, 품질, 상품의 장단점을 자세히 알 수 있다. **11** 품질 인증 표시 **12** ③ **13** ⑤ **14** ⑤ **15** 예 지역의 특산물을 소개하거나 지역을 홍보해 경제적 이익을 얻을 수 있기 때문이다. **16** ③ **17** ⓛ 시장 ⓒ 통신 **18** ⓒ, ②, ⓜ **19** ② **20** ②, ⑤

풀이 ▶

1 우리는 생활 속에서 여러 가지 크고 작은 선택을 합니다. 제시된 그림의 아저씨는 정류장에서 어떤 교통수단을 탈지 고민하고 있습니다.

2 사람들이 원하는 것은 많으나, 그것을 충분히 제공할 수 없기 때문에 선택의 문제에 항상 부딪치게 됩니다.

3 잘못된 선택은 돈이나 자원을 낭비하지만, 현명한 선택을 하면 자신에게 알맞은 물건을 골라 큰 만족감을 얻을 수 있을 뿐만 아니라 돈과 자원을 절약할 수 있습니다.

4 현명한 선택을 하기 위해 관련된 정보를 수집하고 분석합니다.

5 저렴한 휴대 전화를 가지면 가격이 저렴하다는 좋은 점이 있습니다.

6 생활에 필요한 물건을 만들어 내는 것을 생산이라고 합니다.

7 ⓛ은 생산한 것을 쓰는 소비 활동입니다.

8 ①, ③은 생활을 편리하고 즐겁게 해 주는 활동이고, ②는 생활에 필요한 것을 자연에서 얻는 활동입니다.

9 현명한 소비 생활을 하기 위해 계획을 세워 꼭 필요한 곳에만 돈을 쓰고, 물건을 사기 전에 필요한 정보를 찾아 활용합니다.

10 주변 사람들에게 필요한 물건의 정보를 물어보면 품질, 가격, 상품을 사용해 본 경험 등을 자세히 알 수 있습니다.

11 품질 인증 표시는 정부나 공신력 있는 기관이 제품의 품질 향상과 소비자에게 좋은 품질의 제품을 제공한다는 취지에서 어떤 일정한 기준을 정해 제품의 품질을 검사하는 것을 말합니다.

12 품질 인증 표시 확인하기, 대형 할인점의 광고지 확인하기, 누리집에서 상품 소개 검색하기, 통계 자료 분석하기, 상품 정보 확인하기, QR 코드 스캔하기 등을 통해 주변의 상품이 어디에서 왔는지 조사합니다.

13 상품의 생산지를 살펴보면 ⓛ은 우리나라의 여러 지역에서 온 상품이고, ⓒ은 다른 나라에서 온 상품입니다.

14 우리 지역과 자연환경이 다르기 때문에 다른 지역과 국가 간의 경제적 교류가 이루어집니다.

15 직거래 장터에서 지역의 특산물과 상품을 팔아 경제적 이익을 얻을 수 있습니다.

16 제시된 그림은 어촌과 농촌 간에 경제적 교류를 하는 모습입니다.

17 옛날에는 시장에서 경제적 교류를 했지만, 오늘날에는 교통과 통신의 발달로 대형 할인점, 인터넷, 홈 쇼핑 등 여러 가지 방법으로 경제적 교류를 하고 있습니다.

18 대형 시장에서 직접 교류하는 방법에는 전통 시장, 대형 할인점, 도소매 시장, 특산물 시장에서 물건을 사고파는 방법 등이 있습니다.

19 ②는 인터넷, 스마트폰, 홈 쇼핑 등의 대중 매체를 이용한 경제적 교류의 특징입니다.

20 내가 살고 있는 지역의 자연환경, 발달한 산업 및 상품, 특산물을 참고해 우리 지역을 대표하는 상품의 광고지를 만듭니다.

3회 단원 평가 실전

84~86쪽

1 (2) ○ (3) ○ **2** 선택 **3** 예 숙소의 가격, 거리, 시설, 주변 식당, 날씨 등을 고려해야 한다. **4** 동훈 **5** ④ **6** ④ **7** (1) ㉠, ㉣ (2) ㉢, ㉤ (3) ㉡, ㉥ **8** ㉢ → ㉣ → ㉡ → ㉠ **9** 예 필요한 물건을 못 사거나 하고 싶은 일을 못 하게 된다. **10** ④ **11** (다), (라) **12** ⑤ **13** QR 코드 **14** ③ **15** 예 경제적 이익을 얻기 위해서이다. **16** (2) ○ **17** ① **18** ④ **19** ⑤ **20** ①

풀이

1 경제 활동은 사람들이 생활하는 데 필요한 여러 가지 것들을 만들고 사용하는 것과 관련된 모든 활동을 말합니다.

2 선택의 문제는 경제 생활을 하는 모든 사람에게 나타나며, 무엇을 선택하는지는 각자의 필요에 따라 다릅니다.

3 선택할 때에는 여러 가지 상황을 신중하게 생각해야 현명한 선택을 할 수 있습니다.

4 잘못된 선택은 돈이나 자원을 낭비하지만, 현명한 선택은 돈과 자원을 절약하며 자신에게 만족감을 줍니다.

5 저렴한 휴대 전화를 가지면 가격이 저렴하다는 좋은 점이 있습니다.

6 ④는 생산에 대한 설명입니다.

7 ㉡, ㉥은 생활에 필요한 것을 자연에서 얻는 활동입니다.

8 신발이 우리 손에 오기까지에는 신발의 원료 구하기 → 신발 만들기 → 신발 운반하기 → 신발 판매하기의 순으로 생산 활동이 이루어집니다.

9 쓸 수 있는 돈이 한정되어 있기 때문에 현명한 소비 생활이 필요합니다.

10 신문, 라디오, 텔레비전 광고에서 새로 나온 상품의 품질과 특성에 관한 정보를 얻을 수 있습니다.

11 (가) 자몽은 원산지가 미국, (나) 의류는 원산지가 베트남입니다.

12 자기 지역의 풍부한 상품은 다른 지역에 팔고, 자기 지역에서 생산할 수 없거나 부족한 물건은 다른 지역에서 사 오기 때문에 상품의 교류가 이루어집니다.

13 QR 코드는 가로 세로 격자무늬에 다양한 정보를 담고 있는 것으로, QR 코드를 스캔하면 상품의 정보를 자세히 알 수 있습니다.

14 지역 간에 자연환경이 달라 생산되는 농산물, 수산물이 다르기 때문에 물자 교류가 이루어집니다. ③ 전라남도 보성은 차나무가 잘 자라 차를 생산합니다.

15 재준이가 살고 있는 지역은 포도를 해마다 생산하고, 영희가 살고 있는 지역은 포도를 가공해 상품을 개발하면서 서로에게 경제적 이익을 주고 있습니다.

16 (1) 경제적 교류는 경제적 이익을 넘어 지역 간의 화합과 발전을 가져옵니다.

17 경제적 교류를 하는 대상은 개인, 기업, 지역, 국가 등 다양합니다.

18 ④ 대형 할인점은 대형 시장을 이용한 경제적 교류입니다.

19 울산광역시, 경상북도 경주시, 포항시가 경제 협력과 문화 교류를 하고 있다는 내용입니다.

20 제주도를 대표하는 상품은 감귤, 한라봉, 옥돔 등이 있습니다.

3 사회 변화와 문화의 다양성

1 사회 변화로 나타난 일상생활의 모습

개념을 확인해요

89~91쪽

1 인터넷 **2** 문화 **3** 저출산 **4** 학생 **5** 가족 **6** 고령화 **7** 노인 **8** 시설 **9** 복지 **10** 세대 **11** 정보화 **12** 기상 정보 **13** 인터넷 **14** 휴대 전화 **15** 개인 정보 **16** 시간 **17** 저작물 **18** 교통 **19** 세계화 **20** 문화

개념을 다져요

1 ㉡, ㉣ **2** ② **3** ③ **4** ㉡ **5** 현호 **6** ①
7 ㉠ **8** ③, ⑤

풀이

1 ㉠은 노인을 위한 전문 병원의 모습이고, ㉢은 노인을 위한 산업과 관련 있는 모습으로 모두 고령화와 관련이 있습니다.

2 고령화로 노인정과 같은 노인들을 위한 시설이 많아지고 있습니다.

더 알아볼까요!

고령화 사회
　65세 이상 인구가 총인구에서 차지하는 비율이 7% 이상이면 고령화 사회, 14% 이상이면 고령 사회, 20% 이상이면 초고령 사회라고 합니다.

3 아이를 낳아도 부모님들이 편하게 일할 수 있도록 해야 합니다.

4 ㉠, ㉢, ㉣은 저출산을 해결하기 위한 방법과 관련이 있습니다.

5 길도우미(내비게이션) 등을 이용하면 실시간으로 교통 정보를 얻어 빠른 길을 찾아 이동할 수 있습니다.

6 정보화로 개인 정보가 유출되어 모르는 사람들에게 자꾸 연락이 오는 문제가 생기기도 합니다.

7 세계화로 우리의 전통문화가 약화되는 문제점이 발생하고 있습니다.

8 다른 나라 문화의 좋은 점은 본받고 존중하며, 우리의 소중한 문화는 잘 지키고 발전시키려는 노력이 필요합니다.

1 (나) **2** ①, ④ **3** ② **4** ③ **5** 주현 **6** ④
7 ④ **8** 예 노인들이 사회 활동을 할 수 있도록 지원해야 한다. **9** ⑤ **10** 휴대 전화 **11** ②
12 ⑤ **13** ㉠, ㉢ **14** 예 인터넷이나 휴대 전화의 사용 시간을 정해 사용한다. **15** ① **16** 저작물 **17** ④ **18** ① **19** ④ **20** 예 다른 나라의 좋은 것은 받아들여 우리의 상황에 맞게 발전시키고 전통의 좋은 점을 이어나가려는 노력이 필요하다.

풀이

1 (가)는 옛날 교실의 모습이고, (나)는 오늘날 교실의 모습입니다.

2 오늘날 교실에는 한 반에 적은 학생이 있고, 컴퓨터와 텔레비전이 있음을 알 수 있습니다.

3 제시된 그래프를 통해 출생아 수가 점점 줄어들고 있다는 것을 알 수 있습니다.

4 저출산으로 다양한 형태의 가족이 늘어나고 있습니다.

5 걱정 없이 아이를 낳아 키울 수 있도록 다양한 지원이 필요합니다.

6 저출산과 고령화가 계속되면 의료 서비스나 요양 서비스와 같은 노인들을 위한 복지 제도가 늘어날 것입니다.

7 고령화 사회가 되면서 주로 노인을 대상으로 의료를 행하는 시설인 노인 전문 병원이 늘어나고 있습니다.

8 고령화 문제를 해결하기 위해서는 일하기를 원하는 노인들이 일할 수 있도록 지원해야 합니다.

9 버스 도착 시간을 실시간으로 알려 주는 기계는 마을에서 볼 수 있는 모습입니다.

10 정보화로 휴대 전화를 이용해 어디서나 은행 업무를 쉽게 볼 수 있게 되었습니다.

11 정보화 사회가 되면서 누구나 쉽게 정보와 지식을 빠르게 얻을 수 있게 되었습니다.

12 정보화 사회가 되면서 다른 사람에게 개인 정보가 유출되어 사생활을 보호받지 못하는 문제가 발생하게 되었습니다.

13 개인 정보는 다른 사람에게 노출되지 않도록 조

심해야 합니다.

14 인터넷이나 휴대 전화를 사용할 때는 시간을 정해 사용해야 중독을 예방할 수 있습니다.

15 다른 사람의 정보와 지식도 소중히 여기며, 인터넷으로 대화할 때에도 예의를 지켜야 합니다.

16 다른 사람의 저작물을 불법으로 내려받지 않아야 합니다.

17 교통·통신의 발달로 세계 여러 나라가 서로 가까워지면서 다양한 분야에서 서로 교류하며 영향을 주고받게 되었습니다.

18 세계화의 영향으로 우리나라에 온 다른 나라 가수의 공연을 볼 수 있게 되었습니다.

19 다른 나라와의 문화 교류로 외국의 뮤지컬, 영화, 음악을 우리나라에서도 관람할 수 있게 되었습니다.

20 다른 나라 문화의 좋은 점을 본받고 존중하며, 우리의 소중한 문화를 잘 지키고 발전시켜야 합니다.

2회 실력을 쌓아요

97~99쪽

1 ⑤　2 ②　3 ⓔ 예전보다 노인들이 많아졌기 때문이다.　4 감소　5 ⑤　6 ①, ③　7 ④　8 ⑤　9 ④　10 ②　11 ③　12 ⓔ 인터넷이나 스마트폰에만 매달려 해야 할 일을 미루거나 제대로 해내지 못하는 사람이 늘어난다.　13 ④　14 ②　15 ②　16 세계화　17 ⑤　18 ⑤　19 ①, ②　20 ⓔ 서로의 문화와 전통을 존중하고 이해하는 태도가 필요하다.

풀이

1 학생 수가 줄었기 때문에 교실에 학생 수가 적었고, 지식이나 정보를 활용할 수 있는 기술이 발달함으로써 교실에 텔레비전이나 컴퓨터를 설치하여 수업에 활용하고 있습니다.

2 사회가 변화하면서 세계 여러 나라의 다양한 음식이 전해지고, 이를 즐기는 사람들이 많아졌습니다.

3 예전보다 노인들이 많아져 노인들을 위한 시설이 늘어나고 있습니다.

4 매년 초등학생 수가 줄어들면 앞으로 초등학생 수는 감소할 것이라고 예상할 수 있습니다.

5 제시된 신문 기사는 초등학생 수가 매년 줄어들고 있다는 내용으로 저출산과 관련이 있습니다.

6 노인들이 행복하고 건강하게 살아갈 수 있도록 노인을 위한 복지 제도, 마을에 노인을 위한 시설, 노인을 대상으로 하는 여러 가지 산업이 발달하고 있습니다.

7 양육비 지원은 아이를 키우는 데 도움이 되는 제도로 저출산과 관련이 있습니다.

8 일할 수 있는 젊은 사람들이 줄어들어서 경제가 어려움에 처할 수 있습니다.

9 서로의 입장에 대한 이해와 소통, 배려하는 태도가 필요합니다.

10 학교 기상 정보 시스템을 통해 오늘의 날씨, 온도, 비 올 확률 등을 알 수 있습니다.

11 정보화로 누구나 쉽게 정보와 지식을 빠르게 얻을 수 있습니다.

12 제시된 그래프를 통해 학생들의 인터넷이나 스마트폰 의존 현상이 심각하게 나타남을 알 수 있습니다.

13 정보화 사회의 문제점 중 사람들이 프로그램을 불법으로 내려받는 문제와 관련이 있습니다.

14 인터넷은 사용 시간을 정해 사용하는 것이 바람직합니다.

15 다른 사람의 정보화 지식도 소중하게 여기는 태도를 가져야 합니다.

16 세계화가 되면서 전 세계가 긴밀하게 연결되게 되었습니다.

17 ①은 저출산, ②, ④는 정보화, ③은 고령화와 관련이 있습니다.

18 우리나라가 다른 나라와 스포츠 교류를 하고 있어 외국인 선수는 계약을 통해 우리나라 팀에서 선수로 활동할 수 있습니다.

19 세계화로 세계 여러 나라의 다양한 문화를 접하게 된 것과 관련이 있습니다.

20 다른 나라 문화의 좋은 점을 본받고 존중해야 합니다.

1회 탐구 서술형 평가

1 (1) ⓓ 14세 이하 인구는 점점 줄어들고 있고, 65세 이상 인구는 점점 증가하고 있다.
(2) ⓓ 노인들을 위한 시설이 많아지고, 다양한 복지 제도가 늘어날 것이다. 어린이 수가 줄어들어 학교가 줄어들 것이다.
2 (1) ⓓ 걱정없이 아이를 낳아 키울 수 있도록 다양한 지원이 필요하다. 아이를 안전하게 키울 수 있는 시설과 서비스를 마련해야 한다.
(2) ⓓ 노인들을 위한 복지 제도를 늘려야 한다.
3 (1) ⓛ
(2) ⓓ 실시간으로 교통 정보를 얻어 빠른 길로 갈 수 있다.
4 (1) ㉠, ㉢
(2) ⓓ 세계 여러 나라와 물건을 쉽게 사고 팔 수 있다.
(3) ⓓ 세계 여러 나라와 다양한 분야에서 서로 교류하며 영향을 주고받기 때문이다.

풀이

1 (1) 제시된 그래프에서 14세 이하 인구는 점점 줄어들고 있고, 65세 이상 인구는 점점 증가하고 있음을 알 수 있습니다.
(2) 저출산, 고령화가 계속된다면 일할 수 있는 인구가 감소해 경제가 어려워지거나, 노인들을 위한 복지 제도가 늘어날 것입니다.

상	저출산, 고령화가 우리 생활에 미친 영향을 설명할 수 있습니다.
중	저출산, 고령화가 우리 생활에 미친 영향을 일부 알고 있습니다.
하	저출산, 고령화가 우리 생활에 미친 영향을 전혀 알지 못합니다.

2 (1) 저출산에 대비하기 위해서는 아이를 낳아도 부모님들이 편하게 일할 수 있도록 해야 합니다.
(2) 고령화에 대비하기 위해서는 노인 일자리를 늘리고, 노인들의 노후를 보장할 수 있는 제도를 마련해야 합니다.

상	저출산, 고령화에 대비하기 위해서 어떻게 해야 하는지 설명할 수 있습니다.
중	저출산, 고령화에 대비하기 위해 제시한 방안이 미흡합니다.
하	저출산, 고령화에 대비하기 위한 방안을 제시하지 못합니다.

3 (1) ⓛ은 인터넷에서 정보를 얻어 과제를 해결하는 모습입니다.
(2) 길도우미(내비게이션) 등을 이용하면 실시간으로 교통 정보를 얻어 빠른 길을 찾아 이동할 수 있습니다.

상	일상생활에서 정보를 이용하는 사례를 설명할 수 있습니다.
중	일상생활에서 정보를 이용하는 사례를 일부 알고 있습니다.
하	일상생활에서 정보를 이용하는 사례를 전혀 알지 못합니다.

4 (1) ⓛ은 서로의 문화를 이해하지 못해 문제가 생긴 경우로, 세계화가 우리 생활에 미친 부정적인 영향과 관련이 있습니다.
(2) 세계화로 나라 간에 물건을 사고 파는 무역이 자유로워져 다른 나라에서 만든 물건을 쉽게 사서 쓸 수 있게 되었습니다.
(3) 세계화로 세계가 점점 더 가까워지고 이전보다 훨씬 더 많은 영향을 주고받게 되었습니다.

상	세계화가 우리 생활에 미친 영향을 설명할 수 있습니다.
중	세계화가 우리 생활에 미친 영향을 일부 알고 있습니다.
하	세계화가 우리 생활에 미친 영향을 전혀 설명하지 못합니다.

2회 탐구 서술형 평가

102~103쪽

1 (1) ⑩ 저출산으로 학생 수가 점점 줄어들고 있다. 신입생이 없는 학교가 생기고 있다.
(2) ⑩ 태어나는 아이의 수가 줄어들고 있기 때문이다.
2 (1) ⑩ 일할 수 있는 인구가 감소해 경제가 어려워질 수 있다.
(2) ⑩ 노인들이 사회 활동을 할 수 있도록 지원한다.
3 (1) ⑩ 사람들이 프로그램을 불법으로 내려받는 문제가 발생하였다.
(2) ⑩ 허락받지 않은 프로그램이나 글, 사진 등을 함부로 내려받지 않는다.
4 (1) 세계화
(2) ⑩ 우리나라에서도 외국 영화를 볼 수 있거나 다른 나라 가수의 공연을 볼 수 있다.

풀이

1 (1) 초등학생 수가 매년 감소하고 있고, 신입생이 없는 학교가 늘어나고 있음을 알 수 있습니다.
(2) 저출산으로 초등학생 수가 줄어들고 있습니다.

상	저출산으로 나타난 일상생활의 변화 모습을 설명할 수 있습니다.
중	저출산으로 나타난 일상생활의 변화 모습을 일부 알고 있습니다.
하	저출산으로 나타난 일상생활의 변화 모습을 전혀 알지 못합니다.

2 (1) 육아 휴직을 늘리고, 교육비를 지원하는 등 아이를 걱정없이 낳아 키울 수 있도록 다양한 지원이 필요합니다.
(2) 고령화 문제를 해결하기 위해서는 일하기를 원하는 노인들이 일할 수 있도록 지원해야 합니다.

상	고령화에 대비하기 위해 필요한 제도와 지원 방안을 설명할 수 있습니다.
중	고령화에 대비하기 위해 방안을 정확히 설명하지 못합니다.
하	고령화에 대비하기 위한 방안을 전혀 알지 못합니다.

3 (1) 회사에서 개발한 프로그램을 사람들이 함부로 내려받아 피해를 보게 되었습니다.
(2) 다른 사람의 저작물을 소중히 여기는 태도가 필요합니다.

상	정보화 사회의 문제점과 해결 방안을 설명할 수 있습니다.
중	정보화 사회의 문제점과 해결 방안을 일부 알고 있습니다.
하	정보화 사회의 문제점과 해결 방안을 전혀 설명하지 못합니다.

4 (1) 지구촌의 여러 나라 사람들이 가깝게 연결되어 서로 영향을 주고받는 것을 세계화라고 합니다.
(2) 다른 나라와 문화 교류를 맺고 있어서 외국의 영화, 음악, 뮤지컬 등을 우리나라에서도 관람할 수 있게 되었습니다.

상	세계화로 나타난 일상생활의 모습을 설명할 수 있습니다.
중	세계화로 나타난 일상생활의 모습을 일부 알고 있습니다.
하	세계화로 나타난 일상생활의 모습을 설명하지 못합니다.

2 다양한 문화에 대한 이해와 존중

개념을 확인해요

105~107쪽

1 문화 2 집 3 의생활 4 식생활 5 물
6 편견 7 기준 8 남녀 9 존중 10 배리어
프리 11 차별 12 편견 13 의견 14 이해
15 법 16 무지개 청소년 17 능력 18 살구
색 19 다문화 20 문화

개념을 다져요

108~109쪽

1 문화 2 ① 3 ③ 4 편견 5 ⑤ 6 참
여 7 ㉡ 8 ④

1 우리 사회 속에는 다양한 문화가 존재합니다.

2 털옷을 입고 있는 것으로 보아 매우 추운 지역임을 알 수 있습니다.

3 나이에 따라 일자리의 적합함을 따지는 모습입니다.

더 알아볼까요!

일상생활에서 나타나는 편견과 차별
• 둘 이상의 대상에 어떤 기준에 따라 구별하는 행위를 말합니다.
• 성별, 인종, 나이, 신분, 국적, 종교, 장애 등의 이유로 특정한 사람을 우대하거나 배제 또는 불리하게 대우하고, 정치적·사회적·경제적으로 평등권을 침해하는 것을 의미합니다.

---

4 어떤 사물이나 현상에 대하여 그것에 적합하지 않은 의견이나 견해를 가지는 태도를 편견이라고 합니다.

5 윤호는 피구가 하고 싶지만 참여하지 못하게 되었음을 알 수 있습니다.

6 남녀를 떠나서 자기가 원하고 싶은 종목에서 활동해야 합니다.

7 다양한 문화를 가진 사람들이 한자리에 모여 함께 어울릴 수 있는 자리를 마련합니다.

8 서로 다른 문화를 이해하고 존중하려고 노력합니다.

1회 실력을 쌓아요   110~112쪽

1 ⓒ   2 ③   3 ㉠   4 ②   5 민혁   6 ①
7 ③   8 ④   9 ⑤   10 ⑤   11 예 사람들이 자신의 능력을 발휘하지 못해 사회의 발전이 늦어질 것이다.   12 ③   13 ⑤   14 ⑤   15 ④   16 예 남녀를 떠나서 자기가 원하는 종목에서 활동하는 것이 학급 체육의 날에 어울리는 것임을 알려준다.   17 ㉠   18 예 다양한 문화를 가진 사람들이 한자리에 모여 함께 어울릴 수 있다.   19 ③   20 ②

1 문화는 사람들이 오랜 시간을 함께 생활하면서 만들어지고 전해 내려온 공통의 생활 방식입니다.

2 ③은 친구들과 함께 놀이하는 활동으로 학교에서 볼 수 있는 문화의 모습입니다.

3 ㉠을 통해 더운 지역 사람들의 옷차림을 알 수 있습니다.

4 ㉠을 통해 더운 지역 사람들의 옷차림을 알 수 있고, ⓒ을 통해 음식을 먹을 때 사람들이 젓가락을 사용한다는 것을 알 수 있습니다

5 몽골 사람들은 자주 이동을 해야 하기 때문에 만들기 쉽고 헐기 쉬운 게르를 만들어 생활해 왔습니다.

6 해녀들이 해산물을 채취하는 모습은 바닷가 근처에서 볼 수 있는 문화의 모습입니다.

7 편견 때문에 어떤 기준을 두어 대상을 구별하고 다르게 대우하는 차별이 생겨나게 됩니다.

8 ①은 종교, ②는 나이, ③은 피부색, ⑤는 지역에 대한 차별과 관련이 있습니다.

9 장애가 있어서 부당한 대우를 받고 있는 상황입니다.

10 거절당한 느낌이 들어 기분이 나쁘고, 자신의 능력을 발휘하지 못해 속상할 것입니다.

11 사회의 발전이 늦어지고, 사회 분위기가 나빠질 것입니다

12 다른 문화도 우리의 문화처럼 존중하는 태도를 가져야 합니다.

13 다양한 문화의 좋은 점을 배울 수 있습니다.

14 '배리어 프리 영화'는 시청각 장애를 가진 사람들을 위해 소리를 자막으로, 영상을 음성 해설로 바꾼 영화를 말합니다.

15 지민이는 자신의 축구 실력을 무시하는 친구 때문에 화가 났을 것입니다.

16 여학생은 축구를 잘 못할 것이라는 편견을 없애거나 남학생이 축구보다 피구를 좋아할 수 있다는 사실을 알려줍니다.

17 출신 지역이나 외모에 대한 편견과 관련 있는 공익 광고입니다.

18 편견과 차별이 없는 사회를 만들기 위해 다양한 문화를 가진 사람들이 함께 어울릴 수 있는 자리를 마련합니다.

19 다문화 가정의 어린이를 불쌍하게 여기는 것 자체가 편견이자 차별이 될 수 있습니다.

20 '살색'이라는 표현은 피부색 차별에 해당하기 때문에 '살구색'으로 바뀌게 되었습니다.

정답과 풀이

1 문화   2 ③   3 ㉠   4 ⑤   5 예 더위를 피하기 위해서이다.   6 ④   7 ②   8 차별   9 ㉢   10 ③   11 ③   12 ⑤   13 예 피부색에 따라 차별하지 않고, 친절히 길을 알려 준다.   14 ①   15 ⑤   16 ③   17 예 모두의 의견을 모아서 함께할 운동 종목을 정한다.   18 ㉠, ㉢   19 ⑤   20 ③

풀이

1 일상생활에서 친구들과 함께 즐겨하는 활동도 문화라고 볼 수 있습니다.

2 한 나라 안에서도 서로 다른 문화가 다양하게 존재합니다.

3 ㉢은 의생활과 관련이 있습니다.

4 포크와 나이프를 사용하고, 샐러드, 빵, 피자 등을 먹고 있음을 알 수 있습니다.

5 더위를 피하기 위해 나무로 만든 물 위의 집에서 생활합니다.

6 제시된 사진은 몽골의 전통 가옥인 게르로 이동을 쉽게 하기 위해 만든 집입니다.

7 나이에 따라 즐기는 놀이나 운동의 종류에 차이가 날 수 있습니다.

8 어떤 대상을 똑같이 대하지 않고 어떤 기준을 두어 구별하고 다르게 대하는 것을 차별이라고 합니다.

9 외국 사람이 원래 자신이 먹던 방법으로 음식을 먹었는데, 다른 사람이 그 음식을 먹는 방법을 보고 이상하게 생각하고 있습니다.

10 음식을 먹고 있는 사람은 원래 먹고 있는 방법으로 음식을 먹었는데 무시당한 기분이 들 것입니다.

11 임신에 따라 일자리에 적합함을 따지는 태도, 장애 여부에 따른 차별, 능력보다는 나이에 대한 차별, 남성과 여성에 대한 차별은 모두 우리 사회에서 볼 수 있는 편견과 차별의 모습입니다.

12 편견과 차별이 지속되면 다른 사람을 존중하는 태도를 기를 수 없을 것입니다.

13 제시된 그림은 길을 묻는 백인에게는 친절히 알려 주고, 피부색이 어두운 외국인에게는 알려 주지 않고 무시하는 모습입니다.

14 다른 나라의 문화를 이해하고 상대방의 입장에서 생각해야 합니다.

15 '배리어 프리 영화'는 시각이나 청각 장애를 가진 사람들을 위해 음악 정보와 말하는 사람, 대사, 소리 정보를 자막으로 표현하는 영화입니다.

16 자신이 원하는 종목에 참여하고 싶지만 원하는 종목에 참여하지 못하고 있습니다.

17 학급 구성원 모두 자신이 원하는 운동 종목에 참여할 수 있어야 합니다.

18 다문화 가족 지원 포털 다누리에서는 관련 법을 만들고, 다문화 가정 어린이나 우리나라에 사는 외국 사람들을 도와줍니다.

19 '살색'이라는 용어는 편견과 차별을 나타내는 용어이므로 '살구색'으로 용어를 바꾸었습니다.

20 사람마다 피부색이 다양하기 때문에 '살색'이라는 표현을 바꾸어 부르게 되었습니다.

1 (1) 주생활
(2) ㉠ 예 이동을 쉽게 하기 위해서이다. ㉢ 예 더위를 피하기 위해서이다.
2 (1) ㉢
(2) 예 원래 먹던 방법으로 음식을 먹었는데 무시당한 기분일 것이다.
(3) 예 나와 다른 문화도 이해하는 태도를 가진다.
3 (1) 예 남자는 축구를 좋아하고 여자는 축구를 못한다는 편견을 가지고 있다.
(2) 예 자신이 잘 하는 운동 경기에 남녀 구분 없이 참여할 수 있어야 한다.
4. (1) 예 '살색'으로 불리던 색을 '살구색'이라고 바꾸어 부르기로 하였다.
(2) 예 사람의 피부색은 다양하기 때문이다.

풀이

1 (1) 사는 집이 어떤 모양인지 살펴보면 주생활의 차이를 알 수 있습니다.

(2) ㉠ 몽골 사람들은 자주 이동을 해야 하기 때문에 만들기 쉽고 헐기도 쉬운 게르를 만들어 생활해 왔습니다. ㉡ 수상 가옥은 덥고 습한 기후에서 모기와 같은 해충을 막아 주고, 무더위를 피하는 효과가 있습니다.

상	다양한 문화의 모습을 설명할 수 있습니다.
중	다양한 문화의 모습을 일부 알고 있습니다.
하	다양한 문화의 모습을 전혀 알지 못합니다.

2 (1) 친구가 입는 옷이 자신들과 같지 않다고 수군거리고 있습니다.

(2) 이러한 상황이 계속되면 편견과 차별을 받는 사람들은 불만을 가지게 될 것입니다.

(3) 다른 문화도 우리의 문화처럼 존중하는 태도를 가져야 합니다.

상	일상생활에서 나타나는 편견과 차별을 설명할 수 있습니다.
중	편견과 차별에 대해서 정확히 설명하지 못합니다.
하	편견과 차별에 대해 전혀 설명하지 못합니다.

3 (1) 여학생은 축구를 못한다는 편견과 남학생은 무조건 피구보다 축구를 좋아할 거라는 편견 때문에 자신이 원하는 종목에 참여하지 못하는 차별을 당하고 있습니다.

(2) 학급 경기에서 자기 자신이 원하는 운동 종목에 참여할 수 있어야 합니다.

상	편견과 차별을 해결하기 위한 방안을 설명할 수 있습니다.
중	편견과 차별을 해결하기 위한 방안을 정확히 설명하지 못합니다.
하	편견과 차별을 해결하기 위한 방안을 전혀 알지 못합니다.

4 (1) '살색'에는 편견이나 차별의 뜻이 담겨 있기 때문에 '살구색'으로 말을 바꾸었습니다.

(2) 사람의 피부색은 한 가지로 정할 수 없기 때문입니다.

상	살색으로 불리던 이 색의 이름이 살구색으로 바꾸어 부르게 된 이유를 설명할 수 있습니다.
중	이 색의 이름이 살구색으로 바꾸어 부르게 된 이유를 정확히 설명하지 못합니다.
하	살색으로 불리던 이 색의 살구색으로 바꾸어 부르게 된 이유를 전혀 알지 못합니다.

2회 탐구 서술형 평가

118~119쪽

1 (1) ⑳ 자신이 좋아하는 활동을 즐기고 있다.

(2) ⑳ 노인들은 게이트볼을 하고 있고, 어린이들이 킥보드와 인라인스케이트를 타고 있다.

2 (1) ⑳ 장애가 있는 사람은 능력이 없다고 생각해 일자리를 주지 않는다.

(2) ⑳ 장애가 있는 사람들이 능력을 발휘할 수 있도록 편견을 버린다.

3 (1) ㉠ ⑳ 다문화 가정 어린이가 우리말을 잘못 할 것이라는 편견이 있다. ㉡ ⑳ 다문화 가정 어린이가 우리 음식을 잘 못 먹을 것이라는 편견이 있다.

(2) ⑳ 우리말을 잘하고 못하고는 피부색과 관련이 없기 때문이다.

4 (1) ⑳ 편견과 차별을 없애기 위한 법을 만들고 기관을 세운다.

(2) ㉠ ⑳ 다문화 가정 어린이나 우리나라에 사는 외국 사람들을 도와준다. ㉡ ⑳ 인권 관련 정책을 개선하는 업무를 한다.

풀이

1 (1) 저마다 자신의 문화를 즐기며 여가생활을 즐기고 있음을 알 수 있습니다.

(2) 나이에 따라 즐기는 문화의 종류가 다르다는 것을 알 수 있습니다.

상	문화의 뜻과 일상생활에서 나타나는 다양한 문화의 모습을 설명할 수 있습니다.
중	문화의 뜻과 일상생활에서 나타나는 다양한 문화의 모습을 일부 알고 있습니다.
하	문화의 뜻과 다양한 문화의 모습을 전혀 설명하지 못합니다.

2 (1) 장애가 있다는 이유로 취업을 할 때 차별을 받고 있습니다.
(2) 한쪽으로 치우치지 않는 생각을 가지도록 합니다.

상	편견과 차별이 없는 사회를 만들기 위한 방안을 설명할 수 있습니다
중	편견과 차별이 없는 사회를 만들기 위한 방안을 일부 알고 있습니다.
하	편견과 차별이 없는 사회를 만들기 위한 방안을 설명하지 못합니다.

3 (1) 편견과 차별의 못을 빼면 배려와 존중의 말이 됩니다.
(2) 피부색이나 생김새, 종교는 친구를 사귀는 것과는 상관이 없기 때문입니다.

상	편견과 차별을 다룬 공익 광고의 내용을 설명할 수 있습니다.
중	편견과 차별을 다룬 공익 광고의 내용을 정확히 설명하지 못합니다.
하	편견과 차별을 다룬 공익 광고의 내용을 전혀 설명하지 못합니다.

4 (1) 법을 만들고 관련 기관을 만들어 편견과 차별을 없애기 위해 노력합니다.
(2) 다문화 가족 지원 포털 다누리는 결혼 이민자 및 다문화 가족을 위한 정보를 제공하며, 국가 인권 위원회는 인권을 침해 당한 국민의 요구 사항을 접수하여 조사한 후, 관련 기관에 해당 문제를 해결할 것을 요구하는 일을 합니다.

상	편견과 차별이 없는 사회를 만들기 위해 사회에서 하고 있는 일을 설명할 수 있습니다.
중	편견과 차별이 없는 사회를 만들기 위해 사회에서 하는 일을 일부 알고 있습니다.
하	편견과 차별이 없는 사회를 만들기 위해 사회에서 하는 일을 전혀 모릅니다.

1회 단원 평가 연습

120~122쪽

1 ㉢ 2 ④ 3 예 일하기를 원하는 노인들이 일할 수 있도록 지원한다. 4 ② 5 예 세대 간에 서로 소통하고 배려하는 태도를 기른다. 6 정보화 7 ① 8 ③ 9 ③ 10 예 세계 여러 나라의 음식을 우리나라에서도 쉽게 먹을 수 있게 되었다. 11 문화 12 ㉠, ㉢ 13 ① 14 ④ 15 ⑤ 16 ② 17 예담 18 ④ 19 ① 20 ⑤

풀이

1 학교 과제를 해결할 때는 주로 인터넷으로 다양한 정보를 찾습니다.

2 저출산으로 오늘날 출생아 수는 예전에 비해 많이 줄어들었습니다.

3 노인들이 사회 활동을 할 수 있도록 지원해야 합니다.

4 노인정은 노인들이 모여 여가를 즐길 수 있게 만든 시설입니다.

5 저출산·고령화로 앞으로 더 많은 변화가 생기게 되기 때문에 세대 간에 서로 소통하고 배려하는 태도가 중요합니다.

6 정보화 사회에서는 수많은 정보와 지식을 많이 확보해 이를 알맞은 곳에 활용할 수 있는 능력이 중요한 요소가 되고 있습니다.

7 정보화로 직접 가게에 가지 않아도 인터넷으로 물건을 주문하고 살 수 있습니다.

8 ③은 일상생활에서 정보를 사용하는 사례입니다.

9 교통·통신의 발달로 지구가 하나의 마을처럼 가까워지면서 세계화의 속도가 점점 빨라지고 있습니다.

10 세계화로 세계 여러 나라의 다양한 음식이 전해지면서 이를 즐기는 사람이 많아지고 있습니다.

11 문화는 사람들이 오랜 시간을 함께 생활하면서 만들어지고 전해져 내려온 것입니다.

12 ㉠, ㉢을 통해 사람들이 옷 입는 모습을 알 수 있습니다.

13 털옷을 입고 있는 것으로 보아 매우 추운 지역임을 알 수 있습니다.

14 포크와 나이프를 사용해 샐러드, 피자, 빵 등을

먹고 있습니다.

15 길을 묻는 백인에서는 친절히 알려 주고, 피부색이 어두운 외국인에게는 알려 주지 않고 무시하고 있는 모습입니다.

16 친구들과의 관계가 나빠져 학교에 오기 싫어질 것입니다.

17 다른 문화도 이해하며, 우리의 문화처럼 존중하는 태도를 가집니다.

18 전국 경제인 연합회는 대기업 및 업종별 경제 단체로 구성된 민간 종합 경제 단체입니다.

19 관련 법을 만드는 것은 사회에서 하고 있는 노력입니다.

20 '살색'은 피부색으로 사람을 차별하는 용어이므로 '살구색'으로 바꾸어 부르기로 하였습니다.

2회 단원 평가 (기출)

123~125쪽

1 저출산 2 줄어들고 3 ①, ③ 4 예 노인들을 위한 시설이 많아질 것이다. 5 ② 6 길도우미(내비게이션) 7 ③ 8 예 오늘날은 세계 여러 나라가 다양한 분야에서 서로 영향을 주고받고 있기 때문이다. 9 ③, ④ 10 ⑤ 11 ⑤ 12 ⑤ 13 ④ 14 ㉠ 15 예 무시당한 기분일 것이다. 16 ㉠ 차별 ㉡ 편견 17 ② 18 ㉠, ㉢ 19 ④ 20 ②

풀이

1 태어나는 아기의 수가 줄어드는 현상을 저출산이라고 하며, 그 결과 문을 닫는 학교가 늘어나고 있습니다.

2 제시된 그래프에서 초등학생 수가 매년 감소하고 있음을 알 수 있습니다.

3 저출산 문제를 해결하기 위해서는 어린이집이나 보육비 지원 등 아이를 낳고 기를 수 있도록 제도와 지원을 마련합니다.

4 노인들을 위한 시설이 많아지고 다양한 복지 제도가 생겨날 것입니다.

5 도서실의 리더기를 사용해 학생이 빌린 책의 제목, 빌린 날짜, 반납 날짜 등을 컴퓨터에 저장합니다.

6 길도우미(내비게이션)을 통해 실시간으로 빠른 길을 알 수 있습니다.

7 ③은 정보화로 변화된 학교생활과 관련이 있습니다.

8 우리나라가 다른 나라와 스포츠 교류를 하고 있어서 외국인이 우리나라 팀에서 선수로 활동할 수 있습니다.

9 다른 나라 문화의 좋은 점은 본받고 우리의 문화를 지키면 되는데, 다른 나라의 문화를 무분별하게 받아들이기 때문에 우리의 전통문화가 사라질 위기에 빠졌습니다.

10 우리나라에 들어와 있는 외국인들과 서로 다른 문화와 전통으로 갈등을 겪는 것은 세계화의 단점에 해당합니다.

11 문화는 사람들이 가지고 있는 공통의 생활 방식인데, 이러한 생활 방식은 오랜 시간을 함께 생활하면서 만들어집니다.

12 덥고 습한 기후에서 살아가는 사람들은 해충을 막아 주고, 무더위를 피하기 위해 물 위에 집을 짓고 살아갑니다.

13 동양에서 주로 젓가락을 사용하고, 서양에서는 주로 나이프와 포크를 사용합니다.

14 어떤 특정 종교를 믿는 친구가 입는 옷 때문에 친구들이 자꾸 쳐다보고 있는 모습입니다.

15 원래 먹는 방법으로 음식을 먹었는데 무시당한 기분일 것입니다.

16 어떤 대상을 차이를 두고 구별하는 행동을 차별이라고 하며, 공정하지 못하고 한쪽으로 치우친 생각을 편견이라고 합니다.

17 장애, 나이, 남녀, 임신과 출산에 대한 차별로 부당한 대우를 받는 사람들이 있습니다.

18 ㉠ 남학생들은 여자는 축구 경기에 참여할 수 없다고 말하였습니다. ㉢ 윤호는 피구에 참여하고 싶어 하지만 참여하지 못합니다.

19 서로를 이해하고 존중하는 것을 바탕으로 하는 규칙을 만들어야 합니다.

20 '살색'은 피부색과 관련된 차별을 나타내는 용어이기 때문에 '살구색'으로 바꾸었습니다.

정답과 풀이

3회 단원 평가 실전

1 ①, ② **2** 예 걱정 없이 아이를 낳아 키울 수 있도록 다양하게 지원한다. **3** 고령화 **4** ①, ③ **5** ④ **6** ② **7** ③ **8** 예 인터넷으로 대화할 때도 예의를 지켜야 한다. **9** ⑤ **10** ㉠ **11** ② **12** ㉢ **13** ② **14** 편견 **15** ③ **16** 예 장애가 있는 사람들이 능력을 발휘할 수 있도록 편견을 버린다. **17** 배리어 프리 영화 **18** ㉠ **19** ④ **20** ②

풀이

1 계속된 저출산으로 일할 사람이 줄어들고, 경제에도 영향을 미칠 것임을 알 수 있습니다.

2 아이를 안전하게 키울 수 있는 시설과 서비스를 마련해야 합니다.

3 고령화는 인구 구성 중 노인의 인구 비율이 높은 상태를 말합니다.

4 다양한 원인으로 태어나는 아기의 수는 줄어들고 있는 반면 평균 수명의 증가로 상대적으로 노인 인구 수는 늘어나고 있습니다.

5 일할 수 있는 젊은 사람들이 줄어들어서 경제가 어려움에 처할 수 있습니다.

6 학교 누리집을 보고 학교 소식을 알 수 있습니다.

7 정보화가 활발하게 이루어지면서 사람들이 생활은 더욱 편리해지고 다양하게 변하고 있습니다.

8 서로 만나서 이야기할 때와 마찬가지로 인터넷 공간에서도 예의를 지켜야 합니다.

9 세계화의 영향으로 일상생활의 모습은 다양하게 변화하고 있습니다.

10 ㉡은 고령화, ㉢은 정보화와 관련 있는 모습입니다.

11 문화는 사람들이 옷차림, 먹는 음식, 사는 집 등이 포함된다.

12 넓은 초원이 있는 지역과 비가 많이 오는 지역의 전통 가옥의 모습을 비교해 주생활의 차이를 알 수 있습니다.

13 문화는 사람들이 가지고 있는 공통의 생활방식으로, 사람들이 오랜 시간을 함께 생활하면서 만들어지고 전해져 내려온 것입니다.

14 피부색과 종교 등에 대한 편견과 관련이 있습니다.

15 장애를 가진 사람은 능력이 없다고 생각해 일자리를 주지 않고 있습니다.

16 장애와 상관없이 능력에 따라 대우해야 합니다.

17 '배리어 프리 영화'는 시각이나 청각 장애를 가진 사람들이 영화를 볼 때 장벽이 되는 소리와 영상을 각각 자막과 음성 해설로 바꿔 주어 불편 없이 볼 수 있도록 만든 영화를 말합니다.

18 학급 체육의 날에 자신이 원하는 종목에 참여하지 못하는 것은 차별에 해당합니다.

19 편견과 차별을 없애기 위해 다양한 문화를 가진 사람들이 함께 어울릴 수 있는 자리를 마련합니다.

20 다른 나라의 문화도 이해하고 존중해야 합니다.

1회 100점 예상문제

1 촌락 **2** ④ **3** (1) ㉢ (2) ㉠ (3) ㉤ **4** ㉠ **5** ② **6** ③ **7** ③ **8** ①, ②, ④ **9** ④ **10** ③ **11** 예 믿을 수 있는 싱싱한 농수산물을 싼 값으로 살 수 있다. **12** ③, ④ **13** 촌락 **14** ④ **15** ⑤ **16** ④ **17** 예 물건을 살 때는 최종적으로 가격, 환경, 품질 등을 고려해서 현명한 선택을 해야 한다. **18** (1) ㉢, ㉥ (2) ㉡, ㉣ (3) ㉠, ㉤ **19** ⑤ **20** ④

풀이

1 촌락 사람들은 주로 자연환경을 이용한 농업, 어업, 임업에 종사합니다.

2 산, 저수지, 갯벌, 들판 등은 주로 촌락에서 볼 수 있는 모습입니다.

3 세종특별자치시는 행정 도시로서 새롭게 계획하여 만든 도시이며, 부산광역시는 해상 교통이 발달한 도시입니다.

4 전라남도 해남군은 바닷가에 위치한 촌락으로서 자연환경을 이용한 산업이 발달하였고, 도시가 아니기 때문에 높은 건물이 많지 않습니다.

5 ② 촌락에서 농사를 지을 때에 농약과 화학 비료를 많이 사용하면 환경이 오염됩니다.

6 촌락 사람들이 일자리를 찾아 도시로 이동하면서 촌락의 노인 인구는 조금씩 늘어나고 있지만, 어린이의 수는 크게 줄고 있습니다.

7 다른 지역을 서로 오고 가거나 물건, 문화, 기술 등을 주고받는 것을 교류라고 합니다. 자신이 키운 채소를 자신이 먹는 것을 교류로 보기는 어렵습니다.

8 지역마다 생산물, 기술, 문화 등이 다르기 때문에 교류가 이루어집니다.

9 지역의 축제에 참가함으로써 여가를 즐겁고 보람 있게 보낼 수 있습니다.

10 병원이나 문화 시설을 이용하는 사람이 늘어나기 때문에 도시의 경제 활동이 더욱 활발해집니다.

11 농수산물 직거래 장터에서 도시 사람들은 믿을 수 있는 싱싱한 농수산물을 싸게 구입할 수 있습니다.

12 봉사를 하면서 보람과 긍지를 느끼고, 촌락 사람들과도 친밀하게 지내면서 농수산물 직거래나 여가 활동 등의 교류 활동을 좀 더 활발하게 할 수 있습니다.

13 도시 사람들은 원료와 농수산물을 촌락으로부터 얻고, 촌락 사람들은 도시의 편의 시설과 문화 시설 등을 이용합니다.

14 사람들은 살아가는 데 필요하거나 원하는 것을 얻으려고 경제 활동을 합니다.

15 모든 사람이 사용할 만큼 자원이 풍부하면 선택의 문제는 발생하지 않을 것입니다.

16 현명한 선택은 여러 가지를 고려하여 돈과 자원을 낭비하지 않고 큰 만족감을 얻는 것을 말합니다.

17 현명한 선택을 하기 위해서는 필요성, 가격, 환경, 품질 등을 미리 꼼꼼하게 따져 보고 자신에게 가장 알맞은 것을 골라야 합니다.

18 생활에 필요한 것을 만드는 활동에는 자동차 만들기, 건물 짓기, 과자 만들기 등이 있습니다. ㉡, ㉣은 생활을 편리하고 즐겁게 해 주는 활동이고, ㉠, ㉤은 생활에 필요한 것을 자연에서 얻는 활동입니다.

19 계획을 세워 꼭 필요한 물건인지를 따져 보고 사야 합니다.

20 직접 매장을 방문하면 물건의 상태를 직접 확인할 수 있다는 점입니다.

2회 100점 예상문제   135~137쪽

1 농촌   2 ⑤   3 ④   4 ①, ⑤   5 ①   6 ㉢, ㉣   7 ㉽ 도시에 많은 사람들이 모여 살기 때문이다.   8 ⑤   9 ㉽ 축제 기간 동안 사람들이 많이 모여 도시처럼 경제 활동이 활발하게 이루어질 수 있다.   10 ④   11 ㉠   12 ②   13 도시   14 ③   15 ①   16 ②   17 소비   18 ⑤   19 ④   20 ③

풀이

1 농촌에는 넓은 들판이 펼쳐져 있고, 강이나 하천을 볼 수 있습니다.

2 촌락의 모습을 조사하는 방법에는 지역을 잘 아는 분께 여쭤보기, 현장 조사하기, 인터넷 이용하기, 지역을 소개한 자료 살펴보기 등이 있습니다.

3 촌락에서는 사람들이 비닐하우스에서 각종 작물들을 재배하는 일을 합니다.

4 촌락과 도시의 공통점과 차이점을 알아보려면 교통 시설을 이용하는 모습, 발달한 산업의 모습, 사람들이 사는 집의 모양, 땅을 이용하는 방법 등을 비교해 봅니다.

5 촌락은 산업이 발달하지 않았기 때문에 젊은 사람들을 위한 일자리가 부족하여 많은 젊은 사람들이 촌락을 떠나 도시에서 살아갑니다.

6 촌락 문제를 해결하기 위해 문화 시설이나 편의 시설을 늘리고, 귀촌을 하려는 사람들이 촌락에 잘 적응하며 살 수 있도록 적극적으로 지원합니다.

7 도시에 인구가 많아지면서 주택 문제, 교통 문제, 범죄 문제, 환경 문제 등 여러 가지 문제가 발생하고 있습니다.

8 지역마다 자연환경이 달라서 생산되는 물건이 다르기 때문에 교류가 이루어집니다.

9 촌락의 자랑거리인 자연환경이나 전통문화를 널리 알려서 고장에 대한 자긍심을 높을 수 있습니다.

10 도시 사람들이 농촌 봉사를 하면서 보람과 긍지를 느끼며 마음이 따뜻해집니다.

11 농수산물 직거래 장터를 이용하면 도시 사람은 싼값에 싱싱한 농수산물을 살 수 있고, 촌락 사람은 비싼 값에 농수산물을 팔 수 있는 좋은 점이 있습니다.

12 촌락 사람들은 의료 시설을 이용하거나 공연 관람, 장보기 등을 하려고 도시로 갑니다. ②는 도시 사람들이 촌락으로 가는 경우입니다.

13 도시에 사는 사람들은 농수산물이나 원료를 촌락으로부터 얻으며, 촌락 사람들은 도시의 문화 시설과 편의 시설을 이용합니다.

14 사람들이 원하는 것에 비해 돈이나 시간 등 자원이 한정되어 있기 때문에 우리가 하고 싶은 것을 다할 수 없습니다.

15 잘못된 선택은 돈이나 자원을 낭비하지만, 현명한 선택은 돈과 자원을 절약하며 자신에게 만족감을 주기 때문입니다.

16 물건의 무게는 각기 다르고 용도에 따라 달라질 수 있으므로 물건을 살 때 고려할 사항이 아닙니다.

17 생활에 필요한 물건을 만들거나 사람들이 필요한 것을 제공하는 것을 생산이라고 하고, 생산한 것을 쓰는 것을 소비라고 합니다.

18 생산한 것을 쓰고 서비스를 이용하는 것을 소비라고 합니다.

19 공연하기나 환자 진료하기, 물건 팔기 등은 생활을 편리하고 즐겁게 해 주는 활동입니다.

20 현명한 소비 생활을 하기 위해 꼭 필요한 곳에만 돈을 사용하고, 물건을 고를 때에는 알맞은 선택 기준을 세웁니다.

3회 100점 예상문제

138~140쪽

1 ④ 2 예 우리 지역과 자연환경이 다르고 제품을 생산하는 기술과 노동력이 달라 우리 지역에서 만들 수 없는 제품을 다른 지역에서는 만들기 때문이다. 3 ④ 4 ⑤ 5 예 지역마다 자연환경이 달라서 생산되는 제품이나 제품을 생산하는 기술이 다르기 때문이다. 6 ③ 7 ① 8 ⑤ 9 (1) 예 아이를 낳아도 부모님들이 편하게 일할 수 있도록 해야 한다. (2) 예 노인들의 노후를 보장할 수 있는 제도를 마련한다. 10 ⑤ 11 ② 12 ② 13 세계화 14 ④ 15 ③ 16 ④ 17 ⑤ 18 ⑤ 19 예 장애에 대한 차별, 남녀에 대한 차별, 나이에 대한 차별, 임신, 출산에 대한 차별 20 ③

풀이

1 상품을 뜯어보지 않고 겉면에 있는 상품 정보나 QR 코드를 보고 확인할 수 있습니다.

2 자연환경과 가지고 있는 기술이 달라 우리 지역에서 만들 수 없는 제품을 다른 지역에서는 만들기 때문에 그러한 상품이 우리 지역에 들어옵니다.

3 경제적 교류를 통해서 상호 이익을 얻을 수 있으며, 일방적으로 다른 지역의 이익을 모두 가져 오는 것이라면 경제적 교류가 이루어지지 않을 것입니다.

4 빠른 시간 내에 상품의 특징과 내용을 보고 구매할 수 있거나 다양한 상품들을 살펴볼 수 있다는 장점이 있습니다.

5 도시와 촌락, 촌락과 촌락 사이에는 다양한 경제적 교류가 이루어지고 있습니다.

6 박람회 홍보관을 가거나 박람회 중앙에 있는 지도를 보면 각 지역의 대표 상품을 볼 수 있습니다.

7 태어나는 아기의 수가 계속 줄어드는 추세입니다.

8 노인이 많아지면서 노인정이나 노인 전문 병원 등 노인을 위한 시설이 많이 생겼습니다.

9 저출산·고령화 현상에 대응하기 위해 노인과 보육을 위한 제도들이 마련될 것입니다.

10 제시된 그래프를 보고 2035년 이후에는 14세 이

하 인구는 계속 줄어들고 65세 이상 인구는 점점 증가할 것으로 예상할 수 있습니다.

11 정보화의 모습은 우리 주변 어느 곳에서나 발견할 수 있습니다.

12 정보화 사회의 문제점을 해결하기 위해 다른 사람의 저작물을 소중하게 생각합니다.

13 세계화로 외국의 영화를 보고, 외국 상품을 사고, 외국에 여행도 할 수 있게 되었습니다. 뿐만 아니라 외국의 다양 문화도 접할 수 있게 되었습니다.

14 문화에는 우열이 있을 수가 없고 단지 다를 뿐입니다.

15 몽골 사람들은 초원에서 가축을 길러서 자주 이동을 해야 하기 때문에 만들기도 쉽고 헐기도 쉬운 게르를 만들어 사용해 왔습니다.

16 포크와 나이프를 사용해 샐러드, 피자, 빵 등을 먹습니다.

17 어떤 기준을 두어 대상을 구별하고 다르게 대우하는 것을 차별이라고 합니다.

18 여자아이는 피부색에 대해 편견을 가지고 있기 때문에 그림과 같이 행동한 것입니다.

19 성별, 출신 지역, 언어, 종교, 임신과 출산 등 여러 모습으로 차별이 발생하고 있습니다.

20 편견과 차별을 없애기 위해 다른 문화도 우리 문화처럼 존중해야 하고, 상대방의 입장에서 생각합니다.

4회 100점 예상문제   141~143쪽

1 ⑤   2 ③   3 ⓔ 지역의 경제적 이익을 높이고 지역을 개발할 수 있다. 더 나은 상품을 개발할 수 있다.   4 ⑤   5 ④   6 ①   7 저출산   8 ④
9 ④   10 ⓔ 14세 이하 인구는 계속 줄어들고 65세 이상 인구는 점점 증가할 것이다.   11 ②   12 ②   13 ①, ②   14 ⑤   15 ⑤   16 (1) ㉣ (2) ㉡
17 ①   18 ⑤   19 ⓔ 사람의 피부색은 다양하기 때문이다.   20 ③

풀이

1 대형 할인점에는 다양한 상품이 어디에서 왔는지 여러 가지 방법으로 표기되어 있습니다.

2 바나나, 오렌지, 파인애플 등은 더운 지방에서 자라는 과일이라서 다른 나라에서 들여옵니다.

3 이외에도 다른 지역 상품의 종류와 특색을 알 수 있는 좋은 점도 있습니다.

4 옛날에는 주로 시장에서 경제적 교류를 활발하게 했으나, 오늘날에는 교통과 통신의 발달로 다양한 장소에서 여러 가지 방법으로 경제적 교류를 하고 있습니다.

5 대형 시장에 가면 신선하고 질 좋은 물건을 직접 눈으로 확인하고 살 수 있는 장점이 있습니다.

6 집집마다 찾아가서 상품을 소개하는 방법이 가능할 수는 있지만 시간도 많이 들고 사람도 많이 필요하기 때문에 효율적이지 못한 방법입니다.

7 태어나는 아기의 수가 줄어드는 현상을 저출산이라고 하며, 그 결과 학생 수가 줄어드는 학교가 늘어나고 있습니다.

8 태어나는 아이의 수가 줄어들면서 학생 수가 줄어 신입생이 없는 학교가 늘어나고 있습니다.

9 고령화 현상으로 노인들을 위한 전문 시설이나 노인을 대상으로 하는 산업이 발달하고 있으며, 노인들을 위한 복지 제도도 마련되고 있습니다.

10 저출산·고령화 사회가 되면서 14세 이하 인구는 점점 줄어들고 65세 이상 인구는 점점 증가할 것 같습니다.

11 정보화로 빠르고 편리하게 생활할 수 있지만 정보화를 대하는 잘못된 태도가 큰 문제로 나타나고 있습니다.

12 다른 사람의 저작물을 소중하게 생각해야 하고, 프로그램을 사용하려면 정당한 가격을 지급하고 사용해야 합니다.

13 세계화로 세계 여러 나라의 다양한 문화를 접하게 된 것과 관련이 있습니다.

14 문화는 사람들이 가지고 있는 공통의 생활 방식인데, 이러한 생활 방식은 오랜 시간을 함께 생활하면서 만들어집니다.

15 덥고 습한 기후에서 살아가는 사람들은 해충을 막아 주고, 무더위를 피하기 위해 물 위에 집을 짓고 살아갑니다.

16 피부색, 언어, 종교, 출신 지역 등이 다르다는 이유로 사람들과 사회로부터 부당한 대우를 받는 사람들이 있습니다.

17 나이가 많다는 이유로 채용을 꺼려하는 것으로 나이로 사람을 차별하는 상황입니다.

18 다른 문화도 우리 문화처럼 존중하는 태도를 가져야 합니다.

19 사람의 피부색은 다양하기 때문에 크레파스 색의 이름을 '살색'이라고 표현하는 것은 피부색이 다른 사람에게는 차별 행위입니다.

20 피부색만 보고 우리말을 잘 못할 것이라는 편견이 있음을 보여주는 광고입니다.

5회 100점 예상문제

144~146쪽

1 (1) ⓒ (2) ⓒ (3) ㉠　2 ⑤　3 ③　4 예 촌락에 사는 노인의 인구는 조금씩 늘어나고 있지만, 어린이의 수는 크게 줄어들고 있다　5 ⑤　6 ②
7 ⑤　8 ⑤　9 ⑤　10 생산　11 ④　12 ②
13 ②　14 ③　15 저출산　16 ①　17 ②　18
②　19 ㉠ 차별 ⓒ 편견　20 ②

풀이

1 농촌 사람들은 농업, 어촌 사람들은 어업, 산지촌 사람들은 임업을 하며 생활합니다.

2 도시의 모습을 조사할 때에는 조사할 도시 결정하기 → 조사 내용 결정하기 → 조사 방법 결정하기 → 조사하기 → 조사 결과 정리하기의 순서로 합니다.

3 촌락과 도시의 공통점과 차이점을 알아보려면 교통 시설을 이용하는 모습, 발달한 산업의 모습, 사람들이 사는 집의 모양, 땅을 이용하는 방법 등을 비교해 봅니다.

4 촌락 사람들이 일자리를 찾아 도시로 이동하여 촌락의 인구는 점점 줄어들고 있습니다.

5 촌락 사람들은 의료 시설을 이용하거나 공연 관람, 장보기 등을 하려고 도시로 갑니다. ⑤는 도시 농업에 대한 설명입니다.

6 지역 축제를 열게 되면 경제가 활발해지고 지역의 문화를 즐길 수 있는 좋은 점이 있으며, 그 지역의 문화를 체험할 수 있는 축제이기 때문에 도시의 문화를 알 수 있는 기회가 생기지는 않을 것

입니다.

7 농수산물 직거래 장터를 열면 도시 사람들은 믿을 수 있는 싱싱한 농수산물을 싼값으로 살 수 있고, 촌락 사람들도 중간 상인을 거치지 않고 농수산물을 판매하기 때문에 더 비싼 값에 팔 수 있습니다.

8 경제 활동에서 선택의 문제가 일어나는 까닭은 사람이 쓸 수 있는 돈이나 자원이 한정되어 있기 때문입니다.

9 잘못된 선택은 돈이나 자원을 낭비하지만, 현명한 선택은 돈과 자원을 절약하며 자신에게 만족감을 줍니다.

10 생산이란 생활에 필요한 물건을 만들거나 사람들이 필요로 하는 것을 제공하는 것입니다

11 물건의 정보를 얻는 방법에는 인터넷 검색하기, 신문 광고 보기, 상점 방문하기, 주변 사람들의 경험 듣기 등이 있습니다.

12 품질 인증 표시 확인하기, 대형 할인점의 광고지 확인하기, 상품 정보 확인하기, QR 코드 스캔하기 등을 통해 주변의 상품이 어디에서 왔는지 조사합니다.

13 스마트폰이나 인터넷으로 빠른 시간 내에 상품의 특징과 내용을 보고 구매할 수 있습니다.

14 태어나는 아기의 수는 줄어들고 있는 반면 평균 수명의 증가로 상대적으로 노인 인구는 늘어나고 있습니다.

15 저출산으로 오늘날 출생아 수는 예전에 비해 많이 줄어들었습니다.

16 정보화로 가게에 직접 가지 않아도 인터넷으로 쉽게 물건을 주문하고 살 수 있습니다.

17 세계화란 교통·통신이 발달하면서 세계 여러 나라들이 다양한 분야에서 교류하고 가까워지는 것을 말합니다.

18 문화는 사람들이 가지고 있는 공통의 생활방식으로, 사람들이 오랜 시간을 함께 생활하면서 만들어지고 전해져 내려온 것입니다.

19 어떤 기준을 두어 대상에 차이를 두고 구별하는 행동을 차별이라고 하며, 공정하지 못하고 한쪽으로 치우친 의견이나 생각을 편견이라고 합니다.

20 편견과 차별을 없애기 위해 나와 다른 문화도 이해합니다.

1 ⊙ 농촌 ⓒ 어촌 ⓒ 산지촌   2 ③   3 ③   4 촌락   5 ②   6 ⑤   7 ②   8 ㉘ 사람이 쓸 수 있는 돈이나 자원은 한정되어 있으므로 원하는 것을 모두 가질 수 없기 때문이다.   9 ⑤   10 ①   11 ②   12 ②   13 ㉘ 우리 지역의 기술과 물건을 다른 지역에 소개할 수 있다.   14 ㉘ 학생 수가 줄어들고 있기 때문이다. 지식과 정보를 활용할 수 있는 기술이 발달했기 때문이다.   15 ②   16 ⑤   17 (1) ⊙, ⓒ (2) ⓒ, ㉢   18 ④   19 ㉘ 더위를 피하기 위해서이다.   20 ②

풀이

1 바다를 이용하여 생산 활동을 하는 곳을 어촌이라고 하고, 농사짓는 땅을 이용하여 생산 활동을 하는 곳을 농촌, 산지촌 사람들은 임업을 하며 생활합니다.

2 도시는 주로 교통이 발달하여 사람과 물건 이동이 편리한 곳에 위치해 있고, 회사나 공장이 있어 일자리가 많은 곳에도 도시가 발달합니다.

3 세종특별자치시는 처음부터 새롭게 계획하여 만들어진 도시입니다.

4 농기계를 이용하여 농사를 지으면 농사지을 때 사람이 많이 필요하지 않아 일손 부족 문제를 해결할 수 있습니다.

5 도시에 사는 사람들은 촌락에 사는 사람들과 농수산물 직거래 장터, 여가 생활을 통한 교류, 지역 축제를 통한 교류, 자매결연이나 봉사를 통한 교류 등 다양한 교류를 하며 살아갑니다.

6 도시 사람들은 농수산물 직거래 장터에서 믿을 수 있는 싱싱한 농수산물을 싼 값으로 살 수 있습니다.

7 촌락과 도시는 서로의 필요에 의해 다양한 사람과 물건이 오고 갑니다.

8 경제 활동에서 선택의 문제가 일어나는 이유는 바로 희소성 때문입니다.

9 생산과 소비는 모두 경제 활동에 속합니다.

10 쓸 수 있는 돈이 한정되어 있기 때문에 계획을 세워 꼭 필요한 곳에만 돈을 씁니다.

11 우리 지역과 자연환경이 다르고 제품을 생산하는 기술과 노동력이 달라 우리 지역에서 만들 수 없는 제품을 다른 지역에서는 만들기 때문에 그러한 상품이 우리 지역에 들어옵니다.

12 인터넷과 스마트폰으로 물건을 구입하는 방법은 대중 매체를 이용한 경제적 교류입니다.

13 경제적 이익을 얻을 수 있으며, 다양한 지역이나 다른 나라와 경제적으로 협력하는 기회로 발전할 수 있습니다.

14 오늘날에는 학생 수가 줄었기 때문에 교실에 학생 수가 적습니다. 그리고 지식이나 정보를 활용할 수 있는 기술이 발달함으로써 교실에 텔레비전이나 컴퓨터를 설치하여 수업에 활용하고 있습니다.

15 적은 수의 젊은이가 많은 노인들을 부양해야 하는 어려움이 생길 것입니다.

16 정보화 사회에서는 누구나 쉽게 정보와 지식을 빠르게 얻을 수 있습니다.

17 세계화로 다양한 문화를 즐길 수 있고, 무역을 통해 경제도 발전시킬 수 있게 되었습니다.

18 옷차림은 어떠한지, 음식을 먹을 때 어떤 방법으로 먹는지, 사는 집은 어떤 모양인지를 살펴보면 각 문화의 공통점과 차이점을 알 수 있습니다.

19 더위를 피하기 위해서 천으로 된 긴 옷을 입거나 나무로 만든 물 위의 집에서 생활합니다.

20 장애, 나이, 남녀, 임신과 출산에 대한 차별로 부당한 대우를 받는 사람들이 있습니다.

메모 Memo

전과목

단원평가
총정리

전과목
단원평가 총정리
철저한 반복 학습이 가능한
단계별 학습 시스템 적용
단원 평가 + 마무리 평가
2·2

전과목
단원평가 총정리
철저한 반복 학습이 가능한
단계별 학습 시스템 적용
단원 평가 + 마무리 평가
★ 과목 특별 부록: 교과서 종합평가
4·2

전과목
단원평가 총정리
철저한 반복 학습이 가능한
단계별 학습 시스템 적용
단원 평가 + 마무리 평가
6·2

전과목
단원평가 총정리
철저한 반복 학습이 가능한
단계별 학습 시스템 적용
단원 평가 + 마무리 평가
★ 과목 특별 부록: 교과서 종합평가
1·2

전과목
단원평가 총정리
철저한 반복 학습이 가능한
단계별 학습 시스템 적용
단원 평가 + 마무리 평가
3·2

전과목
단원평가 총정리
철저한 반복 학습이 가능한
단계별 학습 시스템 적용
단원 평가 + 마무리 평가
5·2

변형 국배판 / 1~6학년 / 학기별

★ 디자인을 참신하게 하여 학습 효율성을 높였습니다.

★ 단원 평가에 완벽하게 대비할 수 있도록 전 범위를 수록하였습니다.

★ 교과 내용과 관련된 사진 자료 등을 풍부하게 실어 학습에 흥미를 느낄 수 있도록 하였습니다.

★ 수준 높은 서술형 문제를 실었습니다.

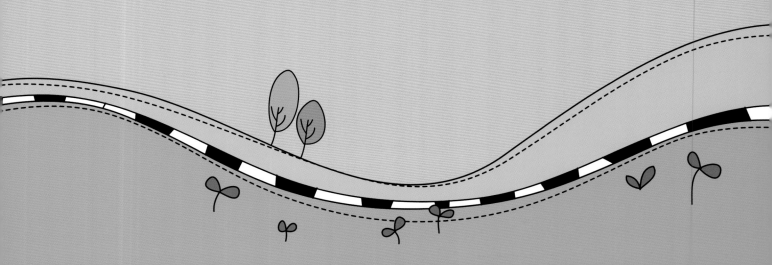

사회

정답과 풀이